# 诸城市耕地质量调查与评价

ZHUCHENGSHI GENGDI ZHILIANG DIAOCHA YU PINGJIA

杨保国　田　虎　张焕刚　主编

中国农业科学技术出版社

**图书在版编目（CIP）数据**

诸城市耕地质量调查与评价 / 杨保国，田虎，张焕刚主编. --北京：中国农业科学技术出版社，2022. 7
ISBN 978-7-5116-5821-0

Ⅰ. ①诸…　Ⅱ. ①杨…②田…③张…　Ⅲ. ①耕地资源－资源评价－诸城　Ⅳ. ①F323.211

中国版本图书馆CIP数据核字（2022）第123056号

本书地图经潍坊市自然资源和规划局审核
审图号：潍坊审（2022）001号

**责任编辑**　李　华
**责任校对**　马广洋
**责任印制**　姜义伟　王思文

**出 版 者**　中国农业科学技术出版社
北京市中关村南大街12号　　邮编：100081
**电　　话**　（010）82109708（编辑室）　（010）82109702（发行部）
（010）82109709（读者服务部）
**网　　址**　http: // www.castp.cn
**经 销 者**　各地新华书店
**印 刷 者**　北京建宏印刷有限公司
**开　　本**　185 mm × 260 mm　1/16
**印　　张**　11　　彩插24面
**字　　数**　252千字
**版　　次**　2022年7月第1版　　2022年7月第1次印刷
**定　　价**　85.00元

# 《诸城市耕地质量调查与评价》

## 编委会

# 前　言

诸城市耕地质量调查与评价工作始于2019年，按照国务院第三次全国国土调查领导小组办公室关于印发《第三次全国国土调查实施方案》的通知和《第三次全国国土调查耕地质量等级调查评价工作方案》要求，依据《耕地质量等级》国家标准，将全市土壤图、行政区划图和最新土地利用现状图件叠加形成评价单元图，以上一年度耕地利用调查采样与土壤检测数据为基础，按照统一确定的二级农业区评价指标体系评价全市耕地质量等级，并形成耕地质量相关专题成果图件与等级调查评价数据库。

耕地质量调查与等级评价采用“部门协作、市镇村联动”机制，收集全市土地利用现状、耕地数量分布、灌排分区、土壤类型、行政区划等资料。在此基础上，选取2015—2020年完成土壤检测的882个样点生成点位图，分析土壤pH值、有机质、氮磷钾及微量元素等20余项理化指标，依托山东圆正矿产科技有限公司对数据进行了图件数字化、耕地等级评价、成果图编制等，同时建立了耕地等级评价管理系统数据库。最后由农业部门牵头，汇总全市所有村小麦、玉米一年两季最高产量、最低产量与平均产量近3年（2017—2019年）的平均值来验证评价效果，再用2019年底前实施的高标准农田项目区边界线，叠加到耕地质量等级评价图上，剪裁形成乡镇耕地质量等级评价与高标准农田叠加图来核实评价效果。

经过土地调查、耕地细分、样点采集与分析、养分状况评价、等级划分与验证等环节，全市共评价样点882个，收集基础数据52万个，形成专项报告14个，编制了耕地质量评价等级图、土壤有机质、pH值、大量元素、中量元素、微量元素及地貌图等24幅成果图件。

本次调查评价是国家颁布《耕地质量等级》标准后，耕地实行10等级评价标准以来，对诸城市近10年耕地质量最新状况的全面梳理与系统归纳。全书共分六章，主要内容包括耕地环境条件、土地资源调查、耕地理化性状、耕地质量等级评价与分析、耕地资源合理利用与改良、耕地后备资源评价综述。经过反复衔接验证，力求系统阐述全市的耕地立地条件、利用现状、质量评价等级、土壤养分动态变化规律、存在的问题与合理利用等，以期为各级领导、相关部门科学合理利用耕地提供依据，促进诸城市耕地质量的保护和提升。

在耕地质量调查与等级评价过程中，诸城市自然资源与规划局、诸城市检验检测中心、各镇街区相关部门等都提供了大量的基础资料，山东省农业技术推广中心土肥部、潍坊市农业农村局土肥科等领导专家给予了支持和帮助。在此，向所有参与耕地质量调查与评价工作的领导、专家和所有支持该项工作的同志们表示衷心感谢！

由于水平限制，书中难免存在错漏与不足，敬请广大读者批评指正。

编　者

2022年3月

# 目　录

# 第一章　耕地环境条件

## 第一节　自然环境条件

### 一、地理位置

诸城市位于山东半岛东南部，泰沂山脉与胶潍平原交界处，地处东经119°00′19″～119°43′56″，北纬35°42′23″～36°21′05″。东与胶州、高密毗连，南与五莲、胶南为邻，西与沂水、莒县相接，北隔渠河与安丘相望。诸城市南北长72km，东西宽66.5km，总面积215 135.72hm$^2$。潍河穿境而过，流域面积占诸城市总面积的87%。地处沂沭断裂带东侧，横跨胶南隆起和胶莱盆地两个次一级构造单元，地形属胶莱冲积平原南部的潍河平原，地势南高北低，东南部为起伏较大的低山丘陵，有若干谷状盆地可以耕作。诸城市境中部向北系一大片波状平原，边缘有低山缓丘分布。境内地层发育不全，由老至新有元古—太古界胶南群、中生界侏罗系上统莱阳组、白垩系上统青山组和下统王氏组。地质构造以断裂构造为主，褶皱构造次之。岩浆岩主要有燕山晚期的闪长玢岩和花岗岩等。

诸城市辖13个镇街、1个省级开发区，259个社区（其中农村社区211个），1 207个自然村，人口106.5万人，其中农业人口70.3万人，耕地面积103 014.75hm$^2$。

### 二、地形地貌

诸城市位于泰沂山脉与胶潍平原交界处，海拔高程19～679m，相对高差660m，地形由北向南逐渐升高。诸城市境南部的低山丘为泰沂山脉延伸，包括桃林镇、皇华镇、林家村镇南部，地势起伏和缓，主要山峰有大山、黄牛山、胡皮山、固山、障日山、鲁山、竹山、望海楼、马耳山、石人山等，海拔高程多在400m以上，最高峰在马耳山，高程679m，最低点在桃林三里庄为19m。诸城市境内中部为平原洼地覆盖第四纪沉积物，包括枳沟镇、龙都街道、林家村镇的北半部分和密州街道、舜王街道、辛兴镇、百尺河镇、昌城镇等，由南向北逐渐倾斜，南部与山丘接壤处，海拔高程在100m以上，北部在0～100m。北部为丘岭平原，包括贾悦镇、石桥子镇、相州镇、舜王街道北部等，地势不平，潍河沿岸的相州镇、昌城镇地势较平坦。诸城市地形大体可分为7种地貌类型，10个微地貌单元（表1-1）。

表1-1 诸城市地貌类型及面积统计

| 代号 | 地貌类型名称 | 微地貌单元名称 | 面积（$hm^2$） | 占总面积（%） | 主要类型（亚类） |
|---|---|---|---|---|---|
| A | 低山岭坡 | 裸岩地 | 236.65 | 0.11 | 棕壤 |
| | | 荒岭坡 | 13 725.66 | 6.38 | 棕壤、褐土 |
| B | 水平梯田 | 岭坡梯田 | 15 468.26 | 7.19 | 棕壤性土 |
| | | 坡麓梯田 | 18 265.02 | 8.49 | 棕壤、棕壤性土 |
| | | 沟谷梯田 | 4 625.41 | 2.15 | 棕壤 |
| C | 山前倾斜平地 | 山前倾斜平地 | 2 280.43 | 1.06 | 棕壤 |
| D | 沿河阶地 | 沿河阶地 | 3 764.88 | 1.75 | 棕壤 |
| E | 缓坡丘陵 | 缓坡丘陵 | 45 393.64 | 21.10 | 棕壤、褐土 |
| F | 倾斜平地 | 倾斜平地 | 101 285.92 | 47.08 | 棕壤、潮棕壤、潮土、砂姜黑土 |
| G | 浅平洼地 | 浅平洼地 | 10 089.86 | 4.69 | 砂姜黑土、潮湿土 |
| | 合计 | — | 215 135.72 | 100 | |

1. 低山岭坡

诸城市面积13 962.31$hm^2$，占总面积的6.49%，主要分布在南部的桃林镇、皇华镇、林家村镇南部等地，山坡较陡，土壤的冲刷作用较强烈，侵蚀较重，土体一般在15～60cm，有的土层深达100cm左右，有的岩石裸露。本区多未开垦，自然覆被度较低，以杂草为主，有少量的树木。

（1）裸岩地。分布在山丘较高部位或顶部，自然覆被度小于60%，以裸露的石质荒岭为主，土壤类型主要为棕壤性土。

（2）荒岭坡。分布在山丘上部，坡度大于30°，自然覆被度大于60%，多为荒坡或林地，土层浅薄，一般小于60cm，有的深达100cm左右，土壤类型为棕壤或褐土。

### 2. 水平梯田

诸城市面积38 358.69hm$^2$，占总面积的17.83%，分布在低山丘岭的中下部，地势由陡到缓，有一定程度的土壤侵蚀。土层一般在60～100cm，有的小于60cm，成土母质为坡积洪积物。土壤类型为棕壤和褐土，种植作物有小麦、玉米、林果等。

（1）岭坡梯田。分布在山丘的中上部，地势较陡，坡度在15°～30°，梯田群呈阶式环山水平带状，阶差较大，地块小，土层浅薄，一般小于60cm。多为棕壤性土，种植作物以花生为主。

（2）坡麓梯田。分布在山丘下部的缓坡上，地块较小，是坡积、洪积物经人工垒叠而成，土层厚薄不等，多为棕壤和棕壤性土，种植粮、油、林、果等。

（3）沟谷梯田。分布在山丘谷间，梯田成块，阶差较大，是洪积物经人工垒叠而成。因此，土层较深厚，土壤较肥沃，多为棕壤，是山区较好的粮田。

### 3. 山前倾斜平地

诸城市面积2 280.43hm$^2$，占总面积的1.06%。分部在山丘下部地势缓平地带，坡降一般在1/400～1/200，田块较大，土层较厚，土壤较肥沃。成土母质为洪积冲积物，多为棕壤。主要种植小麦、玉米、花生等，产量较高。

### 4. 沿河阶地

诸城市面积3 764.88hm$^2$，占总面积的1.75%。分布在洪水河沟两岸，由上而下，由河沟切割，并经人为整修成阶梯形，土层较深厚，质地较好。成土母质为洪积冲积物，近河沟处多形成潮土，外侧为棕壤，以种植粮食作物为主。

### 5. 缓坡丘陵

诸城市面积45 393.64hm$^2$，占总面积的21.10%，分布在诸城市的西北部及东部，成土母质由坡积物组成，主要形成棕壤和褐土。土层由上而下逐渐加厚，有一定程度的土壤侵蚀，由于质地差、土层较薄、水源缺乏，故多种植花生、林果等。

### 6. 倾斜平地

诸城市面积101 285.92hm$^2$，占总面积的47.08%，主要分布在诸城市的中部和北部。坡降为1/4 000～1/2 000，地势平缓，土层较深厚，地表径流缓慢。土壤类型为棕壤、潮棕壤、潮土及砂姜黑土。由于土壤类型好，土壤的保水保肥和供水供肥性能好，故是诸城市的粮、烟、棉基地。

7. 浅平洼地

诸城市面积10 089.86hm$^2$，占总面积的4.69%，主要分布在诸城市中部和北部，由静水或缓流沉积而成，成土母质为静水沉积物和冲积物，多形成砂姜黑土和湿潮土。由于所处地势低洼，地下水位一般在1～3m，质地黏重，水分不易下渗，雨季易受涝害，多种植小麦、玉米、烟草等。

## 三、成土母质

1. 母岩

诸城市的低山丘岭，按岩石的出露情况可分为两大部分。市境东南部，从林家村镇的炭井到皇华镇的四十里堡再到郝戈庄以南地区，岩石主要为太古界片麻岩，还有少量的花岗闪长岩、大理岩、玄武岩和安山伟晶岩等，占诸城市面积的20%左右。这部分地区的成土母质主要为片麻岩风化物。除片麻岩外的其他地区，都以沉积砂、页岩和砾岩为主，砂岩、砾岩基本上由石英组成，风化物较粗，所形成的土层较薄，肥力低，且砂粒多。页岩的质地细致，由黏土组成，直接暴露地表，岩石较易风化，形成的土壤质地较黏重，土层较厚。除此以外，在辛兴镇中王屯一带还有小面积的第三纪玄武岩喷出。

2. 母质

诸城市土壤按其所处的地形部位、成层性及其他特性，成土母质可分为以下几种类型。

（1）坡积物。主要分布在诸城市南部低山丘岭和北部丘岭的中上部。按其来源不同可分为两类：一类是酸性坡积物，主要是酸性岩石，如片麻岩、非钙质页岩和砾岩的风化物，这类母质在诸城市分布最广泛，是棕壤性土的主要成土母质。另一类是石灰性坡积物，由钙质砂页岩的风化物组成，主要分布在贾悦、枳沟、石桥子等镇，是褐土性土的成土母质。

（2）洪积物。主要分布在诸城市低山丘岭下部的缓平地带。酸性岩石的洪积物为棕壤和潮棕壤的成土母质。石灰岩区（主要是钙质砂页岩）的洪积物为普通褐土、淋溶褐土和潮褐土的成土母质。

（3）冲积物。分布在诸城市河流的两侧和部分洼地，具有良好的分选性。由于母质来源不同可分为两类：一类是石灰性冲积物，母质来源于石灰岩和钙质砂页岩区，多形成石灰性河潮土。另一类是非石灰性冲积物，母质来源于酸性母岩区，多形成非石灰性河潮土。

（4）河湖沼相沉积物。主要分布在诸城市中部排水不畅的低洼地区，由于静水沉积作用，颗粒较细，质地黏重，是砂姜黑土的成土母质。

## 四、气候条件

### 1. 日照

全年日照时数平均为2 469.0h，日照率为56.00%，日平均气温稳定通过≥0℃期间，日照时数为2 032.0h，占全年的82.30%；日平均气温稳定通过≥20℃期间，实际日照时数为730.8h，占全年的29.60%。一年中实际日照时数平均以5月最多，为260.1h，日照率为60.00%。山区受山峰遮光影响，实际日照时数减少。

### 2. 气温、地温

诸城市属暖温带大陆性季风半湿润气候，气候温和，四季分明，雨量集中，雨热同期，光热资源充足。年平均气温12.4℃，年平均最高气温18.3℃，最低气温7.5℃；极端最高气温40.3℃（2002年7月15日），极端最低气温-20.2℃（1985年12月9日）。各月气温变化如表1-2所示。≥0℃的积温为4 663.2℃，≥10℃的积温为4 195.3℃，无霜期209d。

表1-2 诸城市历年各月气温、地温、降水量

| | 1月 | 2月 | 3月 | 4月 | 5月 | 6月 | 7月 | 8月 | 9月 | 10月 | 11月 | 12月 |
|---|---|---|---|---|---|---|---|---|---|---|---|---|
| 气温（℃） | -2.5 | -0.1 | 5.5 | 12.7 | 18.2 | 22.7 | 25.6 | 24.9 | 20.4 | 14.4 | 6.7 | 0.0 |
| 平均地温（℃） | -2.0 | 1.1 | 7.8 | 16.0 | 22.5 | 26.8 | 28.9 | 28.3 | 23.1 | 15.8 | 7.0 | 0.1 |
| 降水量（mm） | 10.2 | 14.6 | 21.2 | 37.9 | 49.9 | 95.5 | 171.4 | 192.3 | 70.1 | 40.4 | 21.6 | 10.4 |

地温随气温的变化而变化。年平均5cm地温为20.2℃，比气温高7.8℃。从各月情况看，也以1月最低，平均-2.0℃；7月最高，平均28.9℃。其变化趋势与气温基本一致，且与降水量变化也呈一致性。水热同季，对作物生长十分有利，也直接影响到土壤的生理生化过程。

### 3. 降水量与湿度

年平均降水量735.5mm，主要集中在6—8月，6—8月降水量占全年降水量的62.43%。年最大降水量1 248.5mm，年最小降水量446.7mm。全年蒸发量1 644.2mm，为降水量的2.2倍。相对湿度年平均为70.0%，以夏季最大，秋季次之；3月最干燥，相对湿度为61.9%；7—8月相对湿度在70.0%以上，8月高达83.1%。

## 五、水文

### 1. 河流

诸城市境内共有河流35条，其中较大的有21条。首先是潍河，为境内最大的河流，境内长78km，流域面积1 901.2km$^2$，占诸城市总面积的87.1%。其主要支流有渠河、涓河、扶淇河、芦河、百尺河等，形成了以百尺河、芦河、扶淇河等支流为主的北流水潍河水系；其次是东南部的吉利河、友谊河、潘池河等南流水系，流域面积222.6km$^2$，占诸城市总面积的10.2%；还有东北部北流水的胶莱河流域。河流径流补给主要来源于降水，属季风雨型河流。由于历年降水和季节间降水变化很大，因而河流径流年际和季节变化相当显著。总体来说，诸城市河网面积较大，水利条件相对较好。

诸城市多年平均径流总量8.52亿m$^3$。偏丰水年12.35亿m$^3$，平水年7.46亿m$^3$，偏枯水年4.64亿m$^3$，枯水年2.14亿m$^3$，丰枯相差5.77倍。

诸城市南高北低、坡度较大，汛期径流流失严重，特别是诸城市南部的山区尤为突出，河流坡降大、流速急，每逢汛期均会造成严重的水土流失。

### 2. 地下水

诸城市属浅层地下水，具体有潜水、风化裂隙水和上层滞水。砂层区主要分布在潍河、渠河、百尺河、芦河、涓河、扶淇河等沿岸，年允许砂开采量达5 360万m$^3$。南部山区和北部丘岭区属基岩地区，弱透水地层，地下水贫乏，虽有少量风化裂隙水和上层滞水，但不能满足农田灌溉的需要，开采价值不大，年可开采量只有1 120万m$^3$；中部洼地属浅层水区，年可开采利用量达1 200万m$^3$。

诸城市地下水质良好，属重碳酸盐类型，钙组一至三型或镁组一至二型；矿化度一般在250～350mg/L，多在300mg/L，适合饮用和灌溉。

## 六、植被

诸城市属暖温带落叶阔叶林区，但由于长期垦殖已使原有的森林毁灭殆尽。土壤植被以栽培作物为主，粮食作物有小麦、玉米、甘薯、高粱、谷子、大豆等；经济作物有棉花、黄烟、花生、蔬菜等。其次为林木，主要有苹果、桃、梨、李、杏、葡萄、山楂、板栗、柿、枣、杨、柳、桐、榆、楸、椿等。自然植被，草本以杂草为主，山地丘陵区主要杂草有狗尾草、节节草、蒿子、苍耳等；平原地区主要有苦菜、小蓟、蒺藜、灰菜、车前子、牵牛花、芦苇、茅草、马齿苋、麦蒿等。木本为次生落叶灌木，有山枣、紫穗槐、荆条、映山红等。

# 第二节　土壤类型与分布

## 一、土壤类型

按照发生学观点，将自然土壤和农业土壤视为有机整体，综合考虑自然和社会成土条件、成土过程及其属性，采用土类、亚类、土属、土种和变种5级分类制进行土壤分类（表1-3）。

表1-3　诸城市土壤分类检索

| 土类 | | 亚类 | | 土属 | | 土种<br>划分依据 | | | |
|---|---|---|---|---|---|---|---|---|---|
| 代号 | 名称 | 代号 | 名称 | 代号 | 划分依据 | 代号 | 土体构型<br>分母表示 | 代号 | 表层质地<br>分子表示 |
| | | | | | 按基底母岩分为： | 1 | 极薄层硬石底 | 1 | 粗砂土 |
| | | a | 棕壤性土 | 1 | 酸性岩类 | 5 | 薄层酥石硼 | 3 | 石渣土 |
| | | | | 4 | 非石灰性砂页岩 | 6 | 中层酥石硼 | $5_1$ | 轻壤土 |
| A | 棕壤 | c | 棕壤 | | | | 按土体构型分为： | | |
| | | | | | 按母质类型分为： | 1 | 均质 | 3 | 砂壤土 |
| | | e | 潮棕壤 | 1 | 坡积洪积物 | 3 | 厚心 | 4 | 轻壤土 |
| | | | | 3 | 洪积冲积物 | 5 | 厚腰 | 5 | 中壤土 |
| | | | | | 按母质类型分为： | | | | |
| | | | | | | | | 1 | 粗砂土 |
| | | a | 褐土性土 | 2 | 基性岩类 | 5 | 薄层酥石硼 | $5_1$ | 轻壤土 |
| | | | | 3 | 钙质岩类 | 6 | 中层酥石硼 | $5_2$ | 中壤土 |
| B | 褐土 | c | 淋溶褐土 | | | | | | |
| | | d | | | 按母质类型分为： | 3 | 均质 | 4 | 轻壤土 |
| | | f | 潮褐土 | 1 | 坡积洪积物 | 1 | 厚心 | 5 | 中壤土 |
| | | | | 3 | 冲积洪积物 | 5 | 厚腰 | 6 | 重壤土 |

（续表）

| 土类 | | 亚类 | | 土属 | | 土种 | | | |
|---|---|---|---|---|---|---|---|---|---|
| | | | | | | 划分依据 | | | |
| 代号 | 名称 | 代号 | 名称 | 代号 | 划分依据 | 代号 | 土体构型分母表示 | 代号 | 表层质地分子表示 |
| | | | | | | 1 | 薄砂心 | | |
| | | | | 4 | 无石灰性河潮土 | 2 | 厚砂心 | 1 | 松砂土 |
| | | b | 潮土 | 4 | 石灰性河潮土 | 3 | 薄砂腰 | 2 | 紧砂土 |
| C | 潮土 | | | | | 8 | 厚壤心 | 3 | 砂壤土 |
| | | | | | | 10 | 厚壤腰 | 4 | 轻壤土 |
| | | e | 湿潮土 | 8 | 冲积湿潮土 | 14 | 厚黏心 | 5 | 中壤土 |
| | | | | | | 16 | 厚黏腰 | | |
| | | | | | | 19 | 均质 | | |
| | | | | 1 | 黑土裸落 | | 按黑土层出现部位与厚度分: | 4 | 轻壤土 |
| G | 砂姜黑土 | a | 砂姜黑土 | 2 | 黄土覆盖<30cm | 1 | 黑土裸露 | 5 | 中壤土 |
| | | | | 3 | 黄土覆盖>30cm | 3 | 厚黑土心 | 6 | 重壤土 |

注：1.“心”指20～60cm部位。

2.“腰”指60～100cm部位。

3.障碍层次厚度划分：

砂黏层：“薄层”0～30cm；“厚层”>30cm。

砂层砾石层：“薄层”0～10cm；“厚层”>10cm。

4.土层厚度划分：“薄层”15～30cm；“中层”30～60cm。

5.障碍层符号：“#”黏土；“∴”粗沙；“◇”砂姜；“△”砾石。

土壤是在自然和人为成土因素的综合作用下形成的。各类土壤由于所处的自然条件及人为条件有所差异。诸城市有低山、丘陵、平原，各地的气候、地形、水文、地质等自然条件不同，土壤的形成演变过程不同，形成的土壤类型也不同。按全国第二次土壤普查分类系统，耕地土壤共分棕壤、褐土、潮土、砂姜黑土4个土类，10个亚类，17个土属，70个土种（表1-4）。

**表1-4　诸城市土壤分类系统（土类、亚类、土属、土种）**

| 土类 | 亚类 | 土属 | 土种 | | | |
|---|---|---|---|---|---|---|
| | | | 连续命名 | 简称 | 面积（$hm^2$） | 占土壤面积（%） |
| 棕壤 | 棕壤性土 | 酸性岩类棕壤性土 | 粗砂土表薄层酥石硼酸性岩类棕壤性土 | 酥底薄粗砂土 | 3 207.47 | 1.81 |
| | | | 石渣土表薄层酥石硼酸性岩类棕壤性土 | 酥底薄石渣土 | 8 056.60 | 4.60 |

（续表）

| 土类 | 亚类 | 土属 | 土种：连续命名 | 简称 | 面积（$hm^2$） | 占土壤面积（%） |
|---|---|---|---|---|---|---|
| 棕壤 | 棕壤性土 | 酸性岩类棕壤性土 | 粗砂土表中层酥石硼酸性岩类棕壤性土 | 酥底粗砂土 | 7 444.73 | 4.21 |
| | | | 石渣土表中层酥石硼酸性岩类棕壤性土 | 酥底石渣土 | 1 922.27 | 1.10 |
| | | 非石灰性砂页棕壤性土 | 粗砂土表薄层酥石硼非石灰质砂页岩棕壤性土 | 酥底薄粗砂土 | 5 096.20 | 2.88 |
| | | | 粗砂土表中层酥石硼非石灰质砂页岩棕壤性土 | 酥底粗砂土 | 2 222.13 | 1.26 |
| | | | 石渣土表薄层酥石硼非石灰质砂页岩棕壤性土 | 石渣土 | 668.07 | 0.80 |
| | | | 石渣土表极薄层硬石底非石灰质砂页岩棕壤性土 | | 331.87 | 0.19 |
| | | | 轻壤表薄层酥石硼非石灰质砂页岩棕壤性土 | 酥底薄轻壤土 | 1 503.80 | 0.85 |
| | | | 轻壤表中层酥石硼非石灰质砂页岩棕壤性土 | 酥底轻壤土 | 14 893.93 | 8.42 |
| | | | 中壤表薄层酥石硼非石灰质砂页岩棕壤性土 | 酥底二性土 | 93.13 | 0.05 |
| | | | 中壤表中层酥石硼非石灰质砂页岩棕壤性土 | 酥底薄二性土 | 1 326.87 | 0.75 |
| | 棕壤 | 坡积洪积棕壤 | 轻壤表均层坡积洪积棕壤 | 均壤质粗棕黄土 | 30 621.13 | 17.31 |
| | | | 轻壤表厚黏心坡积洪积棕壤 | 厚黏心粗棕黄土 | 347.67 | 0.20 |
| | | | 中壤表均壤质坡积洪积棕壤 | 均壤质粗棕黄土 | 555.67 | 0.31 |
| | | | 中壤表厚黏心坡积洪积棕壤 | 厚黏心粗棕黄土 | 844.40 | 0.48 |
| | | 洪积冲积棕壤 | 轻壤表均质洪积冲积棕壤 | 均壤质棕黄土 | 3 663.93 | 2.10 |
| | | | 中壤表均质洪积冲积棕壤 | 均壤质二性黄土 | 2 781.07 | 2.70 |
| | | | 轻壤表厚黏心洪积冲积棕壤 | 厚黏心棕黄土 | 1 327.80 | 0.75 |
| | | | 轻壤表层黏腰洪积冲积棕壤 | 厚黏腰棕黄土 | 427.13 | 0.24 |
| | 潮棕壤 | 洪积冲积潮棕壤 | 砂壤表厚黏腰洪积冲积潮棕壤 | 厚黏腰黄砂土 | 615.80 | 0.34 |
| | | | 轻壤表均质洪积冲积潮棕壤 | 均壤质棕潮黄土 | 6 246.40 | 3.53 |
| | | | 轻壤表厚黏心洪积冲积潮棕壤 | 厚黏心潮棕黄土 | 860.67 | 0.49 |

（续表）

| 土类 | 亚类 | 土属 | 土种 | | | |
|---|---|---|---|---|---|---|
| | | | 连续命名 | 简称 | 面积（hm²） | 占土壤面积（%） |
| 棕壤 | 潮棕壤 | 洪积冲积潮棕壤 | 轻壤表厚黏腰洪积冲积潮棕壤 | 蒙金二合土 | 1 296.40 | 0.73 |
| | | | 中壤表均质洪积冲积潮棕壤 | 均壤质潮棕二性土 | 394.13 | 0.22 |
| | | | 中壤表厚黏心洪积冲积潮棕壤 | 厚黏心潮棕二性土 | 2 378.40 | 1.34 |
| | | | 中壤表厚黏腰洪积冲积潮棕壤 | 厚黏腰潮棕二性土 | 903.13 | 0.51 |
| 褐土 | 褐土性土 | 钙质岩类褐土 | 轻壤表薄层酥石硼钙质岩类褐土性土 | 钙质酥底薄壤土 | 1 327.80 | 0.75 |
| | | | 轻壤表中层酥石硼钙质岩类褐土性土 | 钙质酥底壤土 | 1 170.27 | 0.66 |
| | | | 中壤表中层酥石硼钙质岩类褐土性土 | 钙质酥底二性土 | 4 668.67 | 2.60 |
| | 淋溶褐土 | 坡积洪积淋溶褐土 | 轻壤表均质坡积洪积淋溶褐土 | 均质粗黄土 | 5 929.27 | 3.35 |
| | | | 轻壤表厚黏心坡积洪积淋溶褐土 | 厚黏心粗黄土 | 634.40 | 0.36 |
| | | | 中壤表厚黏心坡积洪积淋溶褐土 | 厚黏心粗二性土 | 1 257.27 | 0.71 |
| | | 洪积冲积淋溶褐土 | 轻壤表均质洪积冲积淋溶褐土 | 轻细黄土 | 713.93 | 0.40 |
| | | | 中壤表均质洪积冲积淋溶褐土 | 老黄土 | 1 056.60 | 0.60 |
| | | | 中壤表厚黏心洪积冲积淋溶褐土 | 厚黏心老黄土 | 4 477.47 | 2.70 |
| | 褐土 | 坡积洪积褐土 | 中壤表厚黏腰坡积洪积褐土 | 厚黏腰钙质老黄土 | 207.07 | 0.12 |
| | | | 中壤表厚黏心坡积洪积褐土 | 厚黏心钙质老黄土 | 309.00 | 0.17 |
| | | | 重壤表均质坡积洪积褐土 | 钙质红黏土 | 1 370.33 | 0.77 |
| | | 洪积冲积褐土 | 轻壤表均质洪积冲积褐土 | 钙质轻细黄土 | 251.27 | 0.17 |
| | | | 中壤表均质洪积冲积褐土 | 钙质老黄土 | 977.93 | 0.56 |
| | 潮褐土 | 洪积冲积潮褐土 | 轻壤表均质洪积冲积潮褐土 | 钙质潮黄土 | 1 040.60 | 0.59 |
| | | | 轻壤表厚黏心洪积冲积潮褐土 | 厚黏心钙质潮黄土 | 338.67 | 0.19 |
| | | | 中壤表均质洪积冲积潮褐土 | 钙质潮老黄土 | 218.47 | 0.12 |
| | | | 中壤表厚黏心洪积冲积潮褐土 | 厚黏心钙质潮老黄土 | 2 445.07 | 1.38 |
| | | | 中壤表厚黏腰洪积冲积潮褐土 | 厚黏腰钙质潮老黄土 | 114.93 | 0.06 |

（续表）

| 土类 | 亚类 | 土属 | 土种 | | | |
|---|---|---|---|---|---|---|
| | | | 连续命名 | 简称 | 面积（$hm^2$） | 占土壤面积（%） |
| 潮土 | 潮土 | 非石灰性河潮土 | 松砂土表均砂质非石灰性河潮土 | 飞砂土 | 913.20 | 0.52 |
| | | | 松砂土表厚壤心非石灰性河潮土 | 厚壤心飞砂土 | 367.07 | 0.21 |
| | | | 紧砂土表均砂质非石灰性河潮土 | 均质粗砂土 | 1 867.33 | 1.06 |
| | | | 砂壤表均砂质非石灰性河潮土 | 均砂质黄砂土 | 5 225.20 | 3.00 |
| | | | 砂壤表厚壤心非石灰性河潮土 | 厚壤心黄砂土 | 983.73 | 0.56 |
| | | | 砂壤表厚黏心非石灰性河潮土 | 厚黏心黄砂土 | 98.20 | 0.06 |
| | | | 中壤表均壤质非石灰性河潮土 | 轻黄土 | 262.13 | 0.15 |
| | | | 轻壤表厚砂心非石灰性河潮土 | 厚砂心轻黄土 | 993.47 | 0.56 |
| | | | 轻壤表均壤质非石灰性河潮土 | 均质二合土 | 19 422.40 | 11.00 |
| | | | 轻壤表厚黏腰非石灰性河潮土 | 蒙金二合土 | 152.27 | 0.09 |
| | | | 中壤表厚黏心非石灰性河潮土 | 厚黏心二性土 | 257.40 | 0.15 |
| | 潮土 | 石灰性河潮土 | 砂壤表均砂质石灰性河潮土 | 钙质黄砂土 | 899.20 | 0.51 |
| | | | 砂壤表厚壤心石灰性河潮土 | 壤心钙质黄砂土 | 125.80 | 0.07 |
| | | | 轻壤表厚砂心石灰性河潮土 | 厚砂心钙质轻黄土 | 844.47 | 0.48 |
| | | | 轻壤表均质石灰性河潮土 | 钙质二合土 | 3 036.93 | 1.70 |
| | | | 中壤表均质石灰性河潮土 | 钙质二性土 | 650.47 | 0.37 |
| | | | 中壤表厚黏心石灰性河潮土 | 厚黏腰钙质二性土 | 83.07 | 0.05 |
| | 潮湿土 | 冲积湿潮土 | 中壤表厚黏心冲积湿潮土 | 厚黏心黑黏土 | 454.67 | 0.26 |
| | | | 中壤表厚黏腰冲积湿潮土 | 厚黏腰黑黏土 | 440.47 | 0.25 |
| 砂姜黑土 | 砂姜黑土 | 黑土裸露砂姜黑土 | 中壤表黑土裸露砂姜黑土 | | 2 362.30 | 1.34 |
| | | | 重壤表黑土裸露砂姜黑土 | | 1 306.67 | 0.74 |
| | | 黄土覆盖砂姜黑土<30cm | 重壤表厚黑土心黄土覆盖<30cm砂姜黑土 | | 2 755.67 | 1.60 |
| | | 黄土覆盖砂姜黑土>30cm | 轻壤表厚黑土心黄土覆盖30～60cm砂姜黑土 | | 680.07 | 0.38 |
| | | | 中壤表厚黑土心黄土覆盖30～60cm砂姜黑土 | | 3 845.33 | 2.20 |

## 二、土壤分布

### （一）棕壤土类

棕壤土类是诸城市主要的土壤类型，面积大、分布广，诸城市各镇街均有一定的分布面积，其中南部丘岭地区分布比较集中，总面积100 030.8hm$^2$，占土壤面积的56.54%。剖面特征，通体为棕色或棕褐色，具有较黏重的心土层，在自然剖面上“剥离”结构为柱状或扁柱状，垂直裂隙明显。结构面多覆被铁锰胶膜，为红褐色或褐色，心土层下端有时有铁子、铁管存在。棕壤淋溶作用较褐土强烈，可溶性盐类（特别是碳酸盐）被淋洗，通体无石灰反应，土壤呈酸性至微酸性反应，pH值5.5 ~ 6.9。诸城市棕壤土类共划分了棕壤性土、棕壤、潮棕壤3个亚类，5个土属，27个土种。

本次地力评价棕壤化验耕层不同用地类型养分含量如表1-5所示。

**表1-5　棕壤土不同用地类型养分含量（单位：mg/kg）**

| 用地类型 | 有机质（g/kg） | 全氮（g/kg） | 碱解氮 | 有效磷 | 速效钾 | 缓效钾 | pH值 |
|---|---|---|---|---|---|---|---|
| 菜地 | 13.2 | 0.87 | 128 | 105.3 | 284 | 888 | 6.4 |
| 粮田 | 12.9 | 0.91 | 107 | 37.4 | 123 | 579 | 6.4 |
| 园地 | 12.6 | 0.83 | — | 31.3 | 124 | 785 | 6.4 |
| 用地类型 | 交换钙 | 交换镁 | 有效硫 | 有效硅 | 有效锌 | 有效硼 | 有效铜 |
| 菜地 | 2 928 | 31 752.5 | 52.5 | 275.86 | 0.94 | 0.49 | 1.44 |
| 粮田 | 3 687 | 358.0 | 30.5 | 219.15 | 0.81 | 0.30 | 1.08 |
| 园地 | 3 540 | 346.0 | 50.6 | 407.91 | 0.95 | 0.40 | 1.96 |
| 用地类型 | 有效铁 | 有效锰 | 有效钼 | | | | |
| 菜地 | 26.39 | 34.77 | 0.11 | | | | |
| 粮田 | 27.60 | 28.38 | 0.11 | | | | |
| 园地 | 27.46 | 29.35 | 0.09 | | | | |

#### 1. 棕壤性土亚类

棕壤性土俗称石渣土、马牙砂土，多分布在诸城市南部低山丘岭的中上部，面积46 767.07hm$^2$，占该土类面积的46.75%。剖面发育不完全，无心土层，土层浅薄，土体厚度一般小于60cm，并含有大量的粗砂砾石，水土流失比较严重，土壤养分含量低，熟化程度及土壤肥力都比较差。棕壤性土亚类在诸城市出现了两个土属，一种母岩为酸性岩类（花岗岩、片麻岩），另一种母岩为非石灰性砂页岩，共12个土种。

（1）母岩为酸性岩类发育形成的土壤。共4个土种，集中分布在林家村镇、桃林镇、皇华镇、密州街道等地，面积20 631.07hm$^2$，占棕壤性土亚类面积的44.1%。主要土种为石渣土表薄层酥石硼酸性岩类棕壤性土，该土种主要分布在皇华镇、林家村镇、桃林镇等地，面积8 056.6hm$^2$，占该土属面积的39.1%。该土种土层浅薄，10cm以下便是酥石硼，坡度大，水土流失严重，含砾石多，孔隙中，根系少，无石灰反应，地面不平，养分含量低，严重缺磷，土壤肥力很低。

（2）母岩为非石灰性砂页岩形成的土壤。共8个土种，集中分布在舜王街道、相州镇、贾悦镇、枳沟镇、密州街道等地，面积26 136hm$^2$，占该亚类面积的55.9%。主要土种为轻壤表中层酥石硼非石灰性砂页岩棕壤性土，主要分布在昌城镇、辛兴镇、枳沟镇、密州街道等地，面积14 893.93hm$^2$，占该土属面积的57.0%。该土种土层比较浅薄，30cm以下为母岩，养分含量低，物理性状差，含砾石，孔隙中，根系多，无石灰反应，水土流失严重，土壤肥力及熟化程度比较差。

2. 棕壤亚类

棕壤俗称黄土、黄泥头，主要分布在低山丘岭的中下部及山前倾斜平地上。土层较厚，土质较好，熟化程度比较高，表层质地多为轻壤，土体构型多为均壤质、厚黏腰及厚黏心，土壤肥力多属中等或中等偏上。面积40 568.8hm$^2$，占该土类面积的40.6%，棕壤亚类诸城市有2个土属，8个土种。

（1）坡积洪积棕壤。共4个土种，诸城市各地都有分布，面积32 368.87hm$^2$，占棕壤亚类面积的79.8%。该土属分布面广，各处条件不一，理化性状差别也较大。主要土种为轻壤表均壤质坡积洪积棕壤，面积30 621.13hm$^2$，占该土属面积的94.6%。该土种土体厚，构型好，表层质地适宜，无石灰反应，养分含量及土壤肥力属中上等水平。

（2）洪积冲积棕壤。共4个土种，主要分布在贾悦镇、舜王街道等地，面积8 199.93hm$^2$，占棕壤亚类面积的20.2%。

①中壤表均质洪积冲积棕壤：主要分布在舜王街道、贾悦镇等地。面积2 781.07hm$^2$，占该土属面积的33.9%。该土种土体构型均质，土层深厚，无障碍层次，无石灰反应，理化性状较好，土壤肥力高，适种多种作物。

②轻壤表厚黏心洪积冲积棕壤：主要分布在辛兴镇、贾悦镇、林家村镇等地，面积1 327.8hm$^2$，占该土属面积的16.2%。该土种理化性状较好，养分含量及土壤肥力一般偏上，无石灰反应，耕层以下质地黏重，是生产上的障碍层次。

3. 潮棕壤亚类

潮棕壤俗称黄土、黑黄土，面积12 694.93hm$^2$，占本土类面积的12.7%，多分布在山前平原低平处，地势缓平，潜水位较高，剖面下部有铁锈斑纹，有明显的附加潮土成土作用。由于土层深厚，土壤水分状况较好，浅层地下水质好量丰，表层质地多为轻壤及中壤，土体构型多属均质、厚黏心和厚黏腰，土壤的物理性状较好，养分含量及土壤肥力较高生产性能在棕壤土类中居首位，适种各种作物且多为高产稳产田。潮棕壤诸城市有1个土属，7个土种。

（1）轻壤表均质洪积冲积潮棕壤。该土种诸城市各地都有不同程度的分布，面积6 246.4hm$^2$，占该亚类面积的49.2%。该土种养分含量较高，耕层轻壤、粒状，润松，孔隙多，根系多，无石灰反应，物理性状较佳，土体构型均质，土壤肥沃，无障碍层次，是农业生产上较好的土壤类型。

（2）中壤表厚黏心洪积冲积潮棕壤。主要分布在相州镇、昌城镇、舜王街道、贾悦镇、密州街道、石桥子镇、桃林镇、龙都街道等地，面积2 378.4hm$^2$，占该亚类面积的18.7%。该土种土层深厚，耕层中壤、碎块，润散，孔隙多，根系多，无石灰反应，土壤养分含量较高，但耕层稍紧，耕作层浅，有厚黏心隔层。有机质含量不高，缺锌、硼等微量元素。

（3）中壤表厚黏腰洪积冲积潮棕壤。主要分布在舜王街道、桃林镇、相州镇、石桥子镇、密州街道等地，面积903.13hm$^2$，占该亚类面积的0.51%。该土质地适中，物理性状较好，中壤、块状、铁子少、润散、孔隙多、根系多，无石灰反应，有机质比较丰富，保肥保水性能较强，上松下紧，土体构型较理想，是诸城市较好的土壤类型之一。

## （二）褐土土类

褐土土类分布于诸城市西北部的石桥子镇、贾悦镇等地的丘陵及倾斜平地上，面积28 828.93hm$^2$，占土壤面积的16.30%。剖面通体呈褐色，通常由耕作层、淀积黏化层和钙积层3个基本层段组成。由于黏粒由表层向下移动，心土层较黏重，并且有不甚明显的胶膜淀积，底土层中有小型石灰结核（砂姜），有石灰反应，土壤呈中性至微碱性。诸城市褐土土类有褐土性土、淋溶褐土、褐土、潮褐土4个亚类，6个土属，19个土种。

本次地力评价褐土化验耕层不同用地类型养分含量如表1-6所示。

**表1-6　褐土不同用地类型养分含量（单位：mg/kg）**

| 用地类型 | 有机质（g/kg） | 全氮（g/kg） | 碱解氮 | 有效磷 | 速效钾 | 缓效钾 | pH值 |
|---|---|---|---|---|---|---|---|
| 菜地 | 14.6 | 1.05 | 163 | 110.74 | 295 | 897 | 7.2 |

（续表）

| 用地类型 | 有机质（g/kg） | 全氮（g/kg） | 碱解氮 | 有效磷 | 速效钾 | 缓效钾 | pH值 |
|---|---|---|---|---|---|---|---|
| 粮田 | 14.6 | 1.02 | 108 | 31.00 | 153 | 626 | 7.2 |
| 园地 | 12.6 | 0.75 | 115 | 73.30 | 265 | 616 | 7.4 |
| 用地类型 | 交换钙 | 交换镁 | 有效硫 | 有效硅 | 有效锌 | 有效硼 | 有效铜 |
| 菜地 | 4 696 | 479 | 47.3 | 308.92 | 1.53 | 0.54 | 1.65 |
| 粮田 | 4 369 | 357 | 44.41 | 275.20 | 0.58 | 0.28 | 1.03 |
| 园地 | 4 415 | 369 | 50.40 | 278.31 | 1.02 | 0.34 | 2.51 |
| 用地类型 | 有效铁 | 有效锰 | 有效钼 | | | | |
| 菜地 | 19.99 | 26.41 | 0.12 | | | | |
| 粮田 | 21.39 | 28.88 | 0.11 | | | | |
| 园地 | 17.53 | 27.95 | 0.11 | | | | |

1. 褐土性土亚类

褐土性土俗称石渣土，分布于褐土区内丘岭中上部，剖面除石灰反应较强烈外，其他特征与棕壤性土相似，土层浅薄，无心土层，土体厚度不超过60cm，含大量粗砂或砾石，土层以下为半风化母岩，水土流失严重，土壤保水肥能力差，养分含量低，土壤肥力及生产性能都比较差。面积7 166.73hm$^2$，占土类面积的24.9%。

褐土性土根据母岩与土体构型划分，诸城市有1个土属，3个土种。主要土种为中壤表中层酥石硼钙质砂页岩褐土性土。主要分布在枳沟镇、石桥子镇、贾悦镇等地，面积4 668.67hm$^2$，占亚类面积的65.1%。该土种多处丘陵地带，耕层中壤、块状、湿散、孔隙多、根系多、少量铁子，石灰反应中。40cm以下为母岩，有强石灰反应。

2. 褐土亚类

褐土亚类主要分布在贾悦镇、石桥子镇、枳沟镇等地，面积3 135.53hm$^2$，占土类面积的10.9%，剖面特征同土类。褐土亚类是诸城市耕作历史比较悠久，熟化程度较高的土壤，表层质地多为重壤及中壤，土层深厚，保水保肥能力强，土壤养分含量及土壤肥力较好。褐土亚类诸城市有2个土属，5个土种。

（1）坡积洪积褐土。坡积洪积褐土诸城市有2个土种，集中分布在贾悦镇、石桥子镇等地，面积1 886.33hm$^2$，占褐土亚类面积的60.2%。主要土种为重壤表均黏质坡积洪积褐土，主要分布在贾悦镇、石桥子镇等地，面积1 370.33hm$^2$，占土属面积的72.7%。该土表层质地为重壤，有石灰反应，土体构型为均黏质，土层深厚，有机质含量较丰富，土壤肥力中等偏上，但该土表层稍紧，活土层浅。

（2）洪积冲积褐土。面积1 249.2hm$^2$，占亚类面积的39.8%，分布在石桥子镇、贾悦镇等地，该属划分了2个土种，主要土种为轻壤表均质洪积冲积褐土，主要分布在贾悦镇，面积251.27hm$^2$，占该土属面积的20.1%。该土土层深厚，轻壤，质地较好，石灰反应弱，易耕作，供肥性能较佳。

3. 淋溶褐土亚类

淋溶褐土所处地形部位一般较褐土亚类高。淋溶褐土亚类与褐土亚类的主要区别是：1m土体内无钙积层，底层有游离石灰，淋溶褐土较褐土淋溶作用强烈，剖面形态与棕壤很相似，剖面中下部也可出现铁锰胶膜、铁子，土壤呈中性或微碱性。主要分布于贾悦镇、舜王街道、石桥子镇等地，面积14 368.93hm$^2$，占褐土土类面积的49.8%。该亚类表层质地多为轻壤或中壤，土体构型为均壤质或厚黏心。因分布地形部位较高，有片蚀现象，水源不足，易干旱，土壤肥力及生产性能一般。淋溶褐土亚类，诸城市有2个属，6个土种。

（1）坡积洪积淋溶褐土。集中分布在贾悦镇、石桥子镇、舜王街道等地，面积7 820.93hm$^2$，占淋溶褐土面积的54.4%。该土属划分了3个土种，主要土种为轻壤表均质坡积洪积淋溶褐土。该土通体壤质，质地适中，土层深厚，无石灰反应，养分含量及土壤肥力属中等偏上。

（2）洪积冲积淋溶褐土。主要分布在贾悦镇、舜王街道等地，面积6 548hm$^2$，占淋溶褐土亚类面积的45.6%。该土属划分了3个土种，主要土种为中壤表厚黏心洪积冲积淋溶褐土。该土土层深厚，有机质含量较丰富，氮、磷、钾含量较高，保水保肥能力强，有一定潜在肥力，但耕层以下质地黏重，需不断改良，无石灰反应。

4. 潮褐土亚类

潮褐土俗称黄土、黑黄土，分布在褐土带内较低平地处，潜水深埋2～3m，心土层有黏化现象，底层有铁锰结核和锈纹锈斑，土壤呈微碱性。表层质地为中壤和轻壤，土体构型为均壤质和厚黏心，土地平整，水源丰富，耕性好，保水保肥力强，熟化程度高，土壤肥沃，适种各种作物，理化性状好于褐土及淋溶褐土。主要分布于舜王街道、贾悦镇、相州镇、石桥子镇、百尺河镇等地，面积4 157.73hm$^2$，占褐土土类面积的14.4%，潮褐土亚类诸城市有1个土属（即洪积冲积母质）。

（1）轻壤表均质洪积冲积潮褐土。主要分布在百尺河镇、舜王街道、贾悦镇、相州镇等地。面积1 040.6hm$^2$，占潮褐土亚类面积的25.0%。该土土层深厚，质地适中，土体构型较好，通体无障碍层次，养分含量及土壤肥力较高，保肥水及供肥水能力较好，适宜种植各种作物。

（2）中壤表厚黏心洪积冲积潮褐土。主要分布在石桥子镇、贾悦镇等地，面积2 445.07hm$^2$，占亚类面积的58.8%。该土种土层深厚，保肥保水能力强，有一定潜在肥力，但土壤中缺锌、硼等微量元素，黏化层出现部位浅，影响作物根下扎。

## （三）潮土土类

诸城市潮土主要分布在沿河两岸，面积37 077.47hm$^2$，占土壤面积的20.96%。潮土是直接发育在河流沉积物上，受潜水作用形成的一类土壤。成土物质颗粒的粗细，不仅在平面上有分选的差异，同一剖面上也可能有不同质地的层次排列，潮土剖面层次明显，中下部土层有明显的锈纹锈斑，或有细小的铁锰结核，土壤呈中性至微碱性反应，pH值6.5～7.5。

潮土表层质地多为轻壤、砂壤，少数中壤，土体构型多为均质，土层深厚，耕性好，熟化程度高，地下水源丰富，土壤的理化性状较好，供水肥能力强，保水肥能力弱，是生产条件较好的土壤类型。潮土土类诸城市有潮土和湿潮土2个亚类，3个土属，19个土种。

本次地力评价潮土化验耕层不同用地类型养分含量如表1-7所示。

表1-7　潮土不同用地类型养分含量（单位：mg/kg）

| 用地类型 | 有机质（g/kg） | 全氮（g/kg） | 碱解氮 | 有效磷 | 速效钾 | 缓效钾 | pH值 |
|---|---|---|---|---|---|---|---|
| 菜地 | 14.2 | 1.05 | 133 | 118.2 | 304 | 917 | 6.6 |
| 粮田 | 12.7 | 0.88 | 101 | 42.7 | 126.7 | 598 | 6.8 |
| 园地 | 11.0 | 0.73 | 112 | 35.0 | 125 | 583 | 6.7 |
| 用地类型 | 交换钙 | 交换镁 | 有效硫 | 有效硅 | 有效锌 | 有效硼 | 有效铜 |
| 菜地 | 3 965 | 397 | 76.4 | 279.20 | 1.34 | 0.56 | 1.61 |
| 粮田 | 3 747 | 372 | 31.6 | 246.68 | 0.92 | 0.34 | 1.10 |
| 园地 | 6 485 | 626 | 57.6 | 377.33 | 1.54 | 1.02 | 2.21 |
| 用地类型 | 有效铁 | 有效锰 | 有效钼 | | | | |
| 菜地 | 22.61 | 29.91 | 0.15 | | | | |
| 粮田 | 27.74 | 29.21 | 0.09 | | | | |
| 园地 | 27.02 | 32.08 | 0.17 | | | | |

1. 潮土亚类

潮土亚类主要分布于倾斜平地及浅平洼地上。本亚类面积较大，分布较广，诸城市各处都有不同程度的分布。面积36 182.33hm$^2$，占土类面积的97.6%，成土母质为河流沉积物。剖面特征、土壤肥力及生产性能如土类所述。潮土亚类诸城市有2个土属（非石灰性河潮土、石灰性河潮土），17个土种。

（1）非石灰性河潮土土属。非石灰性河潮土主要分布在河流的两侧，耕作历史悠久，熟化程度高，土壤通透性及耕性良好，土层深厚，供水肥能力强，保水肥能力弱，生产性能较好。该土属面积30 542.4hm$^2$，占潮土亚类面积的84.4%，诸城市有11个土种。

①轻壤表均壤质非石灰性河潮土：该土种面积大、分布广，诸城市各地都有不同程度的分布。面积19 422.40hm$^2$，占非石灰性河潮土面积的63.6%。该土理化性状较好，土层深厚，构型较好，无障碍层次，供水肥能力强，生产性能好，保肥水能力一般，无石灰反应，适种各种作物。

②砂壤表均砂质非石灰性河潮土：主要分布于林家村镇、辛兴镇、百尺河镇、密州街道、相州镇、龙都街道、桃林镇、皇华镇、昌城镇、枳沟镇等地，面积5 225.2hm$^2$，占非石灰性河潮土面积的17.1%。该土通体为砂质，物理性状及结构较差，漏肥漏水，有机质缺乏，养分含量中等，但耕性及供肥性较好，无石灰反应，生产性能尚可。

③轻壤表厚砂心非石灰性河潮土：主要分布在舜王街道、皇华镇、辛兴镇、密州街道、林家村镇等地，面积993.47hm$^2$，占非石灰性河潮土面积的3.3%。该土种耕性及通透性较好，无石灰反应，但有厚砂心障碍层次，因此，漏肥漏水，养分含量较低，施肥应少量多次，可提高投入产出比。

④中壤表厚黏心非石灰性河潮土：该土种主要分布在密州、龙都等地，面积257.4hm$^2$，占该属面积的0.84%。该土种土层深厚，熟化程度高，有机质含量较丰富，保水保肥，有较好的生产性能，但质地偏黏，适耕期短，土壤养分含量比例不协调，缺锌、硼等微量元素。

（2）石灰性河潮土土属。石灰性河潮土与非石灰性河潮土不同点是母质中含有石灰性反应。除此以外，生产性能及肥力状况基本相似。诸城市石灰性河潮土主要分布在相州镇、龙都街道等地，面积5 639.93hm$^2$，占潮土亚类总面积的15.6%，共有6个土种。主要土种为轻壤表均质石灰性河潮土，主要分布在相州镇、贾悦镇、密州街道、百尺河镇等地，面积3 036.93hm$^2$，占石灰性河潮土面积的53.9%。该土土层深厚，质地适中，土体构型好，保水保肥、供水供肥能力均较强。

2. 湿潮土亚类

湿潮土亚类俗称黑土、黑黏土，主要分布在辛兴镇、石桥子镇、昌城镇等地的低洼地区，面积895.13hm$^2$，占土类面积的2.4%。该亚类土壤是在较长期或季节性积水和较高潜水条件下形成的。土壤剖面上部颜色较深，底土可出现潜育层，呈灰色或灰蓝色。该亚类质地比较黏重，土体构型多为厚黏心和厚黏腰，保水肥能力强，供水肥能力弱，耕性差，通透性不良，有一定潜在肥力，但生产性能较差。该亚类在诸城市有1个土属，2个土种。

（1）中壤表厚黏心冲积湿潮土。主要分布在辛兴镇，面积454.67hm$^2$，占亚类面积的50.8%。该土种土层深厚，耕层质地尚好，保水肥能力强，有一定潜在肥力，但20～60cm为黏土层，影响作物根系下扎，供肥能力差。土壤中有机质含量低，缺锌、硼等微量元素，因此，土壤的生产潜力不能充分发挥。

（2）中壤表厚黏腰冲积湿潮土。主要分布在石桥子镇，面积440.47hm$^2$，占亚类面积的49.2%。该土种土层深厚，黏土层出现部位较低，因而保水肥及供水肥的性能都比较好，但土壤有机质含量低，影响了土壤肥力可持续发展的生产性能。

## （四）砂姜黑土土类

砂姜黑土俗称黑黏土，主要分布在百尺河、石桥子、舜王、昌城等地的浅平洼地区，面积10 950.67hm$^2$，占土壤面积6.2%。剖面特征：表层一般为后期覆盖的壤质土，厚薄不等，下为灰蓝色黏重干硬的黑土层和灰黄杂色并含有砂姜的潜育层。砂姜黑土土类诸城市只有砂姜黑土1个亚类，3个土属，5个土种。

1. 黑土裸露砂姜黑土

本土主要分布在林家村镇、辛兴镇、舜王街道、昌城镇、贾悦镇、百尺河镇等地，面积3 669.6hm$^2$，占土类面积的33.5%。

主要土种为中壤表黑土裸露砂姜黑土，面积2 362.93hm$^2$，占土属面积64.4%。该土种表层为中壤，20cm以下为重壤，土层深厚，有一定潜在肥力，但质地黏重，耕作层浅，土壤中锌含量不高，物理性状不良，耕作差，生产性能一般。

2. 黄土覆盖砂姜黑土

黄土覆盖砂姜黑土（黄土厚度小于30cm）分布地形部位比较高，黄土覆盖厚度小于30cm，黄土以下为黏重的黑土层，黑土以下为砂姜层，有时可发现锈纹锈斑及铁锰结核，底部有石灰反应。面积2 755.67hm$^2$，占土类面积的25.2%，主要分布在百尺河镇、林家村镇、相州镇、辛兴镇、舜王街道、石桥子镇等地。

3. 黄土覆盖砂姜黑土

黄土覆盖砂姜黑土（黄土厚度大于30cm）分布地形部位比前两种土高，并且黑土层和砂姜层出现部位相对较低，黄土厚度30～60cm，黑土层厚度大小不等，表层质地多为轻壤、中壤，土体构型都为厚黏心，黑土层棱块状及棱柱状，耕性不良，漏水漏肥。主要分布在辛兴镇、舜王街道、石桥子镇、昌城镇、贾悦镇等地，面积4 525.4$hm^2$，占土类面积的41.3%。

本次地力评价砂姜黑土化验耕层不同用地类型养分情况如表1-8所示。

**表1-8　砂姜黑土不同用地类型养分含量（单位：mg/kg）**

| 用地类型 | 有机质（g/kg） | 全氮（g/kg） | 碱解氮 | 全磷（g/kg） | 有效磷 | 速效钾 | 缓效钾 |
|---|---|---|---|---|---|---|---|
| 菜地 | 15.2 | 1.07 | 132 | — | 77.3 | 218 | 800 |
| 粮田 | 16.5 | 1.19 | 119 | — | 39.1 | 161 | 653 |
| 园地 | 15.6 | 1.01 | — | — | 21.5 | 122 | 557 |
| 用地类型 | 交换钙 | 交换镁 | 有效硫 | 有效硅 | 有效锌 | 有效硼 | pH值 |
| 菜地 | 2 857 | 326 | 33.3 | 330.49 | 7.4 | 0.86 | 0.48 |
| 粮田 | 3 969 | 385 | 42.5 | 211.40 | 7.4 | 0.65 | 0.30 |
| 园地 | 2 967 | 283 | 32.4 | 310.53 | 7.4 | 0.57 | 0.82 |
| 用地类型 | 有效铜 | 有效铁 | 有效锰 | 有效钼 | | | |
| 菜地 | 0.99 | 21.18 | 26.89 | 0.08 | | | |
| 粮田 | 1.09 | 23.71 | 27.83 | 0.10 | | | |
| 园地 | 1.97 | 28.27 | 33.14 | 0.11 | | | |

注：—表示无数据。

## 三、与山东省土壤分类系统对照

诸城市各土属与山东省土壤分类系统比较，可将原来的17个土属归纳为山东省土壤分类系统的17个土属（表1-9）。

表1-9　诸城市土属与山东省土壤分类系统对照

| 序号 | 诸城市 | | | | | | 山东省 | | | | | |
|---|---|---|---|---|---|---|---|---|---|---|---|---|
| | 土类 | | 亚类 | | 土属 | | 土类 | | 亚类 | | 土属 | |
| | 名称 | 编号 | 名称 | 编号 | 名称 | 编号 | 名称 | 编号 | 名称 | 编号 | 名称 | 编号 |
| 1 | 棕壤 | A | 棕壤 | Ac | 坡积洪积物 | Ac1 | 棕壤 | 01 | 棕壤 | 0101 | 酸性岩类棕壤 | 010101 |
| 2 | 棕壤 | A | 棕壤 | Ac | 洪积冲积物 | Ac3 | 棕壤 | 01 | 棕壤 | 0101 | 砂页岩类棕壤 | 010103 |
| 3 | 棕壤 | A | 潮棕壤 | Ae | 洪积冲积物 | Ae3 | 棕壤 | 01 | 潮棕壤 | 0103 | 洪冲积潮棕壤 | 010301 |
| 4 | 褐土 | B | 淋溶褐土 | Bc | 坡积洪积物 | Bc1 | 褐土 | 02 | 淋溶褐土 | 0203 | 石灰岩类淋溶褐土 | 020301 |
| 5 | 褐土 | B | 淋溶褐土 | Bc | 冲积洪积物 | Bc3 | 褐土 | 02 | 淋溶褐土 | 0203 | 洪冲积淋溶褐土 | 020304 |
| 6 | 褐土 | B | 褐土 | Bd | 坡积洪积物 | Bd1 | 褐土 | 02 | 褐土 | 0201 | 石灰岩类褐土 | 020101 |
| 7 | 褐土 | B | 褐土 | Bd | 冲积洪积物 | Bd3 | 褐土 | 02 | 褐土 | 0201 | 洪积褐土 | 020103 |
| 8 | 褐土 | B | 潮褐土 | Bf | 冲积洪积物 | Bf3 | 褐土 | 02 | 潮褐土 | 0204 | 石灰性潮褐土 | 020401 |
| 9 | 潮土 | C | 潮土 | Cb | 无石灰性河潮土 | Cb4 | 潮土 | 08 | 潮土 | 0801 | 非石灰性河潮土 | 080105 |
| 10 | 潮土 | C | 潮丄 | Cb | 石灰性河潮土 | Cb4 | 潮十 | 08 | 潮土 | 0801 | 河潮土 | 080106 |
| 11 | 潮土 | C | 湿潮土 | Ce | 冲积湿潮土 | Ce8 | 潮土 | 08 | 湿潮土 | 0803 | 壤质湿潮土 | 080301 |
| 12 | 砂姜黑土 | G | 砂姜黑土 | Ga | 黑土裸露 | Ga1 | 砂姜黑土 | 06 | 砂姜黑土 | 0601 | 砂姜黑土 | 060101 |
| 13 | 砂姜黑土 | G | 砂姜黑土 | Ga | 黄土覆盖<30cm | Ga2 | 砂姜黑土 | 06 | 砂姜黑土 | 0601 | 覆盖砂姜黑土 | 060102 |
| 14 | 砂姜黑土 | G | 砂姜黑土 | Ga | 黄土覆盖>30cm | Ga3 | 砂姜黑土 | 06 | 砂姜黑土 | 0601 | 覆盖砂姜黑土 | 060102 |
| 15 | 棕壤 | A | 棕壤性土 | Aa | 酸性岩类 | Aa1 | 粗骨土 | 05 | 酸性粗骨土 | 0501 | 酸性岩类酸性粗骨土 | 050101 |

（续表）

| 序号 | 诸城市 | | | | | | 山东省 | | | | | |
|---|---|---|---|---|---|---|---|---|---|---|---|---|
| | 土类 | | 亚类 | | 土属 | | 土类 | | 亚类 | | 土属 | |
| | 名称 | 编号 | 名称 | 编号 | 名称 | 编号 | 名称 | 编号 | 名称 | 编号 | 名称 | 编号 |
| 16 | 棕壤 | A | 棕壤性土 | Aa | 非石灰性砂页岩 | Aa4 | 粗骨土 | 05 | 中性粗骨土 | 0502 | 砂页岩中性粗骨土 | 050202 |
| 17 | 褐土 | B | 褐土性土 | Ba | 钙质岩类 | Ba3 | 粗骨土 | 05 | 钙质粗骨土 | 0503 | 砂页岩类钙质粗骨土 | 050303 |
| 18 | 棕壤 | A | 棕壤性土 | Aa | 非石灰性砂页岩 | Aa4 | 石质土 | 04 | 酸性石质土 | 0401 | 酸性岩类酸性石灰土 | 040101 |

## 第三节　社会经济条件

### 一、农业经济概况

2019年诸城市生产总值（GDP）完成636.75亿元，按可比价格计算，比上年增长4.6%。其中，第一产业完成增加值69.7亿元，增长1.2%；第二产业完成增加值238.17亿元，增长0.8%；第三产业完成增加值328.88亿元，增长8.6%。一、二、三产业分别拉动GDP增长0.14个百分点、0.34个百分点、4.12个百分点。人均生产总值达57 468元。产业结构进一步调整，一、二、三产业的比例由上年的11.1∶38.9∶49.9调整为10.9∶37.4∶51.6。到2019年底，诸城市通电话、汽车、自来水受益村为141个。

2019年诸城市统计局统计，全年农作物种植面积168 200hm$^2$，其中粮食种植面积127 266.67hm$^2$，瓜菜种植面积36 800hm$^2$，花生种植面积9 951.67hm$^2$，已形成了粮食、瓜菜、花生、畜牧等支柱产业。近年来，诸城市委、市政府全面落实国家强农惠农政策，加大扶持力度，不断加大投入，积极实施科技兴农战略，农民积极性不断提高，农业生产运行良好。2019年诸城市完成农业总产值140.78亿元，实现粮食总产76.41万t、瓜菜总产114万t、果品总产7.44万t。2019年农民人均纯收入21 897元。

据统计，2019年诸城市农业收入1 407 799万元，其中种植业收入607 941万元，占农业收入的43.18%，较2018年增加44 207万元。

## 二、社会经济概况

诸城市农业生产在资源、区位、生产条件、市场前景等方面优势明显、潜力巨大。

### 1. 良好的自然资源环境条件

诸城市地处暖温带半湿润季风气候区，气候温和，四季分明，光热资源充足。潍河穿境而过，流域面积占诸城市总面积的87.1%，土壤肥沃，生态环境较好，工业污染小，发展优质高效特色农业有着得天独厚的条件。

### 2. 农业综合生产能力不断提高

诸城市是国家和山东省确定的粮食、主料烟、生猪生产基地，2008—2010年连续3年荣获“全国粮食生产先进县”称号。农业生产在今后的发展中，将会得到国家更多的政策支持。特别是党中央对建设社会主义新农村采取“城市支持农村，工业反哺农业”，“多予、少取、放活”等政策和对粮食安全的高度重视，以及诸城市农业产业结构调整确定的特色农业、有机农业的定位，为发展现代农业创造了良好的政策基础。2019年，诸城市粮食播种面积127 266.67hm$^2$，单产达到6 003.93kg/hm$^2$，总产达到76.41万t，粮食人均占有量727.71kg，在潍坊各县（市、区）中名列前茅。目前，诸城市委、市政府把有机农业发展作为农业转方式、调结构的重要内容，有机农业进入快速发展期，在量与质两个层面上均取得突破。2019年，诸城市有效期内有机食品认证17个，绿色食品认证83个，无公害农产品认证10个。

### 3. 农业产业化基础扎实

诸城市把农业化作为推动农村经济转型升级的突破口来抓，按照“以工促农、以城带乡、城乡互动、协调发展”的思路，着力在发展农业龙头企业、创新产业化发展模式、夯实产业化基础等方面狠下功夫，走农产品加工增值带动农民致富的路子，促进了县域内城乡经济一体化的发展。2019年，诸城市90%的农产品得到就地加工转化升值，解决了农产品销售和加工增值难题，带动22万农户参与农业产业化经营，农民收入的75%以上来源于农业产业化经营。

### 4. 区位优势明显

诸城地理位置优越、交通便利，北依世界风筝都潍坊，东临滨海名城青岛，南靠新兴港口城市日照，是山东半岛重要的交通枢纽。胶新铁路和济青高速公路南线贯穿诸城，市内6条干线公路四通八达，乘车1小时可达青岛、日照两大港口和青岛、潍坊两大机场。

5. 农产品质量监管体系完善

诸城市持续开展了农产品质量安全整治、农业投入品市场治理等多项活动，狠抓了基地管理、投入品监管和农产品质量检测三个关键环节，并不断完善市、镇、村三级监管体系，严格落实监管责任和生产主体责任，形成了农产品监管的长效机制。制定了20项《诸城市农产品质量安全监管制度》；在镇（街道）设立了农产品质量管理办公室，作为镇一级农产品质量安全监管机构；在各镇（街道）、基地、重点龙头企业设立农产品检测站点；基地实行档案化管理；市场准入、准出制度完善。诸城市农业农村局农产品监管科每年检测蔬菜样品2 000多个，抽检合格率98%以上。

## 三、农业生产概况

1. 粮食生产

2019年诸城市粮食作物种植面积127 266.67hm$^2$，其中小麦种植面积64 483.00hm$^2$，玉米61 386.60hm$^2$，花生9 951.67hm$^2$，黄烟3 686.13hm$^2$。随着有机食品、绿色食品的发展，谷子、高粱、小豆等旱作粮食种植面积有上升趋势（表1-10）。

表1-10　诸城市农业生产状况（2019年）

| 农作物 | 种植面积（hm$^2$） | 单产（kg/hm$^2$） | 总产量（t） | 农作物 | 种植面积（hm$^2$） | 单产（kg/hm$^2$） | 总产量（t） |
|---|---|---|---|---|---|---|---|
| 粮食作物 | 127 266.67 | 6 000.00 | 764 102.00 | 棉花 | 116.87 | 1 522.38 | 17.79 |
| 小麦 | 64 483.00 | 6 030.00 | 388 428.00 | 瓜类 | 1 749.02 | 42 529.91 | 74 393.31 |
| 玉米 | 61 386.60 | 6 030.00 | 369 811.00 | 西瓜 | 1 004.13 | 45 440.85 | 45 628.64 |
| 大豆 | 762.27 | 2 535.00 | 1 928.00 | 黄烟 | 3 686.13 | 2 242.65 | 8 266.70 |
| 薯类 | 377.47 | 10 290.00 | 7 965.00 | 蔬菜 | 24 533.27 | 46 628.85 | 1 143 957.04 |
| 谷子 | 197.20 | 3 900.00 | 770.00 | 桃 | 839.87 | 32 666.56 | 27 435.66 |
| 高粱 | 7.93 | 2 265.00 | 18.00 | 苹果 | 588.00 | 44 885.14 | 26 392.46 |
| 花生 | 9 951.67 | 4 921.05 | 48 972.89 | 茶 | 1 174.53 | 1 284.32 | 961.27 |

2. 蔬菜生产

2019年诸城市蔬菜种植面积24 533.27hm$^2$，总产1 143 957.04t，总产值可比价格259 618万元，菜农人均纯收入达到8 978元，其中日光温室（冬暖式大棚）种植面积发展到2 966.70hm$^2$、塑料大棚2 589.30hm$^2$，保护地设施蔬菜种植面积占蔬菜总种植面积的23.97%。

目前，诸城市形成了以栽培设施化和提高产出效益为重点，着力建设高效优质安全蔬菜基地。在布局上，以潍河、渠河、涓河流域水源丰富的乡镇、街道为重点发展区域，建立了草莓、西瓜、甜瓜等无公害农产品生产基地，注册了“井邱”牌茄子、“家悦”牌香瓜等农业品牌，初步形成了区域化布局、规模化生产、集约化经营的局面。

截至2019年底，诸城市已认证无公害、绿色、有机食品等优质农产品110个，其中无公害蔬菜产品10个、绿色产品83个、有机产品17个，涵盖番茄、黄瓜、大姜、山药、大葱、甘蓝、萝卜等。

3. 果品生产

诸城市2019年园地面积2 678.87hm$^2$，其中水果面积1 903.27hm$^2$，主要为苹果园588.00hm$^2$、桃园839.87hm$^2$、梨园173.80hm$^2$、葡萄园44.80hm$^2$等；干果面积818.25hm$^2$，主要以板栗为主；茶园1 174.53hm$^2$；其他园地167.47hm$^2$。2019年，诸城市水果产量为61 512.26t，板栗等干果2 642.05t。

4. 食用菌生产

主要分布于贾悦镇、石桥子镇、百尺河镇、桃园区等地，品种有木耳、平菇、双孢菇、鸡腿菇、杏鲍菇等，2019年生产各类食用菌13 118t，产值49 901万元。

5. 畜牧业生产

到2019年底，诸城市大牲畜（除牛外）存栏895头，出栏1 415头；牛存栏4.35万头，出栏6.93万头；猪存栏85.20万头，出栏163.02万头；羊存栏10.98万只，出栏20.33万只；家禽存栏1 381.74万只，出栏4 050万只；家兔存栏16.10万只，出栏80.82万只。肉、蛋、奶产量分别为21.81万t、7.64万t和0.21万t，畜牧业产值70.81亿元，占农业总产值的50.30%。

## 四、农业基础设施概况

### （一）农田水利建设

1. 水利工程

（1）地下水资源。诸城市属浅层地下水，具体有潜水、风化裂隙水和上层滞水。砂层区主要分布在潍河、渠河、百尺河、芦河、涓河、扶淇河等沿岸，年允许砂开采量达5 360万$m^3$。南部山区和北部丘岭区，属基岩地区，弱透水地层，地下水贫乏，虽有少量风化裂隙水和上层滞水，但不能满足农田灌溉的需要，开采价值不大，年可开采量只有1 120万$m^3$；中部洼地属浅层水区，年可开采利用量达1 200万$m^3$。诸城市机电井14 371眼，配套机械3 965台，总动力136.8万kW。

（2）库坝建设。诸城市共建有大、中型水库7座，分别是卧龙湖水库、墙夼水库、郭家村水库、三里庄水库，石门水库、青墩水库、吴家楼水库；小型水库118座，塘坝1 442座，拦河闸312座。

2. 灌溉

（1）东南低山丘陵南流水提水灌区。本区多低山丘陵，地形变化大，为吉利河流域，包括桃林镇和林家村镇南部部分村庄，耕地5 593.00$hm^2$。该区因地形条件限制，水利条件较差，除松元水库灌区自流灌溉外，主要靠提水灌溉，有效灌溉面积2 818.87$hm^2$，灌溉率50.4%。

（2）西南低山丘陵北流水提水灌区。本区位于分水线以北，属潍河水系。亦属低山丘陵区，地形变化复杂，包括皇华镇、林家村镇西南部分村庄，耕地面积13 400.00$hm^2$，有效灌溉面积8 509.00$hm^2$，灌溉率63.5%。

（3）东部低丘、平、洼渠灌区。本区地面海拔在60～100m，稍有起伏，也有部分隆起的低丘。土层薄，基岩埋深大部分小于8m，地下水贫乏，包括密州街道、辛兴镇林家村镇西部，耕地面积17 433.00$hm^2$，有效灌溉面积12 113.00$hm^2$，灌溉率71.5%。

（4）北部潍河、渠河沿岸平原井灌区。包括石桥子镇、相州镇、昌城镇，本区耕地面积20 000.00$hm^2$，有效灌溉面积16 500.00$hm^2$，灌溉率83.0%。本区属潍河、渠河冲积平原，地势较平坦。基岩埋深10～16m，地下水位5m左右，地下水资源较丰富。

（5）东北部低丘、平、洼贫水区。本区只有百尺河镇，耕地面积7 300.00$hm^2$，有效灌溉面积4 333.30$hm^2$，灌溉率59.4%。本区除西南部的百尺河左岸地下水相对丰富外，其余大多地方地下水资源贫乏，地表水拦蓄条件差，是诸城市贫水区之一。

（6）西北部墙夼水库灌区。该区大部分位于潍河左岸，海拔高度一般在70～90m，地势平坦，部分地区能开采地下水，水利条件较好，是诸城市重要粮棉生产基地，由于红板岩埋藏较浅，故易渍涝。包括龙都街道、枳沟镇、贾悦镇、舜王街道、石桥子镇南部，耕地面积30 160.00$hm^2$，有效灌溉面积22 653.30$hm^2$，灌溉率75.3%。

（7）西部丘陵贫水区。位于诸城市西部，包括贾悦镇西部及石桥子镇部分村庄，海拔大都在100m以上，地面起伏较大，土层薄，地表、地下水资源贫乏，水利条件差，是诸城市重点贫水区之一。耕地面积12 333.30hm$^2$，有效灌溉面积7 340.00hm$^2$，灌溉率75.3%。

（8）中部城市建成区。该区为诸城市区，耕地1 333.30hm$^2$。该区北部属潍河河谷平原，水资源相对丰富，潍河上的栗元、密州、掘村三座拦河闸蓄水量725万m$^3$，既向市区工农业供水，同时又对附近的地下水进行了补源。

### （二）农业生产机械

农业生产装备和生产条件进一步改善。2019年末农业机械总动力达136.8万kW，增长2.63%。在国家农机购置补贴政策的激励下，大型农业机械快速增长，联合收获机达到4 968台，其中玉米联合收获机达到2 210台。机耕地面积8.42万hm$^2$，机播面积16.46万hm$^2$，机收面积14.62万hm$^2$。全年化肥施用量（折纯量）6.78万t；诸城市农田有效灌溉面积达100 000.00hm$^2$；农村用电量206 261万kW，比上年增长9.72%（表1-11）。

表1-11　诸城市农业生产机械

| 水利项目 | 2019 | 水利项目 | 2019 |
|---|---|---|---|
| 农业机械总动力（kW） | 1 368 036 | 大中型拖拉机配套农具（部） | 22 504 |
| 柴油发动机动力（kW） | 958 516 | 小型拖拉机配套农具（部） | 39 932 |
| 汽油发动机动力（kW） | 37 755 | 排灌动力机械（台） | 21 305 |
| 电动机动力（kW） | 371 765 | 畜牧业机械（台） | 6 007 |
| 拖拉机（台） | 23 388 | 农产品初加工动力机械（台） | 16 682 |
| 大中型（台） | 8 430 | 机耕面积（万hm$^2$） | 8.42 |
| 小型（台） | 14 958 | 机播面积（万hm$^2$） | 16.46 |
| 农用运输车（台） | 19 946 | 机电灌溉面积（万hm$^2$） | 11.02 |
| 三轮汽车（台） | 15 882 | 机械质保面积（万hm$^2$） | 10.49 |
| 低速载货汽车（台） | 4 064 | 机收面积（万hm$^2$） | 14.62 |
| 联合收获机（台） | 4 968 | 机械铺膜面积（万hm$^2$） | 3.57 |

# 第二章　土地资源调查

## 第一节　耕地细化调查

### 一、调查方法

#### （一）资料收集与整理

收集本次耕地细化调查与标注所需的国土、水利、林业等相关部门的基础数据资料，并对收集到的数据资料进行统一整理、技术处理，使之符合本次耕地细化调查与标注的技术要求。资料内容包括以下方面。

（1）第三次全国国土调查统一时点更新数据库。

（2）遥感监测影像图。

（3）高水位线范围。

（4）林斑数据和国有林场范围数据。

（5）其他相关资料。

根据耕地细化调查与标注工作的需要，对收集到的数据资料进行统一坐标系，统一格式，精度校正，检查各数据的拓扑关系和字段属性的正确性并修改，建立不同数据交换的中间库，使之达到此次耕地细化调查与标注工作可参照使用的数据标准。

#### （二）耕地细化调查方法

耕地细化调查与土地利用现状调查同步开展完成。对第三次全国国土调查的耕地图斑，参考高水位线范围、林区范围等数据，通过影像判读或外业实地调查等手段，根据耕地的位置和立地条件，开展耕地细化调查与标注。

诸城市水流资源丰富，河流有潍河、渠河、涓河、百尺河等，水库有卧龙湖水库、三里庄水库、青墩水库、石门水库、共青团水库、郭家村水库等，根据诸城市实际情况，本次调查根据耕地的位置和立地条件，重点对诸城市渠河及百尺河周边的耕地，郭家村水库高水位范围内的耕地开展细化调查，并标注相应的属性。诸城市没有林区耕地、牧区耕地、沙荒耕地、石漠化耕地、盐碱化耕地，不进行调查（图2-1）。

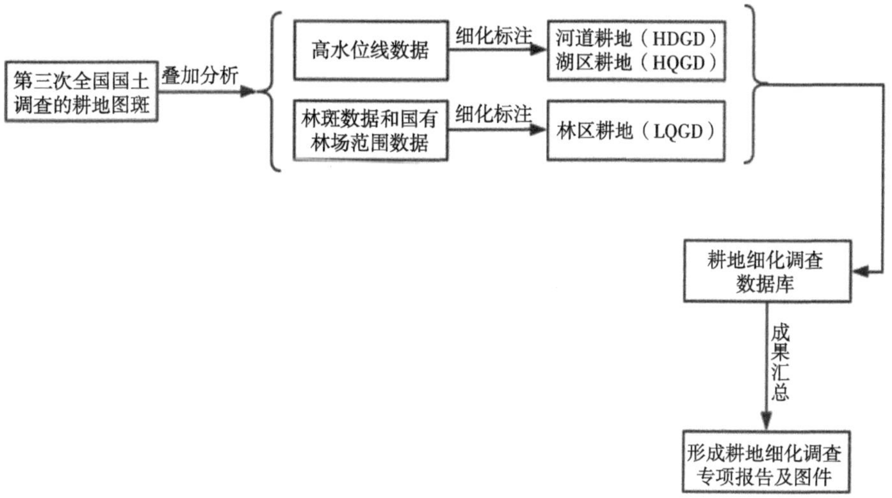


图2-1　耕地细化调查技术路线

## 二、成果汇总与分析

### （一）耕地总体结构与分布

诸城市耕地总面积103 014.75hm$^2$，其中水浇地最多，面积为55 986.33hm$^2$，占耕地总面积的54.35%；旱地面积为47 028.42hm$^2$，占耕地总面积的45.65%。在全市13个镇街内均有分布（表2-1）。

表2-1　诸城市各乡镇耕地地类分布状况（hm$^2$）

| 行政区 | | 国土调查面积 | 耕地（01） | 其中 | |
|---|---|---|---|---|---|
| 名称 | 代码 | | | 水浇地（0102） | 旱地（0103） |
| 诸城市 | 370782 | 215135.72 | 103014.75 | 55 986.33 | 47 028.42 |
| 密州街道 | 370782001 | 14 173.27 | 3 035.46 | 2 075.34 | 960.12 |
| 龙都街道 | 370782002 | 10 947.41 | 2 729.74 | 2 050.36 | 679.38 |
| 舜王街道 | 370782003 | 23 527.12 | 11 338.64 | 9 011.28 | 2 327.36 |

（续表）

| 行政区 | | 国土调查面积 | 耕地（01） | 其中 | |
|---|---|---|---|---|---|
| 名称 | 代码 | | | 水浇地（0102） | 旱地（0103） |
| 枳沟镇 | 370782101 | 8 716.58 | 3 855.27 | 3 165.17 | 690.10 |
| 贾悦镇 | 370782102 | 28 398.81 | 17 903.38 | 10 637.95 | 7 265.43 |
| 石桥子镇 | 370782105 | 16 947.06 | 11 150.96 | 6 285.34 | 4 865.62 |
| 相州镇 | 370782108 | 12 015.52 | 6 742.63 | 5 087.33 | 1 655.30 |
| 昌城镇 | 370782110 | 11 834.36 | 4 688.97 | 4 096.61 | 592.36 |
| 辛兴镇 | 370782111 | 12 524.77 | 8 470.19 | 3 702.17 | 4 768.02 |
| 百尺河镇 | 370782112 | 8 082.95 | 4 405.00 | 3 895.35 | 509.65 |
| 林家村镇 | 370782114 | 32 382.81 | 16 706.66 | 4 152.00 | 12 554.66 |
| 皇华镇 | 370782117 | 22 126.7 | 8 140.45 | 1 207.11 | 6 933.34 |
| 桃林镇 | 370782118 | 13 458.36 | 3 847.40 | 620.32 | 3 227.08 |

### （二）耕地细化调查结构与分布

#### 1. 总体结构与分布

诸城市耕地总面积为103 014.75hm$^2$，标注耕地细化属性的耕地面积为238.07hm$^2$，占诸城市耕地总面积的0.23%。诸城市耕地细化类型有河道耕地和湖区耕地，主要分布在渠河、百尺河两侧。其中，位于渠河两侧的河道耕地面积为54.14hm$^2$，占河道耕地总面积的36.24%；位于百尺河两侧的河道耕地面积为12.73hm$^2$，占河道耕地总面积的8.52%；位于其他高水位线范围内的河道耕地面积为82.51hm$^2$，占河道耕地总面积的55.23%（表2-2）。位于郭家水库的湖区耕地面积为37.90hm$^2$，占湖区耕地总面积的42.73%；位于其他高水位线范围内的湖区耕地面积为50.79hm$^2$，占湖区耕地总面积的57.27%（表2-3）。

**表2-2　诸城市耕地细化调查情况面积分布统计**

| 河道耕地分布 | 面积（hm$^2$） | 面积占比（%） |
|---|---|---|
| 渠河河道耕地 | 54.14 | 36.24 |
| 百尺河河道耕地 | 12.73 | 8.52 |
| 其他高水位线范围内的河道耕地 | 82.51 | 55.23 |

表2-3　湖区耕地细化调查情况面积分布统计

| 河道耕地分布 | 面积（$hm^2$） | 面积占比（%） |
|---|---|---|
| 郭家村水库湖区耕地 | 37.90 | 42.73 |
| 其他高水位线范围内的湖区耕地 | 50.79 | 57.27 |

2. 具体分布情况

诸城市河道耕地分布在12个镇街，主要分布石桥子镇、贾悦镇、百尺河镇、林家村镇、相州镇，面积分别为55.92$hm^2$、26.70$hm^2$、21.05$hm^2$、14.92$hm^2$、10.47$hm^2$，分别占河道耕地总面积的37.43%、17.87%、14.09%、9.99%、7.01%，枳沟镇没有分布。湖区耕地分布在诸城市9个镇街，主要分布在林家村镇、石桥子镇、辛兴镇、皇华镇、百尺河镇，面积分别为44.21$hm^2$、22.39$hm^2$、7.82$hm^2$、7.49$hm^2$、5.54$hm^2$，分别占湖区耕地总面积的49.85%、25.25%、8.82%、8.45%、6.25%，龙都街道、枳沟镇、相州镇、昌城镇没有分布（表2-4）。

表2-4　诸城市耕地细化调查情况分布统计（$hm^2$）

| 行政区名称 | 合计 | 河道耕地（HDGD） | | 湖区耕地（HQGD） | |
|---|---|---|---|---|---|
| | | 耕地（01） | 占河道耕地面积比（%） | 耕地（01） | 占湖区耕地面积比（%） |
| 诸城市 | 238.07 | 149.38 | 100.00 | 88.69 | 100.00 |
| 密州街道 | 0.74 | 0.70 | 0.47 | 0.04 | 0.05 |
| 龙都街道 | 0.08 | 0.08 | 0.05 | 0.00 | 0.00 |
| 舜工街道 | 7.95 | 7.85 | 5.26 | 0.10 | 0.11 |
| 枳沟镇 | 0.00 | 0.00 | 0.00 | 0.00 | 0.00 |
| 贾悦镇 | 27.74 | 26.70 | 17.87 | 1.04 | 1.17 |
| 石桥子镇 | 78.31 | 55.92 | 37.43 | 22.39 | 25.25 |
| 相州镇 | 10.47 | 10.47 | 7.01 | 0.00 | 0.00 |
| 昌城镇 | 3.47 | 3.47 | 2.32 | 0.00 | 0.00 |
| 百尺河镇 | 26.59 | 21.05 | 14.09 | 5.54 | 6.25 |
| 辛兴镇 | 13.62 | 5.80 | 3.88 | 7.82 | 8.82 |
| 林家村镇 | 59.13 | 14.92 | 9.99 | 44.21 | 49.85 |
| 皇华镇 | 9.80 | 2.31 | 1.55 | 7.49 | 8.45 |
| 桃林镇 | 0.17 | 0.11 | 0.07 | 0.06 | 0.07 |

# 第二节　永久基本农田调查

## 一、基本农田调查方法

结合诸城市永久基本农田划定工作，将2017年永久基本农田划定成果落实到第三次国土调查成果中，根据第三次国土调查情况，开展永久基本农田范围内地类调查更新、耕地坡度更新、权属信息更新等工作，并进行永久基本农田的上图入库，查清基本农田范围内土地利用情况。

打开已建好的土地利用现状数据库，映射导入永久基本农田保护片块数据，进行数据处理，调整数据库中基本农田图斑的位置和范围，更新形成基本农田数据层，汇总形成基本农田面积汇总表。具体技术路线如图2-2所示。

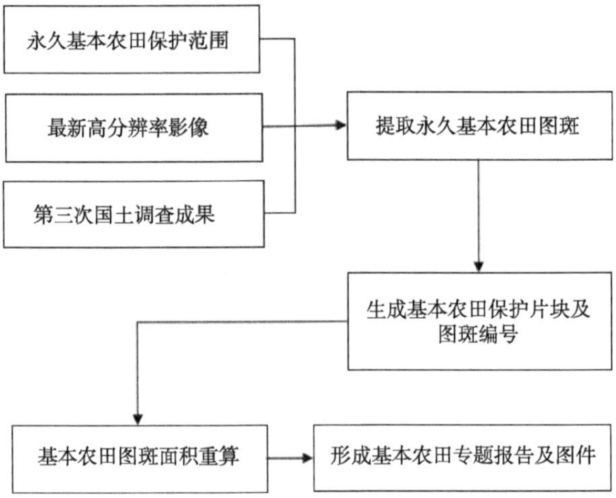


**图2-2　基本农田划定成果更新技术路线**

## 二、基本农田成果汇总与分析

### （一）基本农田面积及地类构成

诸城市第三次国土调查耕地总面积103 014.75hm$^2$，永久基本农田划定面积115 563.26hm$^2$，永久基本农田内农用地面积114 375.62hm$^2$，占基本农田的98.97%，其中耕地面积82 095.1hm$^2$；建设用地面积1 028.63hm$^2$，占比0.89%，未利用地面积159.01hm$^2$，占比0.14%（表2-5）。

表2-5　基本农田范围内地类组成

| 地类 | | 面积（$hm^2$） | 占基本农田比例（%） |
|---|---|---|---|
| 合计 | | 115 563.26 | 100.00 |
| 农用地 | 耕地 | 82 095.10 | 71.04 |
| | 园地 | 2 678.87 | 2.32 |
| | 林地 | 21 173.54 | 18.32 |
| | 农村道路 | 2 397.90 | 2.07 |
| | 水库水面 | 30.35 | 0.03 |
| | 坑塘水面 | 409.29 | 0.35 |
| | 沟渠 | 1 398.31 | 1.21 |
| | 设施农用地 | 847.84 | 0.73 |
| | 田坎 | 3 344.42 | 2.89 |
| | 小计 | 114 375.62 | 98.97 |
| 建设用地 | | 1 028.63 | 0.89 |
| 未利用地 | | 159.01 | 0.14 |

其中建设用地占用主要类型有第三次国土调查农村道路与公路用地认定规则的调整变化，超8m的农村道路被认定为公路；新建宅基地、工业仓储用地；新开采的采矿用地。

## （二）基本农田面积分布

诸城市基本农田总面积为115 563.26$hm^2$，其中密州街道2 203.52$hm^2$，龙都街道2 915.25$hm^2$，舜王街道12 126.14$hm^2$，枳沟镇5 125.23$hm^2$，贾悦镇17 282.16$hm^2$，石桥子镇11 714.67$hm^2$，相州镇7 752.71$hm^2$，昌城镇5 811.,89$hm^2$，辛兴镇8 875.26$hm^2$，百尺河镇3 601.24$hm^2$，林家村镇20 114.71$hm^2$，皇华镇10 361.86$hm^2$，桃林镇7 678.62$hm^2$。其中林家村镇、石桥子镇、舜王街道基本农田分布较多，均高于10%，分别为17.41%、10.14%、10.49%。枳沟镇、百尺河镇、龙都街道、密州街道分布较少，均低于5%，分别为4.43%、3.12%、2.52%、1.91%（表2-6）。

表2-6 诸城市基本农田面积分布

| 行政区名称 | 基本农田面积（$hm^2$） | 占基本农田面积比（%） |
|---|---|---|
| 诸城市 | 115 563.26 | 100.00 |
| 密州街道 | 2 203.52 | 1.91 |
| 龙都街道 | 2 915.25 | 2.52 |
| 舜王街道 | 12 126.14 | 10.49 |
| 枳沟镇 | 5 125.23 | 4.43 |
| 贾悦镇 | 17 282.16 | 14.95 |
| 石桥子镇 | 11 714.67 | 10.14 |
| 相州镇 | 7 752.71 | 6.71 |
| 昌城镇 | 5 811.89 | 5.03 |
| 辛兴镇 | 8 875.26 | 7.68 |
| 百尺河镇 | 3 601.24 | 3.12 |
| 林家村镇 | 20 114.71 | 17.41 |
| 皇华镇 | 10 361.86 | 8.97 |
| 桃林镇 | 7 678.62 | 6.64 |

## （三）基本农田范围内标注情况

### 1. 耕地细化情况

诸城市基本农田划定范围内图斑细化标注为河道耕地面积为70.24$hm^2$，占基本农田面积的0.06%（表2-7）。

表2-7 基本农田细化标注统计（$hm^2$）

| 行政区名称 | 基本农田划定总面积 | 河道耕地 | 湖区耕地 |
|---|---|---|---|
| 密州街道 | 2 203.52 | 0.12 | 0.00 |
| 龙都街道 | 2 915.25 | 0.08 | 0.00 |
| 舜王街道 | 12 126.14 | 1.00 | 0.05 |
| 枳沟镇 | 5 125.23 | 0.00 | 0.00 |
| 贾悦镇 | 17 282.16 | 4.57 | 0.31 |
| 石桥子镇 | 11 714.67 | 33.87 | 0.87 |

（续表）

| 行政区名称 | 基本农田划定总面积 | 河道耕地 | 湖区耕地 |
|---|---|---|---|
| 相州镇 | 7 752.71 | 5.64 | 0.00 |
| 昌城镇 | 5 811.89 | 1.74 | 0.00 |
| 辛兴镇 | 8 875.26 | 0.27 | 0.09 |
| 百尺河镇 | 3 601.24 | 0.20 | 0.00 |
| 林家村镇 | 20 114.71 | 12.72 | 7.65 |
| 皇华镇 | 10 361.86 | 0.44 | 0.45 |
| 桃林镇 | 7 678.62 | 0.11 | 0.06 |

2. 耕地种植属性情况

依据诸城市基本农田现状，基本农田范围内耕地面积82 095.10hm$^2$，种植粮食作物面积64 065.83hm$^2$，种植非粮食作物面积362.42hm$^2$，粮与非粮轮作面积17 169.34hm$^2$，未耕种面积497.51hm$^2$（表2-8）。

**表2-8　基本农田范围内耕地标注统计**

| 种植属性 | 面积（hm$^2$） | 占比（%） |
|---|---|---|
| 种植粮食作物 | 64 065.83 | 78.0 |
| 种植非粮食作物 | 362.42 | 0.4 |
| 粮与非粮轮作 | 17 169.34 | 21.0 |
| 未耕种面积 | 497.51 | 0.6 |

## 三、基本农田范围内用地建议

第一，按照《关于基本农田保护中有关问题的整改意见》及《关于进一步做好基本农田保护有关工作的意见》的要求，对于没有破坏耕作层的园地和林地，继续作为基本农田进行保护，这类土地包括临时种植园木耕地、临时种植林木耕地等，面积为2 081.19hm$^2$。

第二，对于在耕地范围内，必须采用工程措施才能恢复耕种的坑塘（包括人造咸水养殖的坑塘）、种植园用地、林地、多年撂荒等，按照实地现状调查为坑塘、种植园用地、林地等，不适宜作为基本农田保护的，建议调出，面积为14 761.28hm$^2$。

第三，将基本农田内现状内的建设用地、交通运输用地、水域及水利设施用地、草地、其他土地调出，面积为1 028.63hm²。

## 四、基本农田保护措施

人口多，耕地少，是我国的基本国情，同样也是诸城市的市情，人地矛盾日趋尖锐严重影响诸城市经济、民生、生态环境等发展。解决这一问题的办法之一是不断提高现有耕地的质量，整治一般耕地，发展高效农业；整理基本农田整备区，保证基本农田保护面积。针对占用永久基本农田的主要类型，结合诸城市实际情况，分别采取可以恢复原状和需要补划整改两类措施。

一是临时用地。《中华人民共和国土地管理法》规定，临时用地按照合同约定的用途进行使用，不得修建永久性建筑物。用地单位已取得合法用地手续的，县级国土主管部门要督促用地单位编制土地复垦方案，预存土地复垦费用，在项目结束后及时完成土地复垦，恢复耕地利用。用地单位没有取得合法用地手续的，将立案查处。

二是设施农用地。设施农用地是农业产业化、规模化生产的产物，是为农业配套服务的，参照农用地管理。对通过审批的设施农用地，建议按照是否破坏耕作层进行分类管理，对设施化种植等利用土壤培育功能的、耕地上搭建简易大棚的不进行变更；但对利用土地承载功能的设施化养殖及各类项目的附属设施用地，要纳入年度变更范围，并补划数量相等、质量相当的永久基本农田。未通过审核或者以设施农用地名义修建其他设施、超标准修建的，坚决予以查处，限期拆除还耕。

三是农村道路。农村道路在丘陵山区承担着重要的农业生产物资运输和生活出行功能，农村土地整治项目每年都要新修（改扩建）大量的田间道和生产路，其宽度均小于8m，属于农用地范畴，建议先纳入年度变更调查据实变更，再补划数量相等、质量相当的永久基本农田。部分功能单一、辐射效应不强的农村道路，要求拆除，恢复被占用基本农田的原状。

四是公路用地。在划定之前已经取得用地审批的，属于误划，建议将被占用基本农田划出，并等量补划同质基本农田。在划定之后新建公路，且未取得用地批复的，建议依法立案查处，并督促复耕。

五是农民自行建房。农民自行建房的，鉴于拆迁难度较大，建议在给予经济处罚的同时，等量等质补划永久基本农田。此外，县级自然资源主管部门要加大政策宣讲力度，正确引导农民在土地利用总体规划确定的区域选址建房，严格农村宅基地审批，减少农房占用基本农田现象发生。

六是坑塘水面。未进行大面积硬化，耕作层没有被破坏，仍然具备水生农作物生长条件的，建议保留现状。反之，严格要求复耕恢复原状，占用水田的还应按照新增水田垦造标准完善相关配套设施，保证水田功能完全恢复。部分确实承担重要农业灌溉或人饮功能的水源，建议纳入年度变更调查据实变更，再等量补划同质基本农田。

七是林地园地。耕作层没有被破坏，属于可调整林地、园地范畴，建议保留现状。反之，纳入年度变更调查据实变更，再等量补划同质基本农田。

八是其他。现状是推平未建、蔬菜大棚等，属于农用地范畴，建议保留现状。现状是仓储用地、水工建筑、地灾治理工程、矿山开发附属用房等，建议纳入年度变更调查据实变更，再等量补划同质基本农田。现状是经营用房、地灾治理工程、矿山开发附属用房等，或者明确为违法建设用地的，建议依法立案查处，并督促复耕。

# 第三节 建设用地调查

## 一、调查方法

依据2019年国家用地管理信息平台中国务院批准城市分批次项目、国务院批准单独选址项目、省政府批准城市用地实施方案项目、省政府批准建设用地项目等矢量数据，增减挂钩试点项目建新区、工矿废弃地复垦项目建新区等批准用地范围为基础数据，叠加第三次国土调查成果，对批准范围内未建设的土地，按照批准未建设的建设用地调查。搜集汇总历年供地数据，对批准未建设土地中，已供地的图斑按照供而未用调查，批准未建设土地中，未供地的图斑按照批而未供调查。对批准未建设的建设用地区分批而未供及供而未用，调查其项目名称、批准文号、批准日期、业务类型、批准用途、批准面积等情况，并进行图斑的上图入库工作。

## 二、成果汇总与分析

### （一）批准未建设的建设用地总体情况

诸城市2019年底，国家用地管理信息平台批准的建设用地面积为3 464.41$hm^2$，其中农转用面积为3 406.96hm$^2$，工矿废弃地复垦项目建新区面积为57.45hm$^2$。调查后，批准未建设土地总面积为556.77hm$^2$，占批准土地总面积的16.07%。其中批而未供面积为203.05hm$^2$，占比36.47%；供而未用面积为353.72hm$^2$，占比63.53%（表2-9）。

**表2-9　诸城市批准未建设的建设用地情况（hm$^2$）**

| 行政区名称 | 批准建设用地 | | | 批准未建设 | | | |
|---|---|---|---|---|---|---|---|
| | 合计 | 农转用 | 工矿废弃地复垦项目建新区 | 合计 | 占批准建设用地面积比（%） | 批而未供 | 供而未用 |
| 诸城市 | 3 464.41 | 3 406.96 | 57.45 | 556.77 | 16.07 | 203.05 | 353.72 |

诸城市批准未建设土地主要集中在城市中心区域的密州街道、龙都街道、舜王街道，批准未建设用地面积分别为114.13hm$^2$、139.22hm$^2$、112.39hm$^2$，分别占批准未建设总面积的20.50%、25.00%、20.19%。具体情况如表2-10所示。

**表2-10　诸城市批准未建设的建设用地情况（hm$^2$）**

| 行政区名称 | 批准未建设 | | | | | |
|---|---|---|---|---|---|---|
| | 合计 | 占批准未建设总面积比（%） | 批而未供 | | 供而未用 | |
| | | | 面积 | 占辖区批准未建设面积比（%） | 面积 | 占辖区批准未建设面积比（%） |
| 诸城市 | 556.77 | 100.00 | 203.05 | 36.47 | 147.20 | 26.44 |
| 密州街道 | 114.13 | 20.50 | 45.93 | 40.24 | 16.97 | 14.87 |
| 龙都街道 | 139.22 | 25.00 | 32.24 | 23.16 | 53.75 | 38.61 |
| 舜王街道 | 112.39 | 20.19 | 39.29 | 34.96 | 31.84 | 28.33 |
| 枳沟镇 | 5.65 | 1.01 | 4.69 | 83.01 | 0.25 | 4.42 |
| 贾悦镇 | 30.70 | 5.51 | 18.46 | 60.13 | 9.68 | 31.53 |
| 石桥子镇 | 12.14 | 2.18 | 11.95 | 98.43 | 0.14 | 1.15 |
| 相州镇 | 3.33 | 0.60 | 2.14 | 64.26 | 0.26 | 7.81 |
| 昌城镇 | 77.31 | 13.89 | 16.52 | 21.37 | 20.66 | 26.72 |
| 百尺河镇 | 4.33 | 0.78 | 3.40 | 78.52 | 0.11 | 2.54 |
| 辛兴镇 | 8.16 | 1.47 | 6.06 | 74.26 | 1.26 | 15.44 |
| 林家村镇 | 14.14 | 2.54 | 8.39 | 59.34 | 2.21 | 15.63 |
| 皇华镇 | 19.21 | 3.45 | 12.97 | 67.52 | 3.15 | 16.40 |
| 桃林镇 | 16.06 | 2.88 | 1.01 | 6.29 | 6.92 | 43.09 |

## （二）批准未建设的建设用地现状

### 1. 批准未建设现状

诸城市批准未建设土地总面积556.77hm$^2$，其中农用地占大部分，面积为509.54hm$^2$，占批准未建设土地的91.52%；未利用地面积为37.25hm$^2$，占批准未建设土地的6.69%；空闲地面积为9.98hm$^2$，占批准未建设土地的1.79%（表2-11）。

表2-11 诸城市批准未建设的建设用地现状汇总（hm$^2$）

| 行政区名称 | 合计 | 农用地 | | 未利用地 | | 建设用地 | |
|---|---|---|---|---|---|---|---|
| | | 面积 | 占辖区批准未建设土地面积比（%） | 面积 | 占辖区批准未建设土地面积比（%） | 面积 | 占辖区批准未建设土地面积比（%） |
| 诸城市 | 556.77 | 509.54 | 91.52 | 37.25 | 6.69 | 9.98 | 1.79 |
| 密州街道 | 114.13 | 101.05 | 88.54 | 12.26 | 10.74 | 0.82 | 0.72 |
| 龙都街道 | 139.22 | 130.55 | 93.77 | 8.62 | 6.19 | 0.05 | 0.04 |
| 舜王街道 | 112.39 | 93.49 | 83.18 | 9.79 | 8.71 | 9.11 | 8.11 |
| 枳沟镇 | 5.65 | 5.14 | 90.97 | 0.51 | 9.03 | 0.00 | 0.00 |
| 贾悦镇 | 30.70 | 30.23 | 98.47 | 0.47 | 1.53 | 0.00 | 0.00 |
| 石桥子镇 | 12.14 | 12.00 | 98.85 | 0.14 | 1.15 | 0.00 | 0.00 |
| 相州镇 | 3.33 | 3.33 | 100.00 | 0.00 | 0.00 | 0.00 | 0.00 |
| 枳沟镇 | 77.31 | 74.92 | 96.91 | 2.39 | 3.09 | 0.00 | 0.00 |
| 百尺河镇 | 4.33 | 4.33 | 100.00 | 0.00 | 0.00 | 0.00 | 0.00 |
| 辛兴镇 | 8.16 | 7.77 | 95.22 | 0.39 | 4.78 | 0.00 | 0.00 |
| 林家村镇 | 14.14 | 13.02 | 92.08 | 1.12 | 7.92 | 0.00 | 0.00 |
| 皇华镇 | 19.21 | 17.82 | 92.76 | 1.39 | 7.24 | 0.00 | 0.00 |
| 桃林镇 | 16.06 | 15.89 | 98.94 | 0.17 | 1.06 | 0.00 | 0.00 |

农用地中以耕地、林地为主。耕地面积245.09hm$^2$，占农用地的48.10%，占批准未建设土地的44.02%；林地面积194.84hm$^2$，占农用地的38.24%，占批准未建设土地的34.99%。未利用地中主要为其他草地，面积34.75hm$^2$，占未利用地的93.29%，占批准未建设土地的6.24%；建设用地为空闲地，面积9.98hm$^2$，占批准未建设土地的1.79%。具体情况如表2-12所示。

**表2-12　诸城市批准未建设的建设用地现状（$hm^2$）**

| 行政区名称 | 合计 | 农用地 | | | | | | | | | | 未利用地 | | | | 建设用地 | |
|---|---|---|---|---|---|---|---|---|---|---|---|---|---|---|---|---|---|
| | | 小计 | 耕地 | 种植园用地 | 林地 | 农村道路 | 水库水面 | 坑塘水面 | 沟渠 | 设施农用地 | 田坎 | 小计 | 其他草地 | 河流水面 | 裸土地 | 小计 | 空闲地 |
| 诸城市 | 556.77 | 509.54 | 245.09 | 15.85 | 194.84 | 9.01 | 1.60 | 15.98 | 5.50 | 17.64 | 4.03 | 37.25 | 34.75 | 2.21 | 0.29 | 9.98 | 9.98 |
| 密州街道 | 114.13 | 101.05 | 37.33 | 0.58 | 52.06 | 1.54 | 1.60 | 4.85 | 0.25 | 1.45 | 1.39 | 12.26 | 11.91 | 0.08 | 0.27 | 0.82 | 0.82 |
| 龙都街道 | 139.22 | 130.55 | 67.04 | 5.96 | 35.98 | 2.44 | 0.00 | 3.46 | 1.35 | 13.60 | 0.72 | 8.62 | 7.30 | 1.30 | 0.02 | 0.05 | 0.05 |
| 舜王街道 | 112.39 | 93.49 | 45.12 | 1.47 | 40.51 | 0.95 | 0.00 | 3.92 | 0.91 | 0.47 | 0.14 | 9.79 | 9.79 | 0.00 | 0.00 | 9.11 | 9.11 |
| 枳沟镇 | 5.65 | 5.14 | 1.17 | 0.60 | 2.56 | 0.27 | 0.00 | 0.07 | 0.39 | 0.08 | 0.00 | 0.51 | 0.51 | 0.00 | 0.00 | 0.00 | 0.00 |
| 贾悦镇 | 30.70 | 30.23 | 25.62 | 0.01 | 3.32 | 0.52 | 0.00 | 0.05 | 0.64 | 0.00 | 0.07 | 0.47 | 0.40 | 0.07 | 0.00 | 0.00 | 0.00 |
| 石桥子镇 | 12.14 | 12.00 | 2.81 | 0.25 | 6.80 | 1.33 | 0.00 | 0.21 | 0.43 | 0.02 | 0.15 | 0.14 | 0.08 | 0.06 | 0.00 | 0.00 | 0.00 |
| 相州镇 | 3.33 | 3.33 | 2.30 | 0.24 | 0.54 | 0.17 | 0.00 | 0.00 | 0.00 | 0.04 | 0.04 | 0.00 | 0.00 | 0.00 | 0.00 | 0.00 | 0.00 |
| 枳沟镇 | 77.31 | 74.92 | 33.20 | 0.68 | 35.60 | 0.73 | 0.00 | 2.67 | 1.41 | 0.47 | 0.16 | 2.39 | 2.39 | 0.00 | 0.00 | 0.00 | 0.00 |
| 百尺河镇 | 4.33 | 4.33 | 3.29 | 0.00 | 0.97 | 0.04 | 0.00 | 0.00 | 0.02 | 0.00 | 0.01 | 0.00 | 0.00 | 0.00 | 0.00 | 0.00 | 0.00 |
| 辛兴镇 | 8.16 | 7.77 | 4.20 | 1.54 | 0.89 | 0.16 | 0.00 | 0.05 | 0.00 | 0.91 | 0.02 | 0.39 | 0.00 | 0.39 | 0.00 | 0.00 | 0.00 |
| 林家村镇 | 14.14 | 13.02 | 7.67 | 0.27 | 3.92 | 0.17 | 0.00 | 0.47 | 0.00 | 0.11 | 0.41 | 1.12 | 0.95 | 0.17 | 0.00 | 0.00 | 0.00 |
| 皇华镇 | 19.21 | 17.82 | 7.96 | 0.71 | 7.50 | 0.41 | 0.00 | 0.23 | 0.10 | 0.32 | 0.59 | 1.39 | 1.39 | 0.00 | 0.00 | 0.00 | 0.00 |
| 桃林镇 | 16.06 | 15.89 | 7.38 | 3.54 | 4.19 | 0.28 | 0.00 | 0.00 | 0.00 | 0.17 | 0.33 | 0.17 | 0.03 | 0.14 | 0.00 | 0.00 | 0.00 |

2. 批而未供现状

诸城市批而未供总面积203.05hm²，其中农用地面积为184.77hm²，占批而未供总面积的91.00%；未利用地面积为16.63hm²，占批而未供总面积的8.19%；建设用地面积为1.65hm²，占批而未供总面积的0.81%（表2-13）。

表2-13　诸城市批而未供三大类面积汇总（hm²）

| 行政区名称 | 合计 | 占供而未用面积比（%） | 农用地 | | 未利用地 | | 建设用地 | |
|---|---|---|---|---|---|---|---|---|
| | | | 面积 | 占辖区供而未用面积比（%） | 面积 | 占辖区供而未用面积比（%） | 面积 | 占辖区供而未用面积比（%） |
| 诸城市 | 203.05 | 100.00 | 184.77 | 91.00 | 16.63 | 8.19 | 1.65 | 0.81 |
| 密州街道 | 45.93 | 22.62 | 39.54 | 86.09 | 6.39 | 13.91 | 0.00 | 0.00 |
| 龙都街道 | 32.24 | 15.88 | 27.46 | 85.17 | 4.73 | 14.67 | 0.05 | 0.16 |
| 舜王街道 | 39.29 | 19.35 | 35.23 | 89.67 | 2.46 | 6.26 | 1.60 | 4.07 |
| 枳沟镇 | 4.69 | 2.31 | 4.18 | 89.13 | 0.51 | 10.87 | 0.00 | 0.00 |
| 贾悦镇 | 18.46 | 9.09 | 18.08 | 97.94 | 0.38 | 2.06 | 0.00 | 0.00 |
| 石桥子镇 | 11.95 | 5.89 | 11.84 | 99.08 | 0.11 | 0.92 | 0.00 | 0.00 |
| 相州镇 | 2.14 | 1.05 | 2.14 | 100.00 | 0.00 | 0.00 | 0.00 | 0.00 |
| 枳沟镇 | 16.52 | 8.14 | 16.52 | 100.00 | 0.00 | 0.00 | 0.00 | 0.00 |
| 百尺河镇 | 3.40 | 1.67 | 3.40 | 100.00 | 0.00 | 0.00 | 0.00 | 0.00 |
| 辛兴镇 | 6.06 | 2.98 | 5.67 | 93.56 | 0.39 | 6.44 | 0.00 | 0.00 |
| 林家村镇 | 8.39 | 4.13 | 8.10 | 96.54 | 0.29 | 3.46 | 0.00 | 0.00 |
| 皇华镇 | 12.97 | 6.39 | 11.63 | 89.67 | 1.34 | 10.33 | 0.00 | 0.00 |
| 桃林镇 | 1.01 | 0.50 | 0.98 | 97.03 | 0.03 | 2.97 | 0.00 | 0.00 |

农用地中以耕地、林地为主。耕地面积97.89hm²，占农用地的52.98%，占批而未供的48.21%；林地面积60.42hm²，占农用地的32.70%，占批而未供的29.76%。未利用地中主要为其他草地，面积15.58hm²，占批而未供的93.69%，占供而未用的7.67%。具体情况如表2-14所示。

表2-14 诸城市批而未供现状（$hm^2$）

| 行政区域名称 | 合计 | 农用地 | | | | | | | | | | 未利用地 | | | | 建设用地 | |
|---|---|---|---|---|---|---|---|---|---|---|---|---|---|---|---|---|---|
| | | 小计 | 耕地 | 种植园用 | 林地 | 农村道路 | 水库水面 | 坑塘水面 | 沟渠 | 设施农用地 | 田坎 | 小计 | 其他草地 | 河流水面 | 裸土地 | 小计 | 空闲地 |
| 诸城市 | 203.05 | 184.77 | 97.89 | 4.69 | 60.42 | 4.77 | 1.60 | 5.30 | 3.43 | 4.30 | 2.37 | 16.63 | 15.58 | 0.77 | 0.28 | 1.65 | 1.65 |
| 密州街道 | 45.93 | 39.54 | 20.36 | 0.23 | 14.27 | 0.72 | 1.60 | 0.91 | 0.02 | 0.78 | 0.65 | 6.39 | 6.05 | 0.08 | 0.26 | 0.00 | 0.00 |
| 龙都街道 | 32.24 | 27.46 | 13.29 | 0.55 | 6.59 | 0.69 | 0.00 | 3.18 | 0.63 | 1.85 | 0.68 | 4.73 | 4.71 | 0.00 | 0.02 | 0.05 | 0.05 |
| 舜王街道 | 39.29 | 35.23 | 13.28 | 0.79 | 19.07 | 0.65 | 0.00 | 0.34 | 0.89 | 0.07 | 0.14 | 2.46 | 2.46 | 0.00 | 0.00 | 1.60 | 1.60 |
| 枳沟镇 | 4.69 | 4.18 | 0.92 | 0.00 | 2.48 | 0.24 | 0.00 | 0.07 | 0.39 | 0.08 | 0.00 | 0.51 | 0.51 | 0.00 | 0.00 | 0.00 | 0.00 |
| 贾悦镇 | 18.46 | 18.08 | 15.94 | 0.01 | 0.97 | 0.52 | 0.00 | 0.00 | 0.64 | 0.00 | 0.00 | 0.38 | 0.31 | 0.07 | 0.00 | 0.00 | 0.00 |
| 石桥子镇 | 11.95 | 11.84 | 2.67 | 0.25 | 6.80 | 1.33 | 0.00 | 0.21 | 0.43 | 0.02 | 0.13 | 0.11 | 0.05 | 0.06 | 0.00 | 0.00 | 0.00 |
| 相州镇 | 2.14 | 2.14 | 2.04 | 0.01 | 0.04 | 0.01 | 0.00 | 0.00 | 0.00 | 0.04 | 0.00 | 0.00 | 0.00 | 0.00 | 0.00 | 0.00 | 0.00 |
| 枳沟镇 | 16.52 | 16.52 | 12.54 | 0.56 | 2.86 | 0.01 | 0.00 | 0.00 | 0.33 | 0.21 | 0.01 | 0.00 | 0.00 | 0.00 | 0.00 | 0.00 | 0.00 |
| 百尺河镇 | 3.40 | 3.40 | 3.18 | 0.00 | 0.18 | 0.04 | 0.00 | 0.00 | 0.00 | 0.00 | 0.00 | 0.00 | 0.00 | 0.00 | 0.00 | 0.00 | 0.00 |
| 辛兴镇 | 6.06 | 5.67 | 2.94 | 1.51 | 0.20 | 0.14 | 0.00 | 0.05 | 0.00 | 0.83 | 0.00 | 0.39 | 0.00 | 0.39 | 0.00 | 0.00 | 0.00 |
| 林家村镇 | 8.39 | 8.10 | 5.46 | 0.27 | 1.65 | 0.10 | 0.00 | 0.31 | 0.00 | 0.11 | 0.20 | 0.29 | 0.12 | 0.17 | 0.00 | 0.00 | 0.00 |
| 皇华镇 | 12.97 | 11.63 | 4.81 | 0.51 | 4.91 | 0.31 | 0.00 | 0.23 | 0.10 | 0.31 | 0.45 | 1.34 | 1.34 | 0.00 | 0.00 | 0.00 | 0.00 |
| 桃林镇 | 1.01 | 0.98 | 0.46 | 0.00 | 0.40 | 0.01 | 0.00 | 0.00 | 0.00 | 0.00 | 0.11 | 0.03 | 0.03 | 0.00 | 0.00 | 0.00 | 0.00 |

### 3. 供而未用现状

诸城市供而未用总面积为353.72hm²，其中农用地面积324.77hm²，占供而未用总面积的91.82%；未利用地面积20.62hm²，占供而未用总面积的5.83%；建设用地面积8.33hm²，占供而未用总面积的2.35%（表2-15）。

**表2-15　诸城市供而未用三大类面积汇总（hm²）**

| 行政区名称 | 合计 | 占供而未用面积比（%） | 农用地 | | 未利用地 | | 建设用地 | |
|---|---|---|---|---|---|---|---|---|
| | | | 面积 | 占辖区供而未用面积比（%） | 面积 | 占辖区供而未用面积比（%） | 面积 | 占辖区供而未用面积比（%） |
| 诸城市 | 353.72 | 100.00 | 324.77 | 91.82 | 20.62 | 5.83 | 8.33 | 2.35 |
| 密州街道 | 68.20 | 19.28 | 61.51 | 90.19 | 5.87 | 8.61 | 0.82 | 1.20 |
| 龙都街道 | 106.98 | 30.24 | 103.09 | 96.36 | 3.89 | 3.64 | 0.00 | 0.00 |
| 舜王街道 | 73.10 | 20.67 | 58.26 | 79.70 | 7.33 | 10.03 | 7.51 | 10.27 |
| 枳沟镇 | 0.96 | 0.27 | 0.96 | 100.00 | 0.00 | 0.00 | 0.00 | 0.00 |
| 贾悦镇 | 12.24 | 3.46 | 12.15 | 99.26 | 0.09 | 0.74 | 0.00 | 0.00 |
| 石桥子镇 | 0.19 | 0.05 | 0.16 | 84.21 | 0.03 | 15.79 | 0.00 | 0.00 |
| 相州镇 | 1.19 | 0.34 | 1.19 | 100.00 | 0.00 | 0.00 | 0.00 | 0.00 |
| 枳沟镇 | 60.79 | 17.19 | 58.40 | 96.07 | 2.39 | 3.93% | 0.00 | 0.00 |
| 百尺河镇 | 0.93 | 0.26 | 0.93 | 100.00 | 0.00 | 0.00 | 0.00 | 0.00 |
| 辛兴镇 | 2.10 | 0.59 | 2.10 | 100.00 | 0.00 | 0.00 | 0.00 | 0.00 |
| 林家村镇 | 5.75 | 1.63 | 4.92 | 85.57 | 0.83 | 14.43 | 0.00 | 0.00 |
| 皇华镇 | 6.24 | 1.76 | 6.19 | 99.20 | 0.05 | 0.80 | 0.00 | 0.00 |
| 桃林镇 | 15.05 | 4.25 | 14.91 | 99.07 | 0.14 | 0.93 | 0.00 | 0.00 |

农用地中以耕地、林地为主。耕地面积147.20hm²，占农用地的45.32%，占供而未用的41.61%；林地面积134.42hm²，占农用地的41.39%，占供而未用的38.00%。未利用地中主要为其他草地，面积19.17hm²，占未利用地的92.97%，占供而未用的5.42%。具体情况如表2-16所示。

表2-16　诸城市供而未用现状（$hm^2$）

| 行政区域名称 | 合计 | 农用地 | | | | | | | | | 未利用地 | | | | 建设用地 | |
|---|---|---|---|---|---|---|---|---|---|---|---|---|---|---|---|---|
| | | 小计 | 耕地 | 种植园用 | 林地 | 农村道路 | 坑塘水面 | 沟渠 | 设施农用地 | 田坎 | 小计 | 其他草地 | 河流水面 | 裸土地 | 小计 | 空闲地 |
| 诸城市 | 353.72 | 324.77 | 147.20 | 11.16 | 134.42 | 4.24 | 10.68 | 2.07 | 13.34 | 1.66 | 20.62 | 19.17 | 1.44 | 0.01 | 8.33 | 8.33 |
| 密州街道 | 68.20 | 61.51 | 16.97 | 0.35 | 37.79 | 0.82 | 3.94 | 0.23 | 0.67 | 0.74 | 5.87 | 5.86 | 0.00 | 0.01 | 0.82 | 0.82 |
| 龙都街道 | 106.98 | 103.09 | 53.75 | 5.41 | 29.39 | 1.75 | 0.28 | 0.72 | 11.75 | 0.04 | 3.89 | 2.59 | 1.30 | 0.00 | 0.00 | 0.00 |
| 舜王街道 | 73.10 | 58.26 | 31.84 | 0.68 | 21.44 | 0.30 | 3.58 | 0.02 | 0.40 | 0.00 | 7.33 | 7.33 | 0.00 | 0.00 | 7.51 | 7.51 |
| 枳沟镇 | 0.96 | 0.96 | 0.25 | 0.60 | 0.08 | 0.03 | 0.00 | 0.00 | 0.00 | 0.00 | 0.00 | 0.00 | 0.00 | 0.00 | 0.00 | 0.00 |
| 贾悦镇 | 12.24 | 12.15 | 9.68 | 0.00 | 2.35 | 0.00 | 0.05 | 0.00 | 0.00 | 0.07 | 0.09 | 0.09 | 0.00 | 0.00 | 0.00 | 0.00 |
| 石桥子镇 | 0.19 | 0.16 | 0.14 | 0.00 | 0.00 | 0.00 | 0.00 | 0.00 | 0.00 | 0.02 | 0.03 | 0.03 | 0.00 | 0.00 | 0.00 | 0.00 |
| 相州镇 | 1.19 | 1.19 | 0.26 | 0.23 | 0.50 | 0.16 | 0.00 | 0.00 | 0.00 | 0.04 | 0.00 | 0.00 | 0.00 | 0.00 | 0.00 | 0.00 |
| 枳沟镇 | 60.79 | 58.40 | 20.66 | 0.12 | 32.74 | 0.72 | 2.67 | 1.08 | 0.26 | 0.15 | 2.39 | 2.39 | 0.00 | 0.00 | 0.00 | 0.00 |
| 百尺河镇 | 0.93 | 0.93 | 0.11 | 0.00 | 0.79 | 0.00 | 0.00 | 0.02 | 0.00 | 0.01 | 0.00 | 0.00 | 0.00 | 0.00 | 0.00 | 0.00 |
| 辛兴镇 | 2.10 | 2.10 | 1.26 | 0.03 | 0.69 | 0.02 | 0.00 | 0.00 | 0.08 | 0.02 | 0.00 | 0.00 | 0.00 | 0.00 | 0.00 | 0.00 |
| 林家村镇 | 5.75 | 4.92 | 2.21 | 0.00 | 2.27 | 0.07 | 0.16 | 0.00 | 0.00 | 0.21 | 0.83 | 0.83 | 0.00 | 0.00 | 0.00 | 0.00 |
| 皇华镇 | 6.24 | 6.19 | 3.15 | 0.20 | 2.59 | 0.10 | 0.00 | 0.00 | 0.01 | 0.14 | 0.05 | 0.05 | 0.00 | 0.00 | 0.00 | 0.00 |
| 桃林镇 | 15.05 | 14.91 | 6.92 | 3.54 | 3.79 | 0.27 | 0.00 | 0.00 | 0.17 | 0.22 | 0.14 | 0.00 | 0.14 | 0.00 | 0.00 | 0.00 |

### （三）批准未建设的建设用地用途情况

诸城市批准未建设的建设用地批准用途主要包括商业服务用地、工矿用地、城镇住宅用地、公共管理与公共服务用地、交通运输用地。其中以工业用地、城镇住宅用地为主，面积分别为186.19hm²、181.52hm²，分别占批准未建设土地面积的33.44%、32.60%。具体如表2-17所示。

表2-17 诸城市批准未建设的建设用地用途情况（hm²）

| 地类名称 | 现状分类 | 面积 | 占批准未建设土地面积比（%） |
|---|---|---|---|
| 合计 | | 556.77 | 100.00 |
| 商业服务业用地 | 小计 | 10.39 | 1.87 |
| | 商业服务业设施用地 | 10.28 | 1.85 |
| | 物流仓储用地 | 0.11 | 0.02 |
| 工矿用地 | 小计 | 186.19 | 33.44 |
| | 工业用地 | 185.86 | 33.38 |
| | 采矿用地 | 0.33 | 0.06 |
| 住宅用地（城镇住宅用地） | 小计 | 181.52 | 32.60 |
| | 城镇住宅用地（0701） | 91.80 | 16.49 |
| | 农村宅基地（0702） | 89.72 | 16.11 |
| 公共管理与公共服务用地 | 小计 | 57.46 | 10.32 |
| | 机关团体新闻出版用地 | 4.25 | 0.76 |
| | 科教文卫用地 | 35.46 | 6.37 |
| | 公用设施用地（0809） | 17.75 | 3.19 |
| 特殊用地 | | 91.18 | 16.38 |
| 交通运输用地 | 小计 | 30.03 | 5.39 |
| | 铁路用地 | 1.33 | 0.24 |
| | 公路用地 | 28.70 | 5.15 |

## 三、用地策略建议

为进一步促进批而未供土地消化、调整、盘活、利用，优化建设用地布局，提高资源保障能力和节约集约用地水平，根据《自然资源部关于健全建设用地

“增存挂钩”机制的通知》（自然资规〔2018〕1号）要求，就批而未供土地调整利用工作，山东省下发《山东省国土资源厅关于开展批而未供土地调整利用工作的意见》（鲁国土资规〔2018〕5号），要求实施2009年以来，经省政府依法批准使用年度新增建设用地计划指标的城市分批次建设用地，因相关规划调整、生态红线控制、地质条件等原因，满2年未完成供地、现状地类未发生变化的，经市、县人民政府组织核实，在妥善处理征地补偿有关事宜、报省政府批准后，可以进行调整利用。

## （一）健全土地市场，加强规划管理

加强国土管理的监控力度，杜绝浪费国土资源。从集约用地、合理用地的原则出发，在修改或重新制定详细规划时，要提高对土地集约度的规定。实施土地用途管制制定，健全土地储备制度，实行政府对一级市场的垄断，积极盘活二级市场。加大节约集约用地的宣传力度，增进政府、用地单位以及广大群众的节约集约用地意识，提高节约集约用地理念。

根据新时期诸城市经济社会和环境的发展要求，制定符合诸城市情的土地利用政策。从项目类型、用地面积、用地结构等多个方面对用地做出详细规定，并随着经济社会的发展进行定期调整；强化实施集约用地的奖励考评机制，尽可能实现“零增地”。

## （二）科学构建规划体系，优化用地结构

### 1. 构建土地节约集约利用规划体系

立足诸城市发展功能定位，加强规划引导与控制。围绕最大限度地提升单位土地的产出效益，依托区位及资源优势，建立和完善以土地利用总体规划为主，各类行业、区域、项目建设等相关专题规划为辅的土地节约集约利用规划体系。

### 2. 强化土地利用总体规划的整体控制作用

实施科学合理的产业布局，严格按照行业建设用地定额标准核定用地量，坚持以规划定方向，以项目定土地，以投资定面积，以土地定产出。在控制建设用地总量增长的同时，构建集约用地指标体系，不断推动用地计划指令化、用地结构合理化、土地布局紧凑化、项目用地集约化、存量用地效益化。

### 3. 提高土地利用规划计划的强制性

要不断强化诸城市土地利用规划对工业项目、公共设施、生态环境建设及新农村建设用地的约束作用，严格按照规划指标供地，对不符合规划、没有计划指

标的项目，坚决刹住，切实解决城镇空间无序扩张的问题。

### （三）做好存量土地挖潜工作，提高集约用地水平

不断加大批准未建设土地的处置力度，采取收购、收回等措施积极盘活闲置批准未建设土地，还可以建立用地指标分配、资金奖励与低效闲置土地盘活利用挂钩的机制。

针对可以继续利用的批准未建设土地，视土地闲置情况进行优化配置，采取整合、转嫁等盘活利用方式，提高土地资源综合使用效益。一是整合连片土地，将一些相对集中的“散、乱、闲”地块有机整合，统一实施拆迁安置，并对腾空后的土地进行重新规划，提高土地综合效益。二是转嫁低效用地，扶持优势企业。发挥政府的引导帮扶作用，采取土地使用权作价入股、联营、嫁接、兼并等方式，将低效利用的项目用地，换成经济效益高的新型项目，使有限的土地资源发挥最大效益。三是对不能继续利用的批准未建设土地，与城乡建设用地增减挂钩工作相结合，既有效增加耕地面积，又争取了建设用地指标。根据批准未建设土地调查摸底情况，对无法利用的批准未建设土地及分布情况进行登记造册，将具备复垦潜力和条件的地块纳入建设用地复垦项目储备库。抓好城乡建设用地增减挂钩试点工作，坚持先复垦、后占用，建设用地总量不增加、耕地总量不减少的原则，把农村建设用地复垦为耕地，把增加的建设用地指标转移到城镇，提高节约集约用地水平。

### （四）加强信息资源平台建设，建立政府与单位联动协调机制

针对大量批准未建设土地，通过深入调查，详细了解产权单位盘活存量土地的意见和要求，如产业要求、利用方式、价格等方面。由原产权单位形成书面要约，通过政府、原产权单位等全社会力量进行招商。及时加强双方的沟通，实现主动对接、信息共享，建立网络招商平台。选择一些闲置、空闲地块，有针对性地对拟定建设项目进行包装、招商引资，引进新项目。可以在政府网站对土地面积、位置、规划用途、产业类别等进行公告，也可对外进行招商引资。对招商引资的单位给予一定的奖励。这样既可以促进项目落户，也有针对性地盘活了存量土地。

### （五）强化政府监管，推进体制创新

1. 创新管理机制

逐步实现国土资源“一家管、大家用”为“大家管、大家用”的局面。充分发挥市场机制作用。继续稳步推进国有建设用地使用制度改革，扩大土地有偿使

用范围。全面推行经营性用地和工业用地招拍挂出让制度，竞争择优选择用地企业；严格执行工业用地最低出让价和批准未建设土地处置政策，逐步形成反映资源稀缺程度的价格形成机制和土地供应制度，积极推进区域内土地市场化配置。建立健全土地市场动态监测机制，进一步促进诸城市土地市场的健康发展。

2. 构建集约利用激励考核新机制

建立健全以乡镇为单位的区域节约集约用地评价、考核与奖惩制度，将节约集约用地情况作为考核政绩的核心指标之一，每年从土地出让金中安排一定比例的专项资金，重点用于奖励节约集约用地水平高、节约集约用地水平提升幅度大的乡镇。探索建立资金奖励与低效闲置土地盘活利用相挂钩的长效机制，进一步激发盘活低效闲置土地的积极性与探索节地技术与节地模式的主动性。

## 第四节　开发区内土地利用调查

### 一、开发区概况

开发区位于诸城市中心城区的北部和东部，2001年8月设立新区，总规划面积1.59km$^2$，2010年，开发区与舜王街道、密州街道整体合并，实现“区街合一”，辖区总面积达到53.92km$^2$，近年来，在市委、市政府的正确领导下，开发区被山东省政府表彰为“先进开发区”“外经贸工作先进开发区”“全省对外开放先进园区”等荣誉称号。

在开发过程中，坚持高起点规划原则，对准一流目标、一流标准和一流水平，做到长、中、近期目标统筹兼顾；坚持高标准建设原则，高标准、高质量、高层次地建设一座体现现代文明风格的新兴工业城市；坚持高效能管理原则，对开发区实行封闭式管理、开放式经营、一站式服务。

### 二、调查方法

在第三次国土调查基础上，依据山东省开发区调查评价成果，调查核实诸城市开发区审批范围及实际管辖范围，将开发区审批范围及实际管辖范围线叠加到第三次国土调查成果中，查清范围内土地利用现状，分析范围内各类土地现状面积。调查技术路线如图2-3所示。

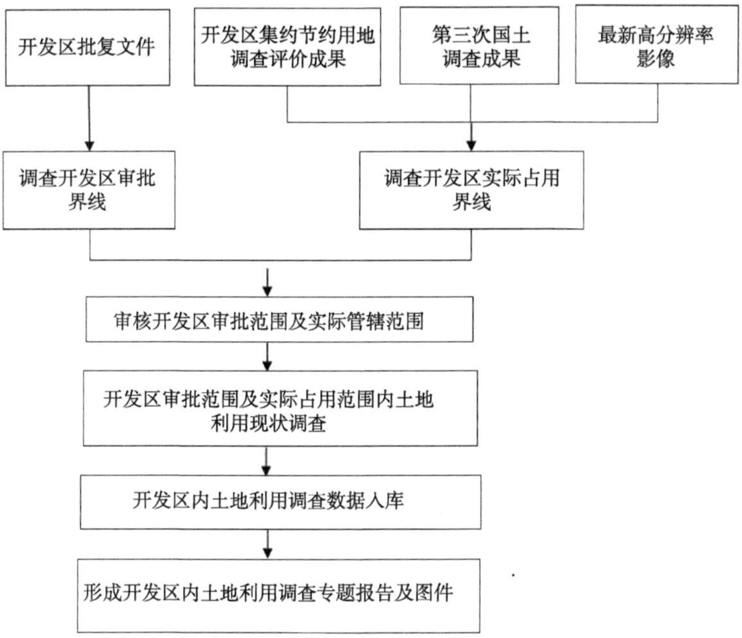


图2-3　开发区内土地利用调查技术路线

## 三、成果汇总与分析

### （一）开发区范围

1. 批准范围

开发区批准面积为159.28hm²，位于诸城市密州街道，东至东环路，南至密州东路，西至东坡北街，北至北环路。

2. 实际管辖范围

开发区实际管辖面积5 391.93hm²，位于诸城市舜王街道、密州街道、辛兴镇、昌城镇。以潍河为界，主要分为东、西两个部分，潍河以东3 081.74hm²，潍河以西2 310.19hm²。

### （二）开发区内土地利用现状

1. 批准范围内土地利用现状分析

开发区批准范围内包含农用地面积16.18hm²，占总面积10.16%；建设用地面积134.78hm²，占总面积84.62%；未利用地面积8.32hm²，占总面积5.22%（表2-18）。

表2-18　开发区批准范围内三大类面积统计

| 三大类名称 | 面积（$hm^2$） | 所占比例（%） |
|---|---|---|
| 农用地 | 16.18 | 10.16 |
| 建设用地 | 134.78 | 84.62 |
| 未利用地 | 8.32 | 5.22 |

开发区批准范围内主要地类为工矿用地，面积94.32$hm^2$，占总面积的59.22%；其次为交通运输用地，面积16.09$hm^2$，占总面积的10.10%（表2-19）。

表2-19　开发区批准范围内一级土地分类面积统计

| 地类名称 | 面积（$hm^2$） | 占批准范围面积比（%） |
|---|---|---|
| 合计 | 159.28 | 100.00 |
| 耕地 | 12.45 | 7.82 |
| 种植园用地 | 1.74 | 1.09 |
| 林地 | 1.59 | 1.00 |
| 草地 | 0.34 | 0.21 |
| 商业服务业用地 | 7.74 | 4.86 |
| 工矿用地 | 94.32 | 59.22 |
| 住宅用地 | 13.76 | 8.64 |
| 公共管理与公共服务用地 | 2.65 | 1.66 |
| 特殊用地 | 0.24 | 0.15 |
| 交通运输用地 | 16.09 | 10.10 |
| 水域及水利设施用地 | 7.98 | 5.01 |
| 其他土地 | 0.38 | 0.24 |

2. 实际管辖范围内土地利用现状分析

开发区实际管辖范围内包含农用地面积3 070.89$hm^2$，占总面积56.95%；建设用地面积2 198.27$hm^2$，占总面积40.77%；未利用地面积122.77$hm^2$，占总面积2.28%（表2-20）。

主要地类为林地，面积1 288.87$hm^2$，占总面积的23.90%；其次为耕地，面积1 177.35$hm^2$，占总面积的21.84%（表2-21）。

表2-20　开发区实际管辖范围内三大类面积统计

| 三大类名称 | 面积（$hm^2$） | 所占比例（%） |
|---|---|---|
| 农用地 | 3 070.89 | 56.95 |
| 建设用地 | 2 198.27 | 40.77 |
| 未利用地 | 122.77 | 2.28 |

表2-21　开发区实际管辖范围内一级土地分类面积统计

| 地类名称 | 面积（$hm^2$） | 占实际管辖范围面积比（%） |
|---|---|---|
| 合计 | 5 391.93 | 100.00 |
| 耕地 | 1 177.35 | 21.84 |
| 种植园用地 | 137.17 | 2.54 |
| 林地 | 1 288.87 | 23.90 |
| 草地 | 23.75 | 0.44 |
| 商业服务业用地 | 136.38 | 2.53 |
| 工矿用地 | 1 089.99 | 20.22 |
| 住宅用地 | 436.09 | 8.09 |
| 公共管理与公共服务用地 | 83.26 | 1.54 |
| 特殊用地 | 33.79 | 0.63 |
| 交通运输用地 | 485.54 | 9.00 |
| 水域及水利设施用地 | 214.55 | 3.98 |
| 其他土地 | 285.19 | 5.29 |

## 四、用地管理分析

### （一）实际管辖范围内批而未建分析

开发区实际管辖范围内“批而未建”面积122.29$hm^2$，其中农用地面积114.57$hm^2$，未利用地面积16.02$hm^2$（表2-22）。

表2-22　开发区实际管辖范围内批而未建面积统计

| 地类名称 | 面积（$hm^2$） | 所占比例（%） |
|---|---|---|
| 未利用地 | 8.49 | 6.94 |
| 农用地 | 113.80 | 93.06 |

### （二）产业类型分析

以高新技术产业及外向型加工业为主，集贸易、仓储、金融、商住、旅游多功能、全方位开发于一体。主要包含装备制造、仓储物流、新能源、生物医药、电子信息、新材料、金融服务、文化旅游等相关技术产业。区内现有企业546家，其中福田、外贸、新郎、桑莎、四达、德利源、中纺金维、华日粉末、曙光车桥、青特车桥、兰凤、义昌印染、信得科技、中康农业等45家市直企业在区内设立了总部和分公司。

### （三）开发限制性因素分析

开发区实际管辖范围内包含基本农田面积391.4hm$^2$。占整个园区总面积的7.26%。依据《基本农田保护条例》，禁止以设施农用地为名违规占用永久基本农田建设休闲旅游、仓储厂房等设施。基本农田片区的土地开发利用存在限制发展因素。

## 五、用地管理建议

### （一）优化开发理念

首先，现在的发展要打造绿色生态又宜居的开发新区。不能再以利用土地资源大量开发房地产，通过房地产来增加财政收入，这样是难以持续发展的。只有绿色生态宜居的开发区才能更好地招商引资，吸引更多的人才来发展

坚持以创新为高质量快速发展的核心动力，通过第一步吸引大量的人才，招商引资之后，不要再以高消耗高污染但收入见效快为开发目的，要吸纳各种创新资源，推动发展高端高新产业，发展有特色的创新新区，就像一些发达地区以前以加工制造业为主，现在转换创新开发为主。

其次，除了绿色、创新之外，还需要进行协调发展。一个地区的发展不是万能的，所在开发区也需要考虑与周边地区的协调合作发展，同时也需要顺应“一带一路”的发展趋势，进行协调发展。如一个开发区是以创新技术为主，其他的乡村开发相对落后，也可把加工制造业迁移到这些落后地区，进行协调发展，主要就是推动城乡、区域、经济社会和资源环境协调发展。

再次，开发区不要闭关自守，也不要地方保护主义，要顺应全球经济化发展潮流，要以开放合作共享的姿态融入“一带一路”的开放发展倡议中，促进投资贸易便利化，政府要改变职能，创设新制度体系主动融入开放竞争合作的大环境中，打造扩大开放新高地和对外合作新平台，学会共享别人的发展成果。

作为政府，对国土空间要合理规划，节约用地，严守生态保护红线，严格保护永久基本农田，合理控制人口密度，为今后重大发展战略和城市可持续发展预留空间。

此外开发区的公共空间也要合理规划，营造优美、安全、舒适、共享的城市公共空间，同时也要保护本地地区的文化特色，保护好历史文化。

### （二）提升企业土地利用开发强度

积极倡导企业加大园区厂房建设，充分利用园区土地，尽最大可能压缩园区办公用地、绿化用地、批准未建设土地的数量。优化结构，提升园区土地开发利用效率。政府应加强政策倾斜和奖励资金优惠支持，奖励园区企业技术引进，产业升级。税费减免重奖那些在不扩大用地范围，坚决执行用地规划，继续保留原有用途、安全可行的在园区原有建设范围内进行提升园区容积率和建筑密度的园区改建、加高、扩建的工程项目。强化审计，加强监督，严格审查园区对税费优惠资金的利用情况。降低用地受益面，强化企业退出机制，淘汰落后企业产能，资金、技术支持低效用地再开发，挖掘深层次潜力。

### （三）提升土地利用效率

国土资源是有限资源，要在有限的土地上创造更大的价值，就需提高土地资源的利用率。企业建设用地增长不能盲目加快，要实现充分利用，提升每公顷工业产值。尽可能集中落户配套企业，促进产业集聚、要素集约、功能集成，提升企业园区营业收入，增加就业岗位。

### （四）垂直式立体开发，提高容积率

土地开发以外延平面式扩张，忽视了内涵立体的综合开发与利用。建议在充分开发地上空间的基础上，合理进行地下空间的开发。充分利用有限的空间，开发园区无限的利用潜力。垂直立体开发目前已经形成两种发展形势，一是地上空间充分开发，二是地下空间深度挖掘，以提高园区综合开发容积率。

### （五）强化监管，严禁办公用地超标

企业是开发区发展的基石，园区土地应该充分运用到提升开发区企业产值的工作当中。部分开发区园区内企业办公场所富丽堂皇，生产车间破旧简陋，这与政府建设开发区，引进企业促进当地经济发展和开发区发展壮大背道而驰。所以，应该加强园区监管，对开发区建设用地强化指标，规范办公场所用地面积，严禁超标。

### （六）全面增加土地资源储备保有量

对于整改无效低效用地的园区企业以及私自更换用地方向、私自减少土地投资强度、私自建立办公场所的园区企业，建议依据相关法律政策，坚决予以收回，作为园区储备土地资源，熟化后，继续进行上市流转。

### （七）提升传统产业，引进高新技术产业

产城配套保障有力。加大资金投入力度，高标准搭建路网框架，全力保障水、电等设施配套。产业特色更加鲜明。聚焦新旧动能转换，实施传统产业“存量变革”、新兴产业“增量崛起”双轮驱动。众所周知，传统产业成本高，利润小，技术水平低，在当下劳动力成本高，淘汰落后产能的形式下，不利于园区的长远发展，应该做好壮士断腕的准备，大力引进园区高科技产业，淘汰落后产业。

### （八）征地补偿与征地农民就业互补机制

园区建设需要征地在所难免，农村集体经济组织贡献出土地用于园区发展建设值得赞赏，然而解决失地农民的生产生活问题不能回避。一方面征地补偿是每一个农村集体经济组织成员的权利；另一方面开发区的发展，更是开发区整体的发展，应该积极引导失地农民就地就业，实现开发区整体发展。

### （九）科学规划土地利用，优化布局

政府和相关主管部门应积极将诸城市开发区规划用地情况纳入开发区土地利用总体规划和诸城市城市总体规划。从园区实际出发，制定发展规划和土地利用计划，目标精准定位，步骤衔接、健全设施，明确园区发展的目标定位、发展步骤，在土地供应、设施建设等方面做出明确部署。基于开发区科学论证，制定开发区土地供应的中长期发展规划。与此同时，实时依据开发区发展形势和开发区目前和将来的发展状况制定土地利用后续规划，并依据实施，实时调整。

园区规划最终要落实到各类用地的空间布局，规划中要按照“产业集聚、项目集中、用地集约”的要求，对各项用地进行分区规划和管理，避免无序开发和见缝插针的用地模式。在满足企业合理高效用地的基础上，应配合建设园区相关基础设施、配套设施、生活设施以及公园、绿地等生态设施。通过合理规划布局，一方面可以明显提高用地强度和用地效益，另一方面可提高公共管理和公共服务用地、交通运输用地的利用率。最终，大大提高土地利用集约度。

### （十）增强土地利用强度，提高土地利用效率

积极实施土地置换，建立企业进入退出机制，对于区位优势好但用地低效的企业，应该按照开发区城市规划用地要求，强制清退的坚决清退，需要整合的企业进行整合，逐步置换，把一些区位好，发展前景优，经济效益高的园区项目，积极引进落地；对于供应企业的土地，应该签订土地租赁合同，几年一签，方便考察，发现有问题企业可以及时治理、限期整改和适时清退。

### （十一）促进农村土地流转，盘活存量土地资源

在不扩大开发区面积的前提下，挖掘现有园区内土地利用潜力，已经成为开发区土地集约利用的重点。造成诸城市开发区扩展潜力难以挖掘的一个重要原因是尚可供应土地中很大一部分为已建成的农村建设用地，这部分土地为农村住宅、工业企业和少量商业服务业用地，短期内改变土地用途的难度较大。从长期来看，如果要想进一步推进园区土地的“存量挖潜”工作，就必须通过行政、经济、技术等手段，在农村建设用地整治上下功夫，从而将更多的已建成的集体土地投入园区土地供应市场。将农村集体土地转变为土地储备的主要来源，有计划有步骤地进行流转和开发，从而保证后备土地资源的供应。

### （十二）完善农村集体土地流转机制

实现农村土地早日上市流转，开发区应该加紧加强园区范围内农村集体经济组织涉及建设用地的确权颁证。确定权属，明确到位，认定精准，为后续开发区范围内农村集体经济组织涉及建设用地流转做好基础性准备工作。园区加快推进新农村建设，建设社区农村居民点，平房改造，加强农村集体经济组织安居工程和旧城改造项目建设，大力倡导农村居民走出，安置房建起来，宅基地空出来，农业发展搞起来，腾出土地，经政府依法征收，用于开发区下一步建设。

### （十三）加快对未达到供地条件土地的开发进度

对未达到供地条件的土地，应通过增加资金和科技投入等方式，加快对未达到供地条件土地的开发进度，尽早盘活这部分土地。在现状数据库基础上，应充分利用遥感、地理信息系统、计算机、网络等先进技术手段，建立由土地在线查询、综合维护、土地规划、建设用地管理、地籍管理、详查变更、地价评估、投入产出效益、动态监测、土地监察等子系统组成的土地管理信息系统，以实现对土地利用的即时、全方位的监测监管。

# 第五节　城镇边界与生态红线

## 一、调查方法

### （一）资料收集与整理

收集本次专项用地调查所需的第三次国土调查成果、城镇开发边界及生态保护红线范围等相关基础数据资料，并对收集到的数据资料进行统一整理、技术处理，使之符合本次专项用地调查的技术要求。

### （二）调查方法

在第三次国土调查基础上，依据城镇开发边界和生态保护红线批准界线等资料，调查核实诸城市城镇开发边界及生态保护红线范围，将范围界线落到土地利用现状图上，掌握城镇开发边界内土地的利用类型、分布、面积等状况，调查城镇开发边界名称、生态保护红线类型、生态保护红线名称、地理位置等信息。调查方法如图2-4所示。

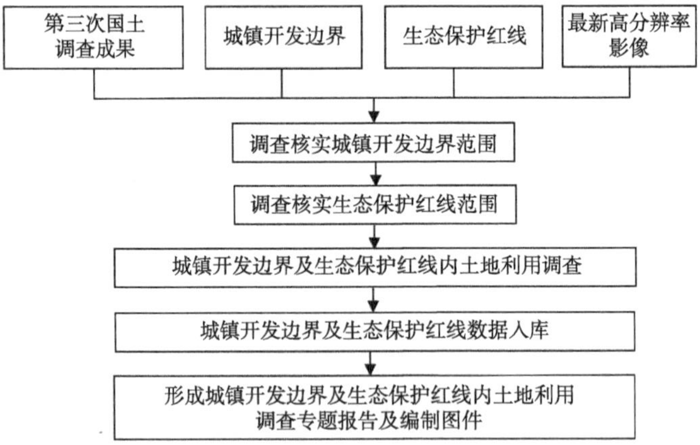


图2-4　城镇开发边界及生态保护红线内土地利用调查技术路线

## 二、城镇开发边界及生态保护红线调查概况

### （一）城镇开发边界概况

诸城市城镇开发边界依据城市总体规划范围以及中心城区城镇建设用地扩

展边界而来。诸城市城镇开发边界范围面积为21 965.80$hm^2$，位于诸城市密州街道、龙都街道、舜王街道、枳沟镇、贾悦镇、石桥子镇、相州镇、昌城镇、百尺河镇、辛兴镇、林家村镇、皇华镇、桃林镇13个镇街。

城镇开发边界内各镇街占比如表2-23所示，其中密州街道、舜王街道、龙都街道面积占比较高，依次为7 537.26$hm^2$，占总面积的34.31%；4 390.48$hm^2$，占总面积的19.99%；3 496.71$hm^2$，占总面积的15.92%；3个街镇总面积15 424.45$hm^2$，占总面积的70.22%。

**表2-23　诸城市城镇开发边界面积分布情况**

| 行政区名称 | 面积（$hm^2$） | 占城镇开发边界面积比（%） |
|---|---|---|
| 诸城市 | 21 965.80 | 100.00 |
| 密州街道 | 7 537.26 | 34.31 |
| 龙都街道 | 3 496.71 | 15.92 |
| 舜王街道 | 4 390.48 | 19.99 |
| 枳沟镇 | 264.35 | 1.20 |
| 贾悦镇 | 1 205.36 | 5.49 |
| 石桥子镇 | 190.79 | 0.87 |
| 相州镇 | 593.32 | 2.70 |
| 昌城镇 | 1 396.68 | 6.36 |
| 辛兴镇 | 329.41 | 1.50 |
| 百尺河镇 | 1 626.97 | 7.41 |
| 林家村镇 | 477.22 | 2.17 |
| 皇华镇 | 386.54 | 1.76 |
| 桃林镇 | 70.71 | 0.32 |

## （二）生态保护红线概况

诸城市生态保护红线为胶潍平原水源涵养生态保护红线，面积844.23$hm^2$，主要分布在诸城市各大水域周边及南部山区，涵盖密州街道、龙都街道、舜王街道、枳沟镇、相州镇、昌城镇、百尺河镇、林家村镇、皇华镇及桃林镇10个镇街。

生态保护红线内各镇街占比如表2-24所示，其中皇华镇、桃林镇、龙都街道占比较高，依次为2 420.48hm$^2$，占总面积的28.66%；1 736.38hm$^2$，占总面积的20.56%；1 093.45hm$^2$，占总面积的12.95%；3个镇街总面积5 250.31hm$^2$，占总面积的62.18%（表2-24）。

表2-24　诸城市生态保护红线面积分布情况

| 行政区名称 | 面积（hm$^2$） | 占生态保护红线面积比（%） |
|---|---|---|
| 诸城市 | 8 444.23 | 100.00 |
| 密州街道 | 894.28 | 10.59 |
| 龙都街道 | 1 093.45 | 12.95 |
| 舜王街道 | 423.86 | 5.02 |
| 枳沟镇 | 186.58 | 2.21 |
| 相州镇 | 292.78 | 3.47 |
| 昌城镇 | 402.25 | 4.76 |
| 林家村镇 | 994.17 | 11.77 |
| 皇华镇 | 2 420.48 | 28.66 |
| 桃林镇 | 1 736.38 | 20.56 |

## 三、城镇开发边界及生态保护红线内土地利用现状

### （一）城镇开发边界内土地利用现状

1. 城镇开发边界土地利用现状一级分类面积统计

城镇开发边界范围内土地利用现状一级分类以耕地、住宅用地、工矿用地、林地为主。其中耕地面积4 210.36hm$^2$，占整个城镇开发边界面积的19.17%，多分布于现有城市、建制镇及村庄周边地区。林地面积3 629.83hm$^2$，占整个城镇开发边界面积的16.52%。商业服务业用地、工矿用地、住宅用地、公共管理与公共服务用地广泛分布在诸城市各镇街驻地以及各村庄范围内。特殊用地约124.85hm$^2$，占整个城镇开发边界范围的0.57%。具体情况如表2-25所示。

表2-25　诸城市城镇开发边界内土地利用一级分类面积统计

| 地类名称 | 面积（hm$^2$） | 所占比例（%） |
|---|---|---|
| 湿地 | 0.09 | 0.00 |

（续表）

| 地类名称 | 面积（$hm^2$） | 所占比例（%） |
|---|---|---|
| 耕地 | 4 210.36 | 19.17 |
| 种植园用地 | 540.71 | 2.46 |
| 林地 | 3 629.83 | 16.52 |
| 草地 | 139.15 | 0.63 |
| 商业服务业用地 | 1 085.60 | 4.94 |
| 工矿用地 | 3 893.71 | 17.73 |
| 住宅用地 | 3 736.81 | 17.01 |
| 公共管理与公共服务用地 | 855.38 | 3.89 |
| 特殊用地 | 124.85 | 0.57 |
| 交通运输用地 | 2 006.47 | 9.13 |
| 水域及水利设施用地 | 747.26 | 3.40 |
| 其他土地 | 995.58 | 4.53 |
| 合计 | 21 965.80 | 100.00 |

### 2. 城镇开发边界土地利用三大类面积统计

城镇开发边界范围中包含农用地面积9 972.09$hm^2$，占总面积的45.40%；建设用地面积11 518.46$hm^2$，占总面积的52.44%；未利用地面积475.22$hm^2$，占总面积的2.16%（表2-26）。

**表2-26　诸城市城镇开发边界内三大类面积统计**

| 三大类 | 面积（$hm^2$） | 所占比例（%） |
|---|---|---|
| 农用地 | 9 972.09 | 45.40 |
| 建设用地 | 11 518.46 | 52.44 |
| 未利用地 | 475.25 | 2.16 |
| 总计 | 21 965.8 | 100.00 |

### 3. 城镇开发边界内现有建设用地分类

城镇开发边界内已建成建设用地总面积为11 518.46$hm^2$，以住宅用地及工矿用地为主分别为3 736.81$hm^2$，占已建成面积的32.44%；3 893.71$hm^2$，占已建成面积的33.80%；二者相加占已建成面积的66.24%（表2-27）。

表2-27 诸城市城镇开发边界内已建成建设用地土地利用一级分类面积统计

| 地类名称 | 面积（$hm^2$） | 所占比例（%） |
|---|---|---|
| 商业服务业用地 | 1 085.60 | 9.42 |
| 工矿用地 | 3 893.71 | 33.80 |
| 住宅用地 | 3 736.81 | 32.44 |
| 公共管理与公共服务用地 | 855.38 | 7.43 |
| 特殊用地 | 124.85 | 1.08 |
| 交通运输用地 | 1 778.17 | 15.44 |
| 水域及水利设施用地 | 15.68 | 0.14 |
| 其他土地 | 28.26 | 0.25 |
| 合计 | 11 518.46 | 100 |

## （二）生态保护红线内土地利用现状

### 1. 生态保护红线内土地利用现状一级分类面积统计

诸城市生态保护红线内一级地类以林地和水域及水利设施用地为主，其中林地面积为4 623.61$hm^2$，占生态保护红线总面积的54.75%，多分布在南部山区；水域及水利设施用地面积为2 992.41$hm^2$，占生态保护红线总面积的35.44%，主要分布在潍河、三里庄水库、青墩水库附近。另外生态保护红线内耕地面积231.00$hm^2$，占生态保护红线总面积的2.74%，主要分布各水域周边。具体情况如表2-28所示。

表2-28 诸城市生态保护红线内土地利用一级分类面积统计

| 地类名称 | 面积（$hm^2$） | 所占比例（%） |
|---|---|---|
| 湿地 | 10.94 | 0.13 |
| 耕地 | 231.00 | 2.74 |
| 种植园用地 | 163.24 | 1.93 |
| 林地 | 4 623.61 | 54.75 |
| 草地 | 165.96 | 1.97 |

（续表）

| 地类名称 | 面积（$hm^2$） | 所占比例（%） |
|---|---|---|
| 商业服务业用地 | 3.87 | 0.05 |
| 工矿用地 | 0.75 | 0.01 |
| 住宅用地 | 8.10 | 0.10 |
| 公共管理与公共服务用地 | 1.63 | 0.02 |
| 特殊用地 | 36.55 | 0.43 |
| 交通运输用地 | 138.00 | 1.63 |
| 水域及水利设施用地 | 2 992.41 | 35.44 |
| 其他土地 | 68.17 | 0.81 |
| 合计 | 8 444.23 | 100.00 |

### 2. 生态保护红线内三大类面积分析

诸城市生态保护红线范围内包含农用地面积6 290.07$hm^2$，占总面积74.49%，主要分布在南部山区及水源地周边；建设用地面积126.54$hm^2$，占总面积1.50%，主要为范围内的公路、特殊用地等；未利用地面积2 027.62$hm^2$，占总面积24.01%，主要是潍河及渠河河道（表2–29）。

**表2–29　诸城市生态红线范围内三大类面积统计**

| 三大类面积 | 面积（$hm^2$） | 所占比例（%） |
|---|---|---|
| 农用地 | 6 290.07 | 74.49 |
| 建设用地 | 126.54 | 1.50 |
| 未利用地 | 2 027.62 | 24.01 |
| 总计 | 8 444.23 | 100.00 |

### 3. 生态保护红线内现有建设用地分类

生态保护红线内现有建设用地总面积为126.54$hm^2$，主要分布在龙都街道和皇华镇。其中以交通运输用地为主，面积为47.49$hm^2$，占建设用地总面积的37.53%；其次为特殊用地，面积为36.55$hm^2$，占建设用地总面积的28.88%；再次为水域及水利设施用地，面积为28.15$hm^2$，占总面积的22.25%（表2–30）。

表2-30 诸城市生态保护红线内已建成建设用地土地利用一级分类面积统计

| 地类名称 | 面积（$hm^2$） | 所占建设用地比例（%） |
|---|---|---|
| 商业服务业用地 | 3.87 | 3.06 |
| 工矿用地 | 0.75 | 0.59 |
| 住宅用地 | 8.10 | 6.40 |
| 公共管理与公共服务用地 | 1.63 | 1.29 |
| 特殊用地 | 36.55 | 28.88 |
| 交通运输用地 | 47.49 | 37.53 |
| 水域及水利设施用地 | 28.15 | 22.25 |

## 四、问题与建议

### （一）已不适宜作为城镇开发区的建成区

城镇发展是个历史过程。历史上可能由于种种原因，如战争或特殊职能等导致城镇原址适宜性较低，或者因为人为活动，如资源枯竭等导致建成区由适宜逐渐转向不适宜。出现此类情况应对建成区进行搬迁成本、后续建设的综合评估，如维持原状或继续发展的后续收益明显大于搬迁成本、后续建设成本及工程改造成本之和，可将该区域划入城镇开发边界内。这是个复杂的决策过程，需由政府组织专门评估。另外，如城镇具有特殊职能，应特殊考虑，如边境因国防原因必须保留或新建城镇用以聚集边境人口的，可适当放宽适宜性。

### （二）未来重要发展区域及重点建设项目选址区

对未来城镇发展具有极重要意义的区域，应优先保证这些区域被划入城镇开发边界。对于开发区来说，一般开发区由于范围较大，且在规划期内并不会全部进行开发建设，可优先将起步区及规划期内可以建设的区域划入城镇开发边界。

### （三）批而未供和批而未建地块

无论采用三调数据或二调2018年变更调查数据，都存在用于城镇建设的批而未供和批而未建地块，由于未建设未变更为建设用地的情况，或由于变更时间节点未变更为建设用地的情况，但这些土地已通过合法程序成为建设用地，故应纳入城镇开发边界，以免对后续土地利用安排造成冲突。

### （四）现状建成区范围的空白地块

城镇建设过程中，由于种种原因，导致在现状城镇建成区内可能保留有较多的非建设用地。随着城镇的发展，继续保留这些非建设用地现有用途已不符合城镇集约集聚发展的要求，同时保留现有用途的效益也会逐渐降低，故应将该区域优先纳入城镇开发边界的城镇集中建设区，部分用地可根据对城市的生态功能价值纳入特别用途区。

### （五）违法用地

违法用地的形成原因比较复杂，如违法用地位于未来城镇发展的区域，在经过违法处理后，应将其划入城镇开发边界。

### （六）城镇弹性发展区

《城镇开发边界划定指南》（试行）中指出应“在与城镇集中建设区充分衔接、关联的基础上，在适宜进行城镇开发的地域空间合理划定城镇弹性发展区”，所以，城镇弹性发展区应符合双评价城镇开发适宜区，同时划定区域应与城镇集中建设区相邻。《城镇开发边界划定指南》（试行）中未明文禁止城镇弹性发展区独立于城镇集中建设区成区，但从城镇集聚开发的要求出发，应尽量避免此类情况，且应避免划在城镇集中建设区内部。

# 第六节　耕地后备资源调查

## 一、调查方法

以诸城市耕地后备资源调查评价成果为基础，结合土地开发整治、各类保护区划定、生态保护及建设占用等情况，根据第三次国土调查成果，调查后备资源范围内土地利用现状，将第三次国土调查中新增的采矿用地、历史遗留采矿用地中正在使用的采矿用地以及开发占用等无法作为后备资源的地类图斑进行剔除，更新后备资源图层，并进行数据入库工作（图2-5）。

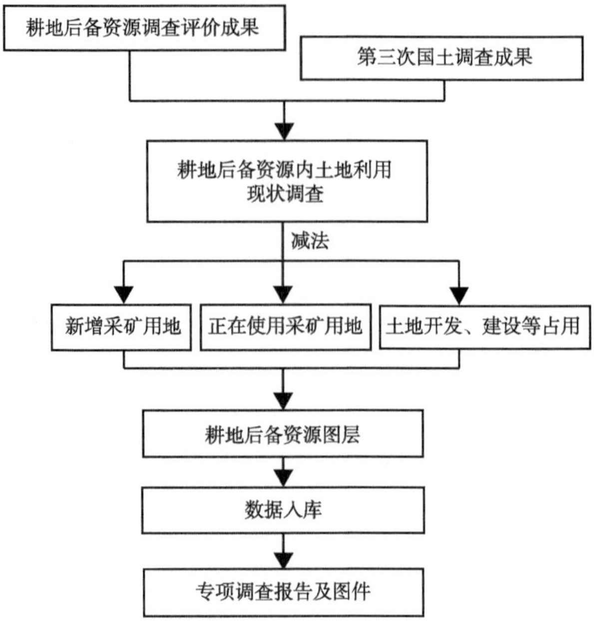


**图2-5　耕地后备资源调查成果更新调查技术路线**

## 二、耕地后备资源位置与地类

根据本次耕地后备资源调查成果更新数据统计，诸城市耕地后备资源面积为425.47hm²，占全市总面积的0.2%。其中可开垦其他草地面积374.77hm²，占全市耕地后备资源的88.08%；可开垦内陆滩涂面积11.04hm²，占全市耕地后备资源的2.59%；可开垦裸地面积39.66hm²，占全市耕地后备资源的9.33%（表2-31）。

**表2-31　诸城市耕地后备资源总量及构成**

| 耕地后备资源类型 | 面积（hm²） | 占全市耕地后备资源百分比（%） |
|---|---|---|
| 可开垦其他草地 | 374.77 | 88.08 |
| 可开垦内陆滩涂 | 11.04 | 2.59 |
| 可开垦裸地 | 39.66 | 9.33 |
| 合计 | 425.47 | 100.00 |

诸城市耕地后备资源在13个镇街均有分布，但各镇街面积分布不均匀，主要分布在林家村镇、皇华镇、密州街道、贾悦镇，面积分别为129.16hm²、83.34hm²、67.79hm²、52.94hm²，分别占后备资源总面积的30.36%、19.59%、

15.93%、12.44%，4个镇街的耕地后备资源共占后备资源总面积的78.32%；昌城镇、舜王街道、辛兴镇分布较少，均不足后备资源总面积的1%。具体情况如表2-32所示。

表2-32　诸城市耕地后备资源分布情况

| 行政区名称 | 面积（$hm^2$） | 占后备资源总面积比（%） |
|---|---|---|
| 密州街道 | 67.79 | 15.93 |
| 龙都街道 | 6.43 | 1.51 |
| 舜王街道 | 1.41 | 0.33 |
| 枳沟镇 | 7.56 | 1.78 |
| 贾悦镇 | 52.94 | 12.44 |
| 石桥子镇 | 41.09 | 9.66 |
| 相州镇 | 11.56 | 2.72 |
| 昌城镇 | 2.52 | 0.59 |
| 百尺河镇 | 8.21 | 1.93 |
| 辛兴镇 | 1.23 | 0.29 |
| 林家村镇 | 129.16 | 30.36 |
| 皇华镇 | 83.34 | 19.59 |
| 桃林镇 | 12.23 | 2.87 |

## 三、耕地后备资源分布特征

诸城市位于鲁西北平原地区，地势平坦，诸城市耕地后备资源在区域分布上比较均匀。

### （一）可开垦耕地后备资源

耕地后备资源开发需要巨大的人力、物力、财力，其遵循着先易后难的开发规律。平原这些禀赋较好的区域，时至今日，耕地后备资源开发程度高，区域内耕地后备资源相对较少。

### （二）可复垦耕地后备资源

可复垦耕地后备资源主要是人为因素废弃的采矿用地，主要是砖瓦窑厂废弃、村庄搬迁、露天采矿等因素造成的。

## 四、耕地后备资源开发效益分析

耕地后备资源是落实耕地占补平衡政策的基础，是科学实施国土综合整治的支撑，是编制规划和合理利用与保护国土资源的依据，是完善国家自然资源资产管理的保障。合理开发耕地后备资源对社会稳定、经济发展和生态环境有重要意义。

### （一）社会效益分析

1. 实现区域耕地占补平衡，支撑国家耕地保护战略

根据党的十八大和十八届三中全会提出的要严格保护耕地红线的要求，要严格保持诸城市耕地不减少。随着经济和社会的发展，城镇化水平的不断提高，城镇建设对土地的需求很大，耕地日益减少，耕地的需求压力呈加大趋势。做好开源工作，有效、适度、高质量地开发利用耕地后备资源，是稳定并在一定程度上增加耕地面积、提高耕地质量、改善生态环境、保证粮食安全、解决人多地少矛盾，实现耕地动态平衡的一项重要措施，能够取得较好的社会效益，能够优化土地利用结构和布局，提高土地利用生产率，促进生态平衡。

2. 保护土地开发利用，提高土地集约节约水平

把区域内易开发和较易开发的土地开发出来，可以在一定程度上缓解人地供求矛盾，提高粮食自给率，稳定耕地面积总量。通过耕地后备资源的集中大规模的开发、复垦，规整地块，配套农田水利设施，能改善农业生产条件，便于推进农业的机械化、规模化、现代化、集约化经营，促进小农业向现代化大农业转变，提高土地的集约利用水平。

3. 拓展农业发展空间，增加农业就业人员

对耕地后备资源的开发利用，不但能增加耕地数量，提高耕地质量，也提高了土地利用效益，为耕地总量动态平衡、小城镇建设提供了一定程度的土地保障。通过对田、水、路、林统筹规划，可以改善生产条件和生态环境，提高景观质量，促进旅游业进一步发展，扩大农村劳动力就业，拓展第三产业就业空间。

### （二）生态效益分析

1. 通过土地开发，提升项目区内环境

耕地后备资源的开发、复垦，如果实行田、水、路、林统筹规划，将会提高

耕地面积，改善当地气候，涵养水源，降低风速。尤其是对裸地、荒草地等植被稀疏的开发，对实施工程项目区内的土壤、水文、植被、小气候等产生较大影响，从而改善项目区环境，提升生物生存生长环境水平。

2. 形成人为景观演替，构建农业生态景观

景观生态建设是指通过对原有景观要素的优化组合或引入新的成分，调整或构造新的景观格局，以增加景观的异质性和稳定性，从而创造出优于原有景观生态系统的经济效益和生态效益，形成新的高效、和谐的人工—自然景观。未利用地及工矿废弃地一般处于一种荒芜状态下，但其通过人为改造形成了具有经济效益和生态效益的农业生态景观，完成了由荒芜状态下生态景观到高效、和谐农业生态景观的演替，并将在人力、物力、财力的持续投入下形成较为稳定的农业景观系统。这种农业景观系统的构建不只是产生经济效益和社会效益，同时产生着良好的生态效益。

# 第七节　自然保护区土地利用

## 一、自然保护区概况

诸城市自然保护区主要为山东密州国家森林公园、山东诸城恐龙国家地质公园、山东诸城潍河国家湿地公园，主要分布在密州街道、龙都街道、舜王街道、枳沟镇、昌城镇等镇街。

山东密州国家森林公园总面积3 187.52hm$^2$，由常山、竹山、马耳山、刘墉板栗园4个片区组成。常山片区面积169.32hm$^2$，唐宋八大家苏东坡在多篇作品中涉及常山，其中最著名的《江城子·密州出猎》描写的在常山打猎情景。马耳山片区2 474.54hm$^2$，为鲁东南第一高山，因主峰双石并举、状如马而得名，是诸城市南部重要的生态屏障和生态高地。板栗园片区面积99.10hm$^2$，清代大学士刘墉的故里，位于昌城镇西北部，有“天然氧吧、古树王国”之称。竹山片区面积444.50hm$^2$，因巅峰陡立，石棱如削，酷似竹笋而得名，森林覆盖率达97%以上，被誉为“天然氧吧”。旅游发展的重点是挖掘山林泉资源优势，以茂密苍翠的森林环境为基础，以森林资源保护为前提，开展森林康养、休闲健康、研学教育、文化体验等旅游产品。

山东诸城恐龙国家地质公园总面积378.41hm$^2$，位于龙都街道，是世界最丰富、最震撼的恐龙遗址文化旅游区，也是诸城“中国龙城”象征。

山东诸城潍河国家湿地公园总面积2 885.24hm$^2$，2019年成为国家级湿地公园，包括潍河诸城段、三里庄水库和青墩水库。

## 二、调查方法

以环境保护部门自然保护区资料及第三次国土调查成果为基础，对诸城市的山东密州国家森林公园、山东诸城恐龙国家地质公园以及山东诸城潍河国家湿地公园开展范围调查，调查自然保护区的名称、保护区级别、批准机关、批准时间等情况，查清土地利用现状和权属状况，并进行数据入库、报告及图件编制工作（图2-6）。

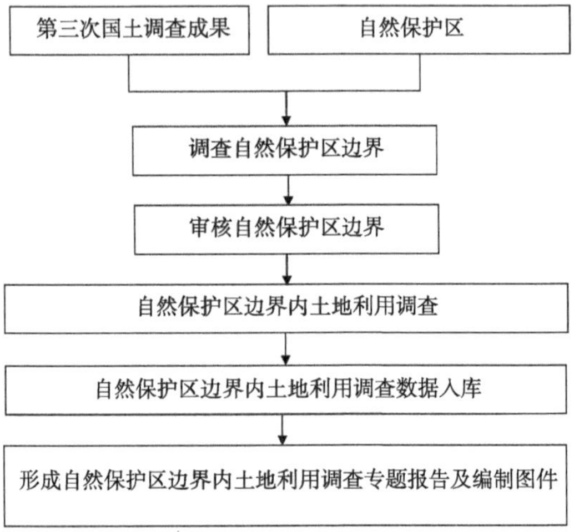


**图2-6　自然保护区内土地利用调查技术路线**

## 三、成果汇总与分析

### （一）自然保护区内土地利用现状一级分类面积统计

诸城市自然保护区内一级地类以林地、水域及水利设施用地及耕地为主，其中林地面积为2 964.80hm$^2$，占自然保护区总面积的45.96%；水域及水利设施用地面积为2 851.17hm$^2$，占自然保护区总面积的44.20%；耕地面积为184.44hm$^2$，占自然保护区总面积的2.86%。具体情况如表2-33所示。

表2-33　诸城市自然保护区内土地利用一级分类面积统计

| 地类名称 | 面积（$hm^2$） | 所占比例（%） |
|---|---|---|
| 湿地 | 9.31 | 0.14 |
| 耕地 | 184.44 | 2.86 |
| 种植园用地 | 156.47 | 2.43 |
| 林地 | 2 964.80 | 45.96 |
| 草地 | 92.74 | 1.44 |
| 商业服务业用地 | 3.05 | 0.05 |
| 工矿用地 | 0.13 | 0.00 |
| 住宅用地 | 7.16 | 0.11 |
| 公共管理与公共服务用地 | 0.47 | 0.01 |
| 特殊用地 | 33.66 | 0.52 |
| 交通运输用地 | 100.63 | 1.56 |
| 水域及水利设施用地 | 2 851.17 | 44.20 |
| 其他土地 | 46.72 | 0.72 |
| 合计 | 6 450.75 | 100.00 |

## （二）自然保护区内三大类面积分析

诸城市自然保护区内农用地面积4 433.56$hm^2$，占总面积68.73%；建设用地面积98.08$hm^2$，占总面积1.52%；未利用地面积1 919.11$hm^2$，占总面积29.75%（表2-34）。

表2-34　诸城市自然保护区内三大类面积统计

| 三大类面积 | 面积（$hm^2$） | 所占比例（%） |
|---|---|---|
| 农用地 | 4 433.56 | 68.73 |
| 建设用地 | 98.08 | 1.52 |
| 未利用地 | 1 919.11 | 29.75 |
| 总计 | 6 450.75 | 100.00 |

### （三）自然保护区内现有建设用地分类

自然保护区内现有建设用地总面积为98.08hm$^2$，其中以交通运输用地为主，面积为40.49hm$^2$，占总面积的41.28%；其次为特殊用地，面积为33.66hm$^2$，占总面积的34.32%；再次为水域及水利设施用地，面积为13.12hm$^2$，占总面积的13.38%（表2–35）。

表2–35　诸城市自然保护区内已建成建设用地土地利用一级分类面积统计

| 地类名称 | 面积（hm$^2$） | 所占比例（%） |
|---|---|---|
| 商业服务业用地 | 3.05 | 3.11 |
| 工矿用地 | 0.13 | 0.13 |
| 住宅用地 | 7.16 | 7.30 |
| 公共管理与公共服务用地 | 0.47 | 0.48 |
| 特殊用地 | 33.66 | 34.32 |
| 交通运输用地 | 40.49 | 41.28 |
| 水域及水利设施用地 | 13.12 | 13.38 |
| 总计 | 98.08 | 100.00 |

## 四、对自然保护区的保护建议

### （一）因地制宜开发利用

针对自然保护区以及湿地的生态功能和用途的保护改善。首先对保护区内的景区、旅游地加大管理和监管力度。其次对保护区内具有水源涵养、水土保持的地区定期抽样检查，确保水质、土质不被污染，保证区内生态系统的稳定性。

### （二）加强保护区基础设施建设

要重点支持保护区内的生态工程建设，从项目、资金以及技术上优先安排，对保护区周边设立防护设施，建造防护林，对生态稳定性较为薄弱的地区，加强人为的干预力度，配置专门的工作人员，设立看护房、监测站等。

### （三）加大宣传力度，健全保护机制

政府统筹协调，林业、农业、水利等部门积极配合，研究解决保护区工作中

出现的问题，制定突发事件应急预案，加大自然保护区的执法力度，坚决打击对区内捕杀野生动物、破坏森林、水资源的违法行为。同时，做好宣传教育工作，运用各种宣传工具和方式，对保护区的重要作用、相关政策、生态效益和科普知识进行广泛深入的宣传。

# 第三章　耕地理化性状

## 第一节　土壤pH值和有机质

### 一、土壤pH值

2019年诸城市耕地土壤pH值平均为6.19，与2010年的平均6.5相比，略有酸化趋势。从各乡镇看，林家村镇的土壤pH值平均值最低，为5.55；贾悦镇的土壤pH值平均值最高，为7.22。从土壤类型看，分布较广泛的褐土土壤pH值平均值为6.97，粗骨土土壤pH值平均值为6.10，石质土土壤pH值平均值为5.41，潮土土壤pH值平均值为6.17，棕壤土壤pH值平均值为5.95，砂姜黑土土壤pH值平均值为6.70。

棕壤主要是由片麻岩、花岗石、非石灰性砂页岩的风化物为成土母质发育形成的，土壤pH值一般为5.2～6.9，酸性或微酸性；褐土由钙质岩类的坡积、洪积、冲积物等成土母质形成，土壤pH值一般为6.7～7.4，中性或微碱性；潮土由河流沉积物发育形成，土壤pH值为6.1～7.5，中性或微碱性；砂姜黑土由古河流冲积物和浅湖沼相沉积物成土母质发育形成，pH值一般为6.4～7.2，中性或微碱性。2010年对诸城市2 264个土壤样品化验分析，耕层土壤pH值平均为6.5，分级及面积如表3-1所示。

表3-1　耕层土壤pH值分级及面积

| 年份 | 耕地面积 | 级别（范围） | | | |
|---|---|---|---|---|---|
| | | 1（4.5～5.5） | 2（5.5～6.5） | 3（6.5～7.5） | 4（7.5～8.5） |
| 1981 | 耕地面积（$hm^2$） | 36.7 | 33 707.5 | 80 834.4 | 7 638.6 |
| | 占耕地比例（%） | 0.03 | 27.58 | 66.14 | 6.25 |

（续表）

| 年份 | 耕地面积 | 级别（范围） | | | |
|---|---|---|---|---|---|
| | | 1（4.5 ~ 5.5） | 2（5.5 ~ 6.5） | 3（6.5 ~ 7.5） | 4（7.5 ~ 8.5） |
| 2010 | 耕地面积（$hm^2$） | — | 76 163.2 | 46 054.0 | — |
| | 占耕地比例（%） | — | 62.32 | 37.68 | — |

各类土壤pH值差异主要决定于成土母质类型、土壤中盐基离子淋溶作用和复盐基作用的相对强度。棕壤盐基淋溶作用强，母岩风化过程中产生的钙、镁、钾、钠等盐基离子已被淋失，在棕壤分布区土壤无石灰反应，土壤一般呈微酸性，一般pH值为5.5 ~ 6.5。西北部大部分地区淋溶作用弱，盐基饱和度高，土壤一般呈中性至微碱性，pH值6.5 ~ 7.5。各亚类pH值由高到低依次为砂姜黑土>潮褐土>褐土>褐土性土>淋溶褐土>潮土>湿潮土>棕壤性土>潮棕壤>棕壤。不同土壤的pH值如表3-2所示。

**表3-2 不同土壤类型pH值、有机质**

| 亚类 | pH值 | | | 有机质 | | |
|---|---|---|---|---|---|---|
| | 平均值 | 变幅 | 变异系数（%） | 平均值（g/kg） | 变幅（g/kg） | 变异系数（%） |
| 棕壤性土 | 6.6 | 6.0 ~ 6.9 | 5.00 | 11.7 | 5.6 ~ 22.2 | 28.33 |
| 棕壤 | 6.2 | 5.5 ~ 6.9 | 4.41 | 12.8 | 5.3 ~ 27.1 | 28.95 |
| 潮棕壤 | 6.4 | 6.0 ~ 7.0 | 3.97 | 13.3 | 7.2 ~ 24.3 | 24.40 |
| 淋溶褐土 | 6.9 | 6.8 ~ 7.0 | 0.85 | 14.1 | 5.7 ~ 24.4 | 28.07 |
| 褐土 | 7.2 | 6.7 ~ 7.4 | 2.96 | 14.2 | 5.7 ~ 26.9 | 27.64 |
| 潮褐土 | 7.3 | 6.7 ~ 7.4 | 2.28 | 14.4 | 6.5 ~ 26.9 | 28.97 |
| 砂姜黑土 | 7.4 | 7.2 ~ 7.5 | 1.02 | 16.2 | 7.0 ~ 25.8 | 24.80 |
| 潮土 | 6.8 | 6.5 ~ 7.5 | 4.04 | 13.1 | 4.5 ~ 27.8 | 28.24 |
| 湿潮土 | 6.7 | 6.5 ~ 7.1 | 5.73 | 16.0 | 8.4 ~ 27.8 | 36.81 |
| 褐土性土 | 7.1 | 7.0 ~ 7.2 | 1.29 | 13.3 | 7.1 ~ 22.5 | 25.61 |

不同利用类型土壤pH值差异较为明显，粮田众数为6.6，露天菜地、设施蔬菜分别为6.5、6.3。菜地pH值明显低于粮田主要是因为近年来高产高效蔬菜生产的发展，大大增加了化肥、农药等农资投入量，尤其是生理酸性肥料、半腐熟有机肥料的大量施用，导致了土壤酸化、盐渍化，其面积有进一步扩大的趋势。酸

性、弱酸性土壤除集中分布于棕壤区外，还集中分布于非棕壤区蔬菜种植时间长、面积集中的龙都街道、昌城镇、贾悦镇、石桥子镇等（表3-3）。

表3-3　各镇街土壤pH值、有机质

| 镇街 | pH值 | | | 有机质 | | |
|---|---|---|---|---|---|---|
| | 平均值 | 变幅 | 变异系数（%） | 平均值（g/kg） | 变幅（g/kg） | 变异系数（%） |
| 密州街道 | 6.3 | 5.8～7.0 | 4.57 | 12.3 | 7.4～26.3 | 25.04 |
| 龙都街道 | 6.3 | 5.8～6.8 | 4.21 | 14.1 | 7.6～24.3 | 24.13 |
| 舜王街道 | 6.7 | 5.8～7.5 | 7.22 | 16.1 | 5.7～26.1 | 26.08 |
| 枳沟镇 | 6.5 | 5.8～7.0 | 5.03 | 13.0 | 7.1～22.2 | 24.72 |
| 贾悦镇 | 6.8 | 5.7～7.5 | 6.47 | 14.6 | 7.1～27.1 | 24.82 |
| 石桥子镇 | 6.6 | 5.7～7.4 | 6.27 | 13.3 | 5.3～27.8 | 31.02 |
| 相州镇 | 6.5 | 5.8～7.5 | 6.09 | 12.7 | 7.4～26.0 | 26.97 |
| 昌城镇 | 6.4 | 5.8～7.5 | 5.30 | 13.3 | 4.5～24.5 | 31.17 |
| 百尺河镇 | 6.7 | 5.8～7.5 | 6.36 | 11.7 | 6.5～21.8 | 25.10 |
| 辛兴镇 | 6.5 | 5.8～7.5 | 6.45 | 13.8 | 7.2～25.8 | 22.97 |
| 林家村镇 | 6.3 | 5.8～7.5 | 6.01 | 11.3 | 4.5～23.4 | 28.31 |
| 桃林镇 | 6.3 | 5.8～6.8 | 4.12 | 11.9 | 6.5～21.4 | 28.80 |
| 皇华镇 | 6.4 | 5.5～7.0 | 5.58 | 10.6 | 6.7～20.3 | 21.90 |
| 全市 | 6.5 | 5.5～7.5 | 6.49 | 13.1 | 4.5～27.8 | 29.05 |

## 二、土壤有机质

土壤有机质具有改善土壤理化性状，影响和制约土壤结构形成及通气性、渗透性、缓冲性、交换性能和保水保肥性能，是土壤肥力的重要指标，对耕地地力水平有重要影响。

### 1. 耕层土壤有机质含量及分布

本次耕地等级调查共分析耕层土样882个，土壤有机质平均含量为16.58g/kg，与2010年平均含量13.10g/kg相比，土壤有机质提高了3.48g/kg。其中一等地有机质>30g/kg，221.44亩（1亩≈667$m^2$，1$hm^2$=15亩，全书同），占0.01%；二等地有机质20～30g/kg，216 723.77亩，占13.45%；三等地有机质15～20g/kg，884 379.98亩，占54.88%；四等地有机质10～15g/kg，

478 071.29亩，占29.67%；五等地有机质6～10g/kg，32 104.24亩，占1.99%。从各镇街看，林家村镇的土壤有机质平均含量最低，为14.14g/kg；舜王街道的土壤有机质平均含量最高，为19.01g/kg。从土壤类型看，分布较广泛的褐土土壤有机质平均含量为18.58g/kg，粗骨土土壤有机质平均含量为16.05g/kg，石质土土壤有机质平均含量为14.18g/kg，潮土土壤有机质平均含量为16.26g/kg，棕壤土壤有机质平均含量为16.27g/kg，砂姜黑土土壤有机质平均含量为18.76g/kg。

有机质含量的提高，与近几年大力推广增施有机肥，实施有机肥替代化肥和绿色种养循环农业试点项目，推行秸秆还田等农业措施密切相关。土壤有机质的积累与矿化是土壤与生态环境之间物质和能量循环的一个重要环节。诸城市处于暖温带半湿润季风气候区，干湿交替明显，夏季湿热，冬季干冷，其生物、气候条件有利于有机质分解，故土壤有机质含量较低。有机质含量分级及面积历史数据如表3-4所示。

**表3-4　耕层有机质含量分级及面积**

| 年份 | 耕地面积 | 级别 | | | | | |
|---|---|---|---|---|---|---|---|
| | | 1 | 2 | 3 | 4 | 5 | 6 |
| 1991 | 耕地面积（$hm^2$） | 244.4 | 794.4 | 9 936.3 | 37 911.8 | 71 252.6 | 2 077.7 |
| | 占耕地比例（%） | 0.20 | 0.65 | 8.13 | 31.02 | 58.30 | 1.70 |
| 2010 | 耕地面积（$hm^2$） | 7 344.9 | 24 951.1 | 35 968.5 | 27 273.4 | 26 139.2 | 540.1 |
| | 占耕地比例（%） | 6.01 | 20.42 | 29.43 | 22.32 | 21.39 | 0.44 |

2. 不同用地类型耕层土壤有机质含量

不同用地类型土壤有机质含量的差异，是人类社会活动对土壤影响的集中体现。2010年粮田耕层土样1 724个，平均含量为13.1g/kg，变幅5.7～27.1g/kg；露天菜地耕层土样193个，平均含量为12.9g/kg，变幅4.5～24.3g/kg；设施蔬菜地耕层土样118个，平均含量为15.9g/kg，变幅7.6～27.8g/kg；园地耕层土样80个，平均含量为12.3g/kg，变幅7.3～20.1g/kg。

3. 不同土壤类型耕层有机质含量

受成土母质、发育过程、耕层质地、人为耕作的影响，不同土壤类型间有机质含量有较大差异，分布较广泛的褐土土壤有机质平均含量为18.58g/kg，粗骨土土壤有机质平均含量为16.05g/kg，石质土土壤有机质平均含量为14.18g/kg，潮土土壤有机质平均含量为16.26g/kg，棕壤土壤有机质平均含量为16.27g/kg，砂姜黑土土壤有机质平均含量为18.76g/kg。

4. 不同区域土壤有机质含量

不同地区土壤有机质含量的差异，是成土母质与人类社会活动对土壤影响的集中体现。从各镇街看，林家村镇的土壤有机质平均含量最低，为14.14g/kg；舜王街道的土壤有机质平均含量最高，为19.01g/kg。耕层土壤有机质丘陵地区平均含量为11.4g/kg，变幅7.6～16.9g/kg；平原区平均含量为13.6g/kg，变幅4.5～24.3g/kg，含量差异较大。

5. 不同质地耕层土壤有机质含量

耕层土壤有机质含量因质地不同差异较大，中壤土和重壤土有机质的平均含量最高，平均含量分别为14.9g/kg、14.7g/kg；砂土有机质平均含量最低，仅有10.9g/kg（表3-5）。

表3-5　不同土壤质地有机质

| 质地 | 平均值（g/kg） | 变幅（g/kg） | 变异系数（%） |
| --- | --- | --- | --- |
| 砂土 | 10.9 | 6.8～21.3 | 26.48 |
| 砂壤 | 11.5 | 7.1～24.0 | 27.01 |
| 轻壤 | 12.8 | 2.0～27.2 | 29.12 |
| 中壤 | 14.9 | 7.1～27.8 | 25.50 |
| 重壤 | 14.7 | 7.0～24.6 | 23.76 |

## 第二节　土壤大量元素

### 一、土壤氮素

1. 耕层土壤全氮

（1）耕层土壤全氮含量及分级。2010年诸城市化验耕层土壤全氮含量样品

1 430个，平均为0.91g/kg，变幅0.30～2.39g/kg，其中65.41%的面积含量范围在0.5g/kg以上，平均含量较1991年提高0.01g/kg，含量分级及面积如表3-6所示。

**表3-6　耕层土壤全氮含量分级及面积**

| 年份 | 耕地面积 | 级别（范围） | | | | |
|---|---|---|---|---|---|---|
| | | 1（>1.20g/kg） | 2（1.00～1.20g/kg） | 3（0.75～1.00g/kg） | 4（0.50～0.75g/kg） | 5（<0.50g/kg） |
| 1991 | 耕地面积（$hm^2$） | 0 | 885.5 | 22 488.0 | 79 074.5 | 19 799.2 |
| | 占耕地比例（%） | 0 | 0.7 | 18.4 | 64.7 | 16.2 |
| 2010 | 耕地面积（$hm^2$） | 17 337.6 | 20 753.9 | 41 849.4 | 35 187.6 | 7 088.8 |
| | 占耕地比例（%） | 14.19 | 16.98 | 34.24 | 28.79 | 5.80 |

（2）不同用地类型耕层土壤全氮状况。粮田平均含量为0.93g/kg，变幅0.37～1.94g/kg；菜地1.03g/kg，变幅0.50～2.39g/kg；园地0.81g/kg，变幅0.55～1.50g/kg。菜地中露天菜地0.92g/kg，设施蔬菜地1.14g/kg，不同利用类型间变化较小。

（3）不同土壤类型耕层土壤全氮状况。不同土壤类型全氮含量分布与有机质相同，黏重的砂姜黑土、湿潮土含量较高，一般在1.13～1.38g/kg；砂性的潮土、棕壤、棕壤性土、潮棕壤、褐土性土多在1.00g/kg以下（表3-7）。

**表3-7　不同土壤类型氮素含量**

| 土壤类型 | 全氮（g/kg） | | | 碱解氮（mg/kg） | | |
|---|---|---|---|---|---|---|
| | 平均值 | 变幅 | 变异系数（%） | 平均值 | 变幅 | 变异系数（%） |
| 棕壤性土 | 0.84 | 0.39～1.58 | 30.37 | 101 | 36～299 | 40.40 |
| 棕壤 | 0.87 | 0.30～1.89 | 31.48 | 106 | 26～356 | 36.51 |
| 潮棕壤 | 0.91 | 0.38～1.68 | 27.58 | 112 | 42～297 | 33.73 |
| 淋溶褐土 | 1.0 | 0.4～1.7 | 28.42 | 103 | 39～273 | 40.09 |
| 褐土 | 0.97 | 0.40～1.87 | 28.69 | 106 | 39～273 | 41.35 |
| 潮褐土 | 1.00 | 0.45～1.67 | 29.26 | 117 | 46～271 | 46.79 |

（续表）

| 土壤类型 | 全氮（g/kg） | | | 碱解氮（mg/kg） | | |
|---|---|---|---|---|---|---|
| | 平均值 | 变幅 | 变异系数（%） | 平均值 | 变幅 | 变异系数（%） |
| 砂姜黑土 | 1.13 | 0.49 ~ 1.94 | 28.87 | 116 | 42 ~ 301 | 36.02 |
| 潮土 | 0.91 | 0.39 ~ 2.39 | 40.76 | 110 | 39 ~ 376 | 40.37 |
| 湿潮土 | 1.38 | 0.67 ~ 2.39 | 32.17 | 122 | 76 ~ 255 | 40.43 |
| 褐土性土 | 1.00 | 0.60 ~ 1.73 | 31.87 | 115 | 45 ~ 483 | 56.25 |

（4）不同区域耕层土壤全氮含量状况。各镇街耕层土壤全氮含量以舜王街道最高，为1.09g/kg；以皇华镇、林家村镇最低，平均含量不足0.80g/kg，耕层土壤全氮含量平原高于山区，平原区平均含量为0.92g/kg，丘陵地区平均含量为0.79g/kg。各镇街土壤氮素含量见表3-8。

**表3-8　各镇街土壤氮素含量**

| 镇街 | 全氮（g/kg） | | | 碱解氮（mg/kg） | | |
|---|---|---|---|---|---|---|
| | 平均值 | 变幅 | 变异系数（%） | 平均值 | 变幅 | 变异系数（%） |
| 密州街道 | 0.84 | 0.41 ~ 1.39 | 24.92 | 119 | 40 ~ 210 | 29.58 |
| 龙都街道 | 1.00 | 0.42 ~ 1.57 | 25.56 | 111 | 43 ~ 199 | 30.05 |
| 舜王街道 | 1.09 | 0.42 ~ 1.94 | 29.62 | 132 | 49 ~ 356 | 32.08 |
| 枳沟镇 | 0.90 | 0.50 ~ 1.58 | 26.90 | 118 | 49 ~ 376 | 38.88 |
| 贾悦镇 | 1.01 | 0.51 ~ 1.93 | 27.99 | 119 | 43 ~ 483 | 40.74 |
| 石桥子镇 | 0.93 | 0.35 ~ 2.39 | 34.67 | 100 | 42 ~ 301 | 41.99 |
| 相州镇 | 0.86 | 0.43 ~ 1.81 | 26.23 | 110 | 42 ~ 310 | 41.76 |
| 昌城镇 | 1.04 | 0.35 ~ 2.39 | 34.67 | 97 | 26 ~ 298 | 43.70 |
| 百尺河镇 | 0.82 | 0.40 ~ 1.89 | 31.70 | 80 | 39 ~ 193 | 27.96 |
| 辛兴镇 | 0.95 | 0.38 ~ 1.68 | 26.56 | 102 | 44 ~ 205 | 26.66 |
| 林家村镇 | 0.77 | 0.30 ~ 1.85 | 31.34 | 95 | 36 ~ 253 | 36.25 |
| 桃林镇 | 0.85 | 0.40 ~ 1.41 | 30.79 | 87 | 40 ~ 203 | 42.89 |
| 皇华镇 | 0.73 | 0.38 ~ 1.31 | 29.86 | 112 | 46 ~ 300 | 37.87 |
| 全市 | 0.91 | 0.30 ~ 2.39 | 36.12 | 107 | 26 ~ 483 | 39.40 |

（5）不同质地耕层土壤全氮含量状况。中壤、重壤平均含量最高，分别为1.07g/kg、1.04g/kg，变幅分别为0.45～2.39g/kg、0.70～1.89g/kg；砂壤、砂土平均含量最低，分别为0.79g/kg、0.81g/kg（表3-9）。

表3-9 不同土壤质地氮素含量

| 质地 | 全氮（g/kg） | | | 碱解氮（mg/kg） | | |
|---|---|---|---|---|---|---|
| | 平均值 | 变幅 | 变异系数（%） | 平均值 | 变幅 | 变异系数（%） |
| 砂土 | 0.81 | 0.39～1.41 | 32.88 | 97 | 36～218 | 42.28 |
| 砂壤 | 0.79 | 0.42～1.61 | 30.73 | 90 | 43～263 | 40.44 |
| 轻壤 | 0.88 | 0.30～1.96 | 31.47 | 105 | 26～376 | 38.46 |
| 中壤 | 1.07 | 0.45～2.39 | 28.91 | 120 | 42～483 | 38.76 |
| 重壤 | 1.04 | 0.70～1.89 | 32.11 | 118 | 58～271 | 40.62 |

2. 耕层土壤碱解氮

（1）耕层土壤碱解氮含量及分级。碱解氮是被作物直接吸收的无机态氮，其含量水平决定供氮强度，是耕地地力的重要影响因素之一。据2 264个土壤样品化验分析，耕层土壤碱解氮平均含量为107mg/kg，变幅26～483mg/kg，较1991年提高31mg/kg，含量多集中在100～200mg/kg，这与农户多年来对尿素、碳酸氢铵等氮肥的投入显著提高等农业措施有很大关系。耕层土壤碱解氮含量分级及面积如表3-10所示。

表3-10 耕层土壤碱解氮含量分级及面积

| 年份 | 耕地面积 | 级别（范围） | | | | | | |
|---|---|---|---|---|---|---|---|---|
| | | 1（>250 mg/kg） | 2（150～250mg/kg） | 3（120～150mg/kg） | 4（90～120mg/kg） | 5（75～90mg/kg） | 6（60～75mg/kg） | 7（<60 mg/kg） |
| 1991 | 耕地面积（$hm^2$） | 0 | 0 | 611.1 | 12 221.7 | 36 176.3 | 50 842.4 | 26 365.7 |
| | 占耕地比例（%） | 0 | 0 | 0.50 | 10.0 | 29.6 | 41.6 | 18.3 |
| 2010 | 耕地面积（$hm^2$） | 1 456.3 | 14 058.9 | 19 828.1 | 39.96.1 | 21 788.5 | 17 251.6 | 8 737.8 |
| | 占耕地比例（%） | 1.19 | 11.50 | 16.22 | 31.99 | 17.83 | 14.12 | 7.15 |

（2）不同用地类型耕层土壤碱解氮状况。碱解氮不同用地类型含量差异很大，粮田平均106mg/kg，变幅40～483mg/kg；园地平均92mg/kg，变幅66～163mg/kg；菜地平均140mg/kg，含量多集中在52～376mg/kg，大大高于粮田、园地，其中设施蔬菜地含量最高，平均为169mg/kg，变幅80～376mg/kg；露天菜地平均含量为111mg/kg，变幅为52～203mg/kg。

（3）不同土壤类型耕层土壤碱解氮状况。不同土壤类型碱解氮含量差异比较明显，黏重的湿潮土、潮褐土、砂姜黑土含量较高，平均含量分别为122mg/kg、117mg/kg、116mg/kg；棕壤性土、淋溶褐土含量最低，平均含量分别为101mg/kg、103mg/kg（表3-7）。

（4）不同区域耕层土壤碱解氮状况。耕层土壤碱解氮平均107mg/kg，分布规律为平原区高于丘陵地区。舜王街道平均含量最高为132mg/kg，密州街道、贾悦镇、枳沟镇、皇华镇、龙都街道、相州镇平均含量在110～119mg/kg，昌城镇、林家村镇、桃林镇平均含量不足100mg/kg，百尺河镇平均含量最低为80mg/kg（表3-8）。

（5）不同土壤质地耕层土壤碱解氮状况。不同质地的耕层碱解氮差异较大，其中中壤、重壤含量较高，平均含量分别为120mg/kg、118mg/kg，砂壤、砂土较低，平均含量分别为90mg/kg、97mg/kg（表3-9）。

## 二、土壤有效磷

### 1. 耕层土壤有效磷含量及分布

2019年诸城市耕地土壤有效磷平均值为55.74mg/kg，相比2010年平均值46.4mg/kg，提高了9.34mg/kg。从各镇街看，贾悦镇的土壤有效磷平均含量最低，为42.63mg/kg；龙都街道的土壤有效磷平均含量最高，为72.04mg/kg。从土壤类型看，分布较广泛的褐土土壤有效磷平均含量为47.33mg/kg，粗骨土土壤有效磷平均含量为52.20mg/kg，石质土土壤有效磷平均含量为66.28mg/kg，潮土土壤有效磷平均含量为64.31mg/kg，棕壤土壤有效磷平均含量为58.20mg/kg，砂姜黑土土壤有效磷平均含量为54.20mg/kg。

土壤有效磷含量高低是衡量土壤肥力水平的重要指标。诸城市土壤有效磷含量水平较高，2010年对2 264个样品化验分析，平均耕层土壤有效磷含量为46.4mg/kg，变幅4.9～383.1mg/kg。耕层土壤有效磷含量分级及面积见表3-11。

**表3-11　耕层土壤有效磷含量分级及面积**

| 年份 | 耕地面积 | 级别（范围） | | | | | | | | |
|---|---|---|---|---|---|---|---|---|---|---|
| | | 1（>200mg/kg） | 2（110～200mg/kg） | 3（80～110mg/kg） | 4（40～80mg/kg） | 5（20～40mg/kg） | 6（15～20mg/kg） | 7（10～15mg/kg） | 8（5～10mg/kg） | 9（<5mg/kg） |
| 1991 | 耕地面积（$hm^2$） | 0 | 0 | 0 | 0 | 7 296.4 | 14 751.6 | 35 345.2 | 58 383.2 | 64 408.8 |
| | 占耕地比例（%） | 0 | 0 | 0 | 0 | 5.97 | 12.07 | 28.92 | 47.77 | 5.27 |
| 2008 | 耕地面积（$hm^2$） | 2 484.3 | 3 780.5 | 5 454.7 | 38 290.8 | 47 741.9 | 14 365.8 | 7 506.9 | 2 484.3 | 108.0 |
| | 占耕地比例（%） | 2.03 | 3.09 | 4.46 | 31.33 | 39.06 | 11.75 | 6.14 | 2.03 | 0.09 |

### 2. 不同土壤类型耕层土壤有效磷含量状况

不同土壤类型有效磷含量差异明显，湿潮土平均含量最高，褐土性土平均含量最低。由高到低依次为湿潮土、潮土、潮褐土、潮棕壤、棕壤、砂姜黑土、褐土、棕壤性土、褐土性土。不同土壤类型有效磷含量见表3-12。

**表3-12　不同土壤类型有效磷含量**

| 土壤类型 | 平均值（mg/kg） | 变幅（mg/kg） | 变异系数（%） |
|---|---|---|---|
| 棕壤性土 | 33.2 | 5.4～316.3 | 82.93 |
| 棕壤 | 44.1 | 5.0～310.3 | 84.30 |
| 潮棕壤 | 53.5 | 7.5～270.9 | 75.31 |
| 淋溶褐土 | 33.1 | 7.1～93.1 | 53.79 |
| 褐土 | 37.2 | 5.7～215.3 | 78.87 |
| 潮褐十 | 54.9 | 5.7～215.3 | 90.41 |
| 砂姜黑土 | 42.6 | 6.6～159.8 | 66.26 |
| 潮土 | 64.1 | 4.9～383.1 | 92.14 |
| 湿潮土 | 66.1 | 11.8～208.9 | 94.45 |
| 褐土性土 | 26.4 | 6.7～69.2 | 55.57 |

### 3. 不同用地类型耕层土壤有效磷含量状况

近年来，由于菜地的大量施肥，土壤有效磷含量有了大幅度提高，随着测土配方施肥技术的推广以及平原区粮田菜地轮作，间作面积增加，粮田土壤有效磷含量也有了较大的提高，有效磷含量趋向合理。据2010年调查，粮田平均含量为36.5mg/kg，较1991年提高24.7mg/kg；菜地为125.0mg/kg；园地平均含量为30.2mg/kg。菜地中露天菜地为64.5mg/kg，设施蔬菜地为185.5mg/kg。仍然存在菜地明显高于粮田、园地（表3-13）。

表3-13 不同年度和用地类型有效磷含量

| 用地类型 | | 1991年 | | | 2010年 | | |
|---|---|---|---|---|---|---|---|
| | | 平均值（mg/kg） | 最小值（mg/kg） | 最大值（mg/kg） | 平均值（mg/kg） | 最小值（mg/kg） | 最大值 mg/kg） |
| 粮田 | | 11.8 | 2.5 | 41.9 | 36.5 | 4.9 | 155.1 |
| 菜地 | 露天菜地 | 27.7 | 11.4 | 49.4 | 64.5 | 9.2 | 127.0 |
| | 设施蔬菜 | — | — | — | 185.5 | 38.7 | 383.1 |
| | 平均 | 27.7 | 11.4 | 49.4 | 125.0 | 24.0 | 255.1 |
| 园地 | | 11.2 | 4.2 | 36.7 | 30.2 | 9.0 | 83.9 |
| 烟田 | | 10.1 | 3.2 | 29.8 | 35.9 | 5.6 | 70.9 |
| 全市平均 | | 11.7 | 2.5 | 49.4 | 46.4 | 4.9 | 383.1 |

### 4. 不同区域耕层土壤有效磷含量状况

土壤有效磷是变化较大的养分指标之一，各区域相差悬殊，平原区平均为51.3mg/kg，丘陵地区平均为33.8mg/kg。农业生产发达、历史久的相州镇、辛兴镇、昌城镇、舜王街道等地平均含量在50.0mg/kg以上；丘陵地区林家村镇、桃林镇、皇华镇等地平均含量在36mg/kg以下（表3-14）。

表3-14 各镇街土壤有效磷含量

| 镇街 | 平均值（mg/kg） | 变幅（mg/kg） | 变异系数（%） |
|---|---|---|---|
| 密州街道 | 47.8 | 7.1 ~ 208.7 | 63.53 |
| 龙都街道 | 47.8 | 10.7 ~ 290.8 | 82.42 |
| 舜王街道 | 53.8 | 6.6 ~ 310.3 | 102.64 |
| 枳沟镇 | 47.5 | 13.5 ~ 316.3 | 108.81 |

（续表）

| 镇街 | 平均值（mg/kg） | 变幅（mg/kg） | 变异系数（%） |
|---|---|---|---|
| 贾悦镇 | 48.0 | 5.6～270.3 | 95.23 |
| 石桥子镇 | 46.4 | 8.9～239.6 | 87.64 |
| 相州镇 | 52.5 | 7.5～180.2 | 63.20 |
| 昌城镇 | 71.0 | 9.6～383.1 | 108.34 |
| 百尺河镇 | 39.8 | 5.0～263.8 | 94.97 |
| 辛兴镇 | 50.8 | 13.4～117.0 | 39.63 |
| 林家村镇 | 35.4 | 5.3～182.7 | 68.20 |
| 桃林镇 | 35.7 | 6.8～107.9 | 56.12 |
| 皇华镇 | 30.5 | 4.9～110.7 | 61.74 |
| 全市 | 46.4 | 4.9～383.1 | 92.04 |

#### 5. 不同土壤质地耕层土壤有效磷含量状况

耕层有效磷含量因土壤质地不同而差异较大，平均含量最高的是重壤，平均含量为52.0mg/kg；最低的是砂土，平均含量为27.9mg/kg。从变幅看，各种质地变幅都较大，均匀性不够好（表3-15）。

**表3-15　不同土壤质地有效磷含量**

| 质地 | 平均值（mg/kg） | 变幅（mg/kg） | 变异系数（%） |
|---|---|---|---|
| 砂土 | 27.9 | 5.4～80.5 | 62.03 |
| 砂壤 | 49.8 | 4.9～233.8 | 78.59 |
| 轻壤 | 46.2 | 5.0～383.1 | 91.42 |
| 中壤 | 51.7 | 6.4～270.9 | 93.14 |
| 重壤 | 52.0 | 6.6～194.6 | 93.39 |

## 三、土壤钾素

2019年诸城市耕地土壤速效钾的平均值为164.05mg/kg，相比2010年平均含量152mg/kg，提高了12.05mg/kg。从各镇街看，密州街道的土壤速效钾平均含量最低，为140.68mg/kg；百尺河镇的土壤速效钾平均含量最高，为212.35mg/kg。

从土壤类型看，分布较广泛的褐土土壤速效钾平均含量为174.51mg/kg，粗骨土土壤速效钾平均含量为156.18mg/kg，石质土土壤速效钾平均含量为153.81mg/kg，潮土土壤速效钾平均含量为169.89mg/kg，棕壤土壤速效钾平均含量为164.08mg/kg，砂姜黑土土壤速效钾平均含量为172.82mg/kg。

土壤中的钾一般分为矿物态钾、缓效性钾和速效性钾3部分。作为土壤检测指标分为全钾、缓效钾、速效钾，本次耕地地力评价对耕层土壤缓效钾、速效钾进行了化验分析，共化验土壤缓效钾1 126个、速效钾2 264个。

1. 耕层土壤速效钾

（1）耕层土壤速效钾含量及分级。诸城市耕层土壤速效钾平均含量为152mg/kg，变幅40～951mg/kg，多数耕地含量达到4级水平以上，其中达到1级水平的占7.42%，2级水平的占11.14%，3级水平的占16.62%，4级水平的占31.99。诸城市平均含量较1991年提高62mg/kg，这与提倡增施钾肥有关。耕层土壤速效钾含量分级及面积如表3-16所示。

**表3-16 耕层土壤速效钾含量分级及面积**

| 年份 | 耕地面积 | 级别（范围） | | | | | | |
|---|---|---|---|---|---|---|---|---|
| | | 1（>300mg/kg） | 2（200～300mg/kg） | 3（150～200mg/kg） | 4（100～150mg/kg） | 5（75～100mg/kg） | 6（50～75mg/kg） | 7（<50mg/kg） |
| 1991 | 耕地面积（$hm^2$） | 0 | 0 | 1 955.5 | 34 831.9 | 41 920.5 | 42 653.8 | 977.7 |
| | 占耕地比例（%） | 0 | 0 | 1.6 | 28.5 | 34.3 | 34.9 | 0.8 |
| 2010 | 耕地面积（$hm^2$） | 9 073.1 | 13 609.7 | 20 306.5 | 39 100.9 | 23 654.9 | 13 771.7 | 2 700.3 |
| | 占耕地比例（%） | 7.42 | 11.14 | 16.62 | 31.99 | 19.35 | 11.27 | 2.21 |

（2）不同土壤类型耕层土壤速效钾含量情况。土壤速效钾不同土壤类型间差异比较明显。地势平坦，耕层质地适宜，有良好水浇条件的湿潮土、潮褐土、潮土等土壤亚类，多被用于种植蔬菜，由于大量施用化肥，速效钾含量相对较高，平均含量均在180mg/kg以上。分布于山丘地区的棕壤、棕壤性土、潮棕壤，被用作粮田的耕地，含量多在140mg/kg左右，是诸城市的主要缺钾土壤（表3-17）。

表3-17　不同土壤类型钾素含量（mg/kg）

| 土壤类型 | 速效钾 | | 缓效钾 | |
|---|---|---|---|---|
| | 平均值 | 变幅 | 平均值 | 变幅 |
| 棕壤性土 | 112 | 40 ~ 815 | 593 | 206 ~ 1 195 |
| 棕壤 | 141 | 41 ~ 951 | 652 | 258 ~ 1 721 |
| 潮棕壤 | 151 | 47 ~ 694 | 680 | 258 ~ 1 608 |
| 淋溶褐土 | 155 | 58 ~ 433 | 694 | 317 ~ 1 348 |
| 褐土 | 166 | 58 ~ 600 | 697 | 317 ~ 1 472 |
| 潮褐土 | 192 | 59 ~ 600 | 730 | 353 ~ 1 472 |
| 砂姜黑土 | 166 | 63 ~ 458 | 654 | 361 ~ 1 648 |
| 潮土 | 179 | 41 ~ 900 | 698 | 249 ~ 1 639 |
| 湿潮土 | 223 | 56 ~ 900 | 634 | 451 ~ 1 128 |
| 褐土性土 | 163 | 67 ~ 409 | 551 | 265 ~ 1 348 |

（3）不同用地类型耕层土壤速效钾含量情况。粮田平均为128mg/kg，变幅40 ~ 490mg/kg；菜地平均为317mg/kg。其中，露天菜地为222mg/kg，变幅78 ~ 694mg/kg；设施蔬菜地为412mg/kg，变幅133 ~ 951mg/kg；园地平均为121mg/kg，变幅69 ~ 217mg/kg。菜地含量明显高于粮田。

（4）不同区域耕层土壤速效钾含量情况。耕层土壤速效钾含量受人为活动的影响，各地差异较大，贾悦镇、舜王街道蔬菜种植地平均含量在200mg/kg以上，皇华镇、桃林镇等山区各地普遍在100mg/kg以下。各镇街土壤速效钾含量如表3-18所示。

表3-18　各镇街土壤钾素含量（mg/kg）

| 镇街 | 速效钾 | | 缓效钾 | |
|---|---|---|---|---|
| | 平均值 | 变幅 | 平均值 | 变幅 |
| 密州街道 | 142 | 57 ~ 515 | 679 | 420 ~ 1 417 |
| 龙都街道 | 163 | 54 ~ 452 | 654 | 281 ~ 1 097 |
| 舜王街道 | 206 | 77 ~ 951 | 771 | 355 ~ 1 721 |
| 枳沟镇 | 160 | 41 ~ 815 | 645 | 326 ~ 1 101 |
| 贾悦镇 | 200 | 67 ~ 733 | 716 | 265 ~ 1 472 |
| 石桥子镇 | 171 | 64 ~ 900 | 652 | 296 ~ 1 639 |

（续表）

| 镇街 | 速效钾 | | 缓效钾 | |
|---|---|---|---|---|
| | 平均值 | 变幅 | 平均值 | 变幅 |
| 相州镇 | 158 | 42～779 | 666 | 331～1 194 |
| 昌城镇 | 157 | 52～651 | 691 | 249～1 335 |
| 百尺河镇 | 145 | 45～432 | 639 | 335～1 343 |
| 辛兴镇 | 137 | 68～439 | 630 | 317～1 010 |
| 林家村镇 | 112 | 44～400 | 639 | 258～1 195 |
| 桃林镇 | 95 | 42～291 | 578 | 206～964 |
| 皇华镇 | 88 | 40～694 | 548 | 240～986 |
| 全市 | 152 | 40～951 | 660 | 206～1 721 |

（5）不同土壤质地耕层土壤速效钾含量情况。土壤速效钾含量还与质地类型关系密切，土壤越黏，速效钾的含量越高。砂壤平均含量153mg/kg，轻壤平均含量148mg/kg，中壤平均含量181mg/kg，重壤平均含量213mg/kg（表3-19）。

**表3-19　不同土壤质地钾素含量（mg/kg）**

| 质地 | 缓效钾 | | | 速效钾 | | |
|---|---|---|---|---|---|---|
| | 平均值 | 变幅 | 变异系数（%） | 平均值 | 变幅 | 变异系数（%） |
| 轻壤 | 657 | 249～1 721 | 31.06 | 148 | 41～951 | 70.22 |
| 砂壤 | 617 | 281～989 | 28.73 | 153 | 48～650 | 74.01 |
| 砂土 | 592 | 206～1 195 | 28.54 | 80 | 4～279 | 42.75 |
| 中壤 | 699 | 277～1 648 | 33.65 | 181 | 55～900 | 57.17 |
| 重壤 | 686 | 402～1 472 | 39.31 | 213 | 63～592 | 46.69 |

2. 耕层土壤缓效钾

（1）耕层土壤缓效钾含量及分级。诸城市耕层土壤缓效钾含量平均为660mg/kg，变幅206～1 721mg/kg。4级水平的面积最大，占耕地面积的53.86%（表3-20）。

表3-20　耕层土壤缓效钾含量分级及面积

| 年份 | 耕地面积 | 级别（范围） | | | | |
|---|---|---|---|---|---|---|
| | | 1（>1 200mg/kg） | 2（900～1 200mg/kg） | 3（750～900mg/kg） | 4（500～750mg/kg） | 5（<500mg/kg） |
| 2010 | 耕地面积（$hm^2$） | 2 711.1 | 12 254.3 | 17 242.7 | 65 825.9 | 24 183.2 |
| | 占耕地比例（%） | 2.22 | 10.03 | 14.11 | 53.86 | 19.79 |

（2）不同用地类型耕层土壤缓效钾含量情况。其中，粮田耕层土壤平均含量为599mg/kg，变幅240～1 648mg/kg；菜地为901mg/kg，变幅301～1 721mg/kg；园地平均含量为685mg/kg，变幅206～1 020mg/kg。菜地中，露天菜地为859mg/kg，变幅301～1 220mg/kg；设施蔬菜地为942mg/kg，变幅470～1 721mg/kg。菜地含量明显高于园地、粮田，与有效磷、速效钾规律一致。

（3）不同土壤类型耕层土壤缓效钾含量情况。土壤缓效钾含量主要受成土母质、土壤质地及土壤黏粒组成的影响，不同类型间有较大差异。其中，潮褐土平均730mg/kg>潮土平均698mg/kg>褐土平均697mg/kg>淋溶褐土平均694mg/kg>潮棕壤平均680mg/kg>砂姜黑土平均654mg/kg>棕壤平均652mg/kg>湿潮土平均634mg/kg>棕壤性土593mg/kg>褐土性土平均551mg/kg（表3-17）。

（4）不同区域耕层土壤缓效钾含量情况。耕层土壤缓效钾含量受人为活动的影响，各地差异较大，平原区（766mg/kg）明显高于丘陵地区（674mg/kg）。

（5）不同土壤质地耕层土壤缓效钾含量情况。土壤缓效钾含量因土壤质地不同而差异较大，随质地变黏含量提高，平均含量较高的是中壤和重壤，最低的是砂土（表3-19）。

## 第三节　土壤中量元素

中量元素是指植物体内含量相对较高的营养元素，通常包括钙、镁、硫3种。土壤有效硅被视为有益元素，其植物体内含量较大，此次调查也作为中量元素进行分析。土壤中中量元素含量较高，基本能够满足作物生长需要。随着大量元素、微量元素肥料的大量施用，尤其是菜地逐步酸化条件下，呈现缺乏钙、镁、硅等元素现象，适量施用具有较明显的增产效果。

## 一、土壤交换性钙

土壤中的钙以多种形态存在，主要以碳酸盐形式为主，含量高低与土壤的酸碱性、盐基饱和度、土壤结构、土壤胶体的交换性能、各种养分的有效性有密切关系，是划分土壤类型的重要指标之一，在生产实际中有重要作用。通常用交换性钙作为土壤钙有效性的划分标准。

诸城市1 005个土壤样品化验分析，耕层土壤交换性钙含量平均为3 798mg/kg，变幅884～10 468mg/kg。耕层土壤交换性钙含量分级及面积见表3-21。

**表3-21　耕层土壤交换性钙含量分级及面积**

| 年份 | 耕地面积 | 级别（范围） | | | |
|---|---|---|---|---|---|
| | | 1<br>（>5 000mg/kg） | 2（3 500～<br>5 000mg/kg） | 3（2 500～<br>3 500mg/kg） | 4<br>（<2 500mg/kg） |
| 2010 | 耕地面积（$hm^2$） | 28 456.5 | 25 294.7 | 31 253.6 | 37 212.4 |
| | 占耕地比例（%） | 23.28 | 20.70 | 25.57 | 30.45 |

诸城市是由石灰岩母质形成的土壤，交换性钙含量一般较高。其中，粮田耕层土壤平均含量为3 796mg/kg，变幅884～10 468mg/kg；菜地为3 517mg/kg，变幅951～9 610mg/kg；园地平均含量为4 450mg/kg，变幅2 100～8 120mg/kg。菜地中露天菜地为3 634mg/kg，变幅1 696～6 880mg/kg；设施蔬菜地为3 399mg/kg，变幅951～9 610mg/kg。各用地类型间差异不明显。

耕地土壤交换性钙平原含量高于山区，密州街道、贾悦镇、辛兴镇等地平均含量为4 000mg/kg以上，以棕壤为主的昌城镇、枳沟镇、林家村镇等镇平均含量为3 080～3 318mg/kg（表3-22）。土壤交换性钙含量与土类有密切关系，含量高低顺序为褐土性土>褐土>淋溶褐土>潮褐土>湿潮土>潮土>潮棕壤>砂姜黑土>棕壤>棕壤性土（表3-23）。

**表3-22　各镇街土壤中量元素含量（mg/kg）**

| 镇街 | 交换性钙 | | 交换性镁 | | 有效硫 | | 有效硅 | |
|---|---|---|---|---|---|---|---|---|
| | 平均值 | 变幅 | 平均值 | 变幅 | 平均值 | 变幅 | 平均值 | 变幅 |
| 密州街道 | 4 331 | 1 099～9 610 | 387 | 147～779 | 33.6 | 11.8～97.4 | 206.12 | 67.48～486.06 |
| 龙都街道 | 4 184 | 884～10 429 | 422 | 111～878 | 43.8 | 10.0～159.6 | 217.21 | 77.53～438.58 |
| 舜王街道 | 3 869 | 1 141～9 400 | 397 | 107～1 160 | 50.0 | 9.4～246.0 | 261.96 | 52.78～489.45 |

（续表）

| 镇街 | 交换性钙 | | 交换性镁 | | 有效硫 | | 有效硅 | |
|---|---|---|---|---|---|---|---|---|
| | 平均值 | 变幅 | 平均值 | 变幅 | 平均值 | 变幅 | 平均值 | 变幅 |
| 枳沟镇 | 3 165 | 953～8 189 | 329 | 160～585 | 41.7 | 11.6～263.2 | 253.59 | 70.24—576.08 |
| 贾悦镇 | 4 433 | 1 063～10 468 | 378 | 141～1 139 | 53.1 | 9.2～297.6 | 274.65 | 64.44～654.49 |
| 石桥子镇 | 3 515 | 1 029～9 169 | 337 | 111～1 049 | 43.0 | 6.9～170.8 | 250.37 | 70.99～639.39 |
| 相州镇 | 3 550 | 1 128～10 229 | 352 | 153～871 | 34.8 | 7.9～171.7 | 273.46 | 62.35～653.64 |
| 昌城镇 | 3 080 | 951～8 799 | 361 | 129～1 029 | 47.1 | 9.3～166.8 | 244.14 | 72.27～653.08 |
| 百尺河镇 | 3 960 | 1 009～10 329 | 372 | 105～849 | 44.4 | 12.3～226.7 | 269.31 | 69.63～495.96 |
| 辛兴镇 | 4 300 | 898～9 859 | 385 | 149～1 039 | 55.2 | 11.1～245.2 | 246.88 | 68.71～639.39 |
| 林家村镇 | 3 318 | 1 022～10 400 | 341 | 114～1 099 | 35.1 | 9.6～171.8 | 224.59 | 75.32～562.19 |
| 桃林镇 | 3 863 | 1 305～9 339 | 399 | 90～1 112 | 33.7 | 8.2～100.7 | 278.14 | 88.58～648.29 |
| 皇华镇 | 3 556 | 1 101～9 059 | 386 | 100～1 049 | 35.2 | 7.9～138.2 | 293.57 | 82.89～650.65 |
| 全市 | 3 798 | 884～10 468 | 371 | 90～1 160 | 43.2 | 6.9～297.6 | 254.06 | 52.78～654.49 |

**表3-23　不同土壤类型中量元素含量（mg/kg）**

| 土壤类型 | 交换性钙 | | 交换性镁 | | 有效硫 | | 有效硅 | |
|---|---|---|---|---|---|---|---|---|
| | 平均值 | 变幅 | 平均值 | 变幅 | 平均值 | 变幅 | 平均值 | 变幅 |
| 棕壤性土 | 3 380 | 953～9 339 | 355 | 111～1 112 | 36.5 | 8.8～263.2 | 270.98 | 69.10～576.08 |
| 棕壤 | 3 514 | 898～10 400 | 349 | 90～1 160 | 39.7 | 6.9～246.0 | 233.3 | 52.8～653.1 |
| 潮棕壤 | 3 988 | 898～10 400 | 392 | 107～1 160 | 39.7 | 7.9～234.0 | 246.35 | 71.39～633.91 |
| 淋溶褐土 | 4 488 | 1 029～9 999 | 401 | 129～1 139 | 50.7 | 9.0～224.1 | 271.08 | 64.44～654.49 |
| 褐土 | 4 499 | 1 029～10 266 | 389 | 129～1 139 | 48.4 | 9.0～224.1 | 282.36 | 64.44～654.49 |
| 潮褐土 | 4 377 | 1 078～10 266 | 369 | 166～1 040 | 37.2 | 9.2～129.1 | 303.67 | 108.54～649.90 |
| 砂姜黑土 | 3 686 | 1 009～9 589 | 366 | 105～799 | 44.1 | 9.8～212.1 | 253.63 | 68.71～539.20 |
| 潮土 | 4 034 | 884～10 429 | 400 | 111～1 049 | 49.8 | 13.2～198.4 | 259.86 | 62.35～653.64 |
| 湿潮土 | 4 280 | 1 441～10 229 | 409 | 159～689 | 72.8 | 7.9～297.6 | 318.65 | 155.31～639.39 |
| 褐土性土 | 4 650 | 1 063～10 468 | 412 | 141～952 | 42.3 | 10.1～93.4 | 289.83 | 82.04～639.39 |

## 二、土壤交换性镁

诸城市1 006个土壤样品化验分析，耕地土壤交换性镁含量平均为371mg/kg，变幅90～1 112mg/kg。耕层土壤交换性镁含量分级及面积见表3-24。

**表3-24　耕层土壤交换性镁含量分级及面积**

| 年份 | 耕地面积 | 级别（范围） | | | |
|---|---|---|---|---|---|
| | | 1（500mg/kg） | 2（250～500mg/kg） | 3（150～250mg/kg） | 4（<150mg/kg） |
| 2010 | 耕地面积（$hm^2$） | 27 280.6 | 62 684.8 | 28 614.3 | 3 637.4 |
| | 占耕地比例（%） | 22.32 | 51.29 | 23.41 | 2.98 |

土壤交换性镁含量北部平原区高于南部山区。粮田平均为364mg/kg，变幅90～1 112mg/kg；菜地平均为362mg/kg，其中露天菜地为369mg/kg，变幅171～812mg/kg，设施蔬菜地为355mg/kg，变幅142～1 040mg/kg；园地平均为427mg/kg，变幅217～871mg/kg。

土壤交换性镁含量与交换性钙含量有密切的关系，一般石灰性母质形成的土壤，碳酸盐含量丰富，交换性钙含量高，交换性镁含量亦较高，其溶液中的有效态镁离子，已足够植物生长的需要。交换性镁的变化规律及在农业生产中的作用，与土壤交换性钙相一致。

## 三、土壤有效硫

据诸城市972处样点化验，耕地土壤有效硫含量平均为43.2mg/kg，变幅6.9～297.6mg/kg。耕层有效硫含量分级及面积见表3-25。粮田土壤有效硫含量平均为33.8mg/kg，变幅6.9～224.1mg/kg；菜地平均为68.2mg/kg，其中露天菜地平均为46.6mg/kg，变幅12.7～129.1mg/kg，设施蔬菜地89.8mg/kg，变幅11.8～297.6mg/kg；园地土壤有效硫含量平均为52.0mg/kg，变幅13.7～133.1mg/kg。

**表3-25　耕层有效硫含量分级及面积**

| 年份 | 耕地面积 | 级别（范围） | | | | |
|---|---|---|---|---|---|---|
| | | 1（>100mg/kg） | 2（75～100mg/kg） | 3（50～75mg/kg） | 4（25～50mg/kg） | 5（<25mg/kg） |
| 2010 | 耕地面积（$hm^2$） | 9 169.4 | 7 662.1 | 15 324.3 | 39 441.1 | 50 620.3 |
| | 占耕地比例（%） | 7.50 | 6.27 | 12.54 | 32.27 | 41.42 |

耕地土壤有效硫含量各地差异较大，区域变化不明显。土壤硫主要来自母质、灌溉水、大气干湿沉降以及施肥等，土壤母质中硫含量高，可为其形成的土壤提供丰富的原始硫化物来源。在许多复合肥（复混肥）中含有硫元素，随着日光温室和塑料大棚等保护地栽培，各种含硫肥料的大量使用，一定数量的含硫化合物残存在土壤中，导致土壤酸化。这是近年来诸城市保护栽培土壤酸化和土壤pH值降低的一个重要原因。

## 四、土壤有效硅

硅是植物体重要的组成元素，是继16种营养元素后被人们研究的又一个对植物生长有益的元素。按其需要量，与钙、镁、硫统称为中量元素。硅能够提高水稻、小麦等作物的粒重和氨基酸含量，降低空秕率，增强植株抗逆能力，含量多少及有效性高低直接影响喜硅作物的正常生长发育。近年来，诸城市硅钙肥的试验示范推广应用表明，在连续种植蔬菜的日光温室、塑料大棚内施用和果园内施用，有一定的增产效果，品质有明显提高。

诸城市871个土壤样点化验，耕地土壤有效硅平均为254.1mg/kg，变幅52.8～654.5mg/kg。耕层土壤有效硅含量分级及面积见表3-26。

**表3-26　耕层土壤有效硅含量分级及面积**

| 年份 | 耕地面积 | 级别（范围） | | | | |
|---|---|---|---|---|---|---|
| | | 1（>400mg/kg） | 2（300～400mg/kg） | 3（200～300mg/kg） | 4（100～200mg/kg） | 5（<100mg/kg） |
| 2010 | 耕地面积（$hm^2$） | 18 802.6 | 20 767.1 | 32 413.5 | 39 850.4 | 10 383.6 |
| | 占耕地比例（%） | 15.38 | 16.99 | 26.52 | 32.61 | 8.50 |

土壤有效硅受土壤母质、pH值及人为活动的影响，区域分布特点是山区高于平原，市境南部山区土壤有效硅平均为260.9mg/kg，北部平原地区平均为251.9mg/kg。不同利用类型间差异很大，其中以园地最高，19个土样平均为365.53mg/kg，变幅129.69～562.19mg/kg；菜地次之，116个土样平均为298.44mg/kg，变幅71.39～654.49mg/kg，其中露天菜地为346.41mg/kg，变幅98.51～654.49mg/kg，设施蔬菜地为250.47mg/kg，变幅71.39～649.90mg/kg；粮田普遍较低，686个土样平均为241.71mg/kg，变幅52.78～653.64mg/kg。

# 第四节　土壤微量元素

本次调查主要分析了锌、硼、锰、钼、铜、铁6种微量元素，这些元素对配方施肥及耕地地力和环境质量起着重要的作用。诸城市土壤微量元素含量及不同用地类型养分含量如表3-27所示。

**表3-27　全市不同利用类型土壤微量元素平均含量（mg/kg）**

| 用地类型 | | 有效锌 | 有效硼 | 有效锰 | 有效钼 | 有效铜 | 有效铁 |
|---|---|---|---|---|---|---|---|
| 全市平均 | | 0.89 | 0.37 | 29.41 | 0.11 | 1.19 | 25.80 |
| 粮田 | | 0.80 | 0.31 | 28.92 | 0.11 | 1.07 | 26.69 |
| 菜地 | 露天菜地 | 0.95 | 0.53 | 33.98 | 0.11 | 1.26 | 26.69 |
| | 塑料大棚 | 1.64 | 0.53 | 27.38 | 0.16 | 1.82 | 19.30 |
| | 菜地平均 | 1.30 | 0.53 | 30.68 | 0.14 | 1.51 | 23.00 |
| 园地 | | 1.07 | 0.58 | 31.13 | 0.11 | 1.96 | 27.07 |
| 烟田 | | 0.89 | 0.44 | 29.36 | 0.11 | 1.18 | 22.21 |

## 一、土壤微量元素含量分级及面积

### 1. 土壤有效锌

诸城市耕层土壤有效锌化验样品1 341个，平均含量为0.89mg/kg，属中等水平，变幅0.03～4.00mg/kg，2010年与1991年化验结果相比，各地升降有别，诸城市平均增加0.12mg/kg。耕层土壤有效锌含量分级及面积见表3-28。

**表3-28　耕层土壤有效锌含量分级及面积**

| 年份 | 耕地面积 | 级别（含量水平，范围） | | | |
|---|---|---|---|---|---|
| | | 1（较丰富，1.00～3.00mg/kg） | 2（中等，0.50～1.00mg/kg） | 3（缺乏，0.30～0.50mg/kg） | 4（极缺，<0.30mg/kg） |
| 1991 | 耕地面积（$hm^2$） | 22 402.4 | 80 455.6 | 16 291.6 | 3 067.6 |
| | 占耕地比例（%） | 18.33 | 65.83 | 13.33 | 2.51 |

（续表）

| 年份 | 耕地面积 | 级别（含量水平，范围） | | | |
|---|---|---|---|---|---|
| | | 1（较丰富，1.00～3.00mg/kg） | 2（中等，0.50～1.00mg/kg） | 3（缺乏，0.30～0.50mg/kg） | 4（极缺，<0.30mg/kg） |
| 2010 | 耕地面积（$hm^2$） | 38 523.0 | 44 806.9 | 20 946.3 | 16 392.8 |
| | 占耕地比例（%） | 31.52 | 36.66 | 17.14 | 13.41 |

园地、粮田和菜地受其农业活动的不同影响，土壤有效锌含量有明显差异。园地，锌肥投入较多，有效锌含量平均在1.07mg/kg；露天菜地、设施蔬菜地，锌肥投入量大，有效锌含量平均1.30mg/kg；粮田土壤有效锌含量相对较低，平均为0.80mg/kg，在生产中应适当考虑锌肥的施用；黄烟地土壤有效锌含量0.89mg/kg。

2. 土壤有效硼

诸城市耕层土壤有效硼化验样品1 314个，平均含量为0.37mg/kg，变幅0.01～1.60mg/kg，属土壤硼缺乏地区。耕层土壤有效硼含量分级及面积见表3-29。

**表3-29 耕层土壤有效硼含量分级及面积**

| 年份 | 耕地面积 | 级别（含量水平，范围） | | | |
|---|---|---|---|---|---|
| | | 1（较丰富，>1.00mg/kg） | 2（中等，0.50～1.00mg/kg） | 3（缺乏，0.20～0.50mg/kg） | 4（极缺，<0.20mg/kg） |
| 1991 | 耕地面积（$hm^2$） | — | 12 221.7 | 104 899.0 | 5 096.5 |
| | 占耕地比例（%） | — | 10.0 | 85.83 | 4.17 |
| 2010 | 耕地面积（$hm^2$） | 3 067.0 | 23 607.0 | 68 125.6 | 27 417.5 |
| | 占耕地比例（%） | 2.51 | 19.32 | 55.74 | 22.43 |

2010年与1991年土壤养分普查结果0.369mg/kg平均含量相比，基本持平。化验结果显示，粮田平均为0.31mg/kg，菜地平均为0.53mg/kg；园地有效硼含量平均为0.58mg/kg，这与园地大量施用锌肥、硼肥有关；黄烟地有效硼平均含量0.44mg/kg。

3. 土壤有效锰

诸城市耕层土壤有效锰含量平均为29.41mg/kg，变幅12.69～83.76mg/kg，属较丰富水平，南部山区高于北部平原。2010年较1991年诸城市平均29.6mg/kg降低0.19mg/kg。耕层土壤有效锰含量分级及面积见表3-30。

表3-30　耕层土壤有效锰含量分级及面积

| 年份 | 耕地面积 | 级别(含量水平，范围) | | | | |
|---|---|---|---|---|---|---|
| | | 1(丰富，>30.00mg/kg) | 2(较丰富，15.00~30.00mg/kg) | 3(中等，10.00~15.00mg/kg) | 4(缺乏，5.00~10.00mg/kg) | 5(极缺，<5.00mg/kg) |
| 1991 | 耕地面积($hm^2$) | 56 012.1 | 57 038.8 | 7 125.3 | 2 041.0 | — |
| | 占耕地比例(%) | 45.83 | 46.67 | 5.83 | 1.67 | — |
| 2010 | 耕地面积($hm^2$) | 25.42 | 74.20 | 0.38 | — | — |
| | 占耕地比例(%) | 31 070.2 | 90 688.4 | 458.6 | — | — |

不同利用类型耕层土壤的有效锰含量有较大差异，其中露天菜地各样品平均为33.98mg/kg，变幅15.48~58.94mg/kg；园地平均为31.13mg/kg，变幅17.49~48.23mg/kg；黄烟地平均29.36mg/kg，变幅14.49~50.04mg/kg；设施蔬菜地平均27.38mg/kg，变幅12.69~78.97mg/kg；粮田含量平均28.92mg/kg，变幅16.16~83.76mg/kg。

### 4. 土壤有效钼

诸城市耕层土壤有效钼含量平均为0.11mg/kg，变幅0.01~0.49mg/kg，属中等水平。耕层土壤有效钼含量分级及面积见表3-31。

表3-31　耕层土壤有效钼含量分级及面积

| 年份 | 耕地面积 | 级别（含量水平，范围） | | | | |
|---|---|---|---|---|---|---|
| | | 1(丰富，>0.20mg/kg) | 2(较丰富，0.15~0.20mg/kg) | 3(中等，0.10~0.15mg/kg) | 4(缺乏，0.05~0.10mg/kg) | 5(极缺，<0.05mg/kg) |
| 1991 | 耕地面积（$hm^2$） | 7 663.1 | 15 008.3 | 26 411.1 | 51 648.9 | 21 485.8 |
| | 占耕地比例（%） | 6.27 | 12.28 | 21.61 | 42.26 | 17.58 |
| 2010 | 耕地面积（$hm^2$） | 10 638.1 | 15 110.9 | 26 957.9 | 49 926.5 | 19 583.8 |
| | 占耕地比例（%） | 8.70 | 12.36 | 22.06 | 40.85 | 16.02 |

2010年较1991年诸城市有效钼平均增加0.03mg/kg。不同利用类型间差异不明显，粮田、露天菜地、日光温室、塑料大棚、园地平均含量为0.11~0.16mg/kg。

### 5. 土壤有效铜

诸城市1 064个土壤样品化验分析，耕层土壤有效铜含量平均为1.19mg/kg，变幅0.23～4.47mg/kg，2010年较1991年的1.01mg/kg平均增加0.18mg/kg。绝大部分耕层土壤有效铜含量比较丰富。耕层土壤有效铜含量分级及面积见表3-32。

表3-32 耕层土壤有效铜含量分级及面积

| 年份 | 耕地面积 | 级别（含量水平，范围） | | | | |
|---|---|---|---|---|---|---|
| | | 1（丰富，>1.80mg/kg） | 2（较丰富，1.00～1.80mg/kg） | 3（中等，0.20～1.00mg/kg） | 4（缺乏，0.10～0.20mg/kg） | 5（极缺，<0.10mg/kg） |
| 1991 | 耕地面积（$hm^2$） | 6 110.89 | 63 149.61 | 51 942.28 | 1 014.41 | — |
| | 占耕地比例（%） | 5.00 | 51.67 | 42.50 | 0.83 | — |
| 2010 | 耕地面积（$hm^2$） | 12 869.47 | 61 340.81 | 48 006.91 | — | — |
| | 占耕地比例（%） | 10.53 | 50.19 | 39.28 | — | — |

粮田土壤有效铜含量为1.07mg/kg，变幅0.23～3.24mg/kg；菜地含量为1.51mg/kg，变幅0.52～2.98mg/kg；园地平均含量为1.96mg/kg，变幅0.82～4.47mg/kg；菜地中露天菜地平均含量为1.26mg/kg，变幅0.52～2.80mg/kg;设施蔬菜地平均含量为1.82mg/kg，变幅0.75～2.98mg/kg。土壤有效铜含量随着质地变黏，含量增高。

6. 土壤有效铁

诸城市1 064个土壤样品化验分析，耕层土壤有效铁含量平均为25.80mg/kg，属丰富水平，变幅1.71～73.74mg/kg，2010年较1991年诸城市平均水平持平。耕层土壤有效铁含量分级及面积见表3-33。

表3-33 耕层土壤有效铁含量分级及面积

| 年份 | 耕地面积 | 级别（含量水平，范围） | | | | |
|---|---|---|---|---|---|---|
| | | 1（丰富，>20.00mg/kg） | 2（较丰富，10.00～20.00mg/kg） | 3（中等，4.50～10.00mg/kg） | 4（缺乏，2.50～4.50mg/kg） | 5（极缺，<2.50mg/kg） |
| 1991 | 耕地面积（$hm^2$） | 74 344.7 | 40 735.0 | 7 137.5 | — | — |
| | 占耕地比例（%） | 60.83 | 33.33 | 5.84 | — | — |
| 2010 | 耕地面积（$hm^2$） | 87 216.0 | 32 132.2 | 2 639.4 | 114.8 | 114.8 |
| | 占耕地比例（%） | 71.36 | 26.29 | 2.16 | 0.09 | 0.09 |

不同利用类型土壤有效铁含量差异较小，粮田平均为26.69mg/kg，变幅3.15～73.74mg/kg；菜地平均为23.00mg/kg，变幅10.04～46.70mg/kg。菜地中露天菜地平均为26.69mg/kg，设施蔬菜地为19.30mg/kg；园地平均为27.07mg/kg，变幅13.70～42.00mg/kg。

## 二、不同土壤类型土壤微量元素含量

土壤各亚类微量元素含量有所不同。有效锌平均含量由高到低依次为潮土、潮棕壤、潮褐土、棕壤性土、棕壤、褐土、湿潮土、淋溶褐土、湿潮土、褐土性土、砂姜黑土；有效硼含量湿潮土最高，其次是潮土、砂姜黑土、潮褐土、潮棕壤、棕壤、棕壤性土、褐土，淋溶褐土最低；有效锰棕壤性土、淋溶褐土明显高，湿潮土、潮褐土明显低；有效铜潮棕壤、潮土明显高，其他各亚类间差异不大；有效铁潮棕壤、棕壤性土较高，褐土、潮褐土较低；有效钼各亚类间差异不大（表3-34）。

## 三、各镇街土壤微量元素含量

土壤有效锌以密州街道、龙都街道、桃林镇、相州镇4个镇街最高，由于这4个地区蔬菜和瓜果面积大，所以施用锌肥较多，含量都在1mg/kg以上。其余元素在0.5～1mg/kg，含量中等。土壤有效硼以平原且种植蔬菜的龙都街道、舜王街道和昌城镇街最高，在0.40mg/kg以上，其余镇街多在0.30～0.40mg/kg。受土壤pH值、成土母质等因素影响，各地耕层土壤有效锰含量差异较大，土壤有效锰丘陵地区高于平原，丘陵地区镇街平均含量为30mg/kg以上，平原区平均含量为30mg/kg以下。耕层土壤有效钼表现为丘陵地区高、平原低，密州街道、龙都街道、皇华镇、桃林镇等镇街在0.14mg/kg以上，平原多在0.10mg/kg以下。耕层土壤有效铜含量市区周围较高，龙都镇、舜王街道、昌城镇等镇街平均含量在1.90mg/kg以上；南部、东北部偏低，皇华镇、桃林镇、林家村镇以及百尺河镇平均含量1.70mg/kg以下。耕层土壤有效铁含量南部丘陵地区高于西北部，桃林镇、皇华镇、林家村镇等平均含量在30.00mg/kg以上；枳沟镇、贾悦镇、舜王街道、百尺河镇、石桥子镇等以褐土、砂姜黑土为主的5个镇街平均含量在20.00mg/kg左右（表3-35）。

表3-34　主要土壤亚类耕层微量元素平均含量（mg/kg）

| 土壤类型 | 有效锌 | | 有效硼 | | 有效铜 | | 有效铁 | | 有效锰 | | 有效钼 | |
|---|---|---|---|---|---|---|---|---|---|---|---|---|
| | 平均值 | 变幅 | 平均值 | 变幅 | 平均值 | 变幅 | 平均值 | 变幅 | 平均值 | 变幅 | 平均值 | 变幅 |
| 棕壤性土 | 0.82 | 0.09 ~ 3.17 | 0.34 | 0.03 ~ 1.01 | 1.03 | 0.23 ~ 2.16 | 28.28 | 9.58 ~ 65.53 | 31.22 | 18.95 ~ 67.02 | 0.12 | 0.02 ~ 0.36 |
| 棕壤 | 0.83 | 0.03 ~ 4.00 | 0.34 | 0.01 ~ 1.51 | 1.13 | 0.33 ~ 4.47 | 27.65 | 6.28 ~ 72.71 | 29.57 | 15.83 ~ 83.76 | 0.11 | 0.01 ~ 1.00 |
| 潮棕壤 | 0.97 | 0.07 ~ 4.00 | 0.35 | 0.04 ~ 1.14 | 1.24 | 0.55 ~ 3.53 | 29.72 | 13.52 ~ 49.36 | 29.34 | 16.05 ~ 54.38 | 0.10 | 0.03 ~ 0.33 |
| 淋溶褐土 | 0.77 | 0.12 ~ 2.92 | 0.32 | 0.03 ~ 0.88 | 1.19 | 0.72 ~ 4.99 | 20.58 | 1.71 ~ 40.92 | 30.00 | 16.16 ~ 62.48 | 0.11 | 0.01 ~ 0.46 |
| 褐土 | 0.79 | 0.09 ~ 3.16 | 0.33 | 0.02 ~ 0.94 | 1.77 | 0.47 ~ 3.24 | 19.60 | 1.71 ~ 40.92 | 28.53 | 15.01 ~ 62.48 | 0.11 | 0.01 ~ 0.46 |
| 潮褐土 | 0.96 | 0.09 ~ 3.16 | 0.36 | 0.05 ~ 0.94 | 1.13 | 0.40 ~ 2.59 | 18.56 | 7.42 ~ 36.64 | 25.80 | 15.01 ~ 41.98 | 0.10 | 0.01 ~ 0.23 |
| 砂姜黑土 | 0.66 | 0.06 ~ 2.54 | 0.38 | 0.02—1.02 | 1.09 | 0.25 ~ 2.35 | 23.91 | 3.15 ~ 46.57 | 27.46 | 12.69 ~ 63.39 | 0.09 | 0.01 ~ 0.25 |
| 潮土 | 1.12 | 0.03 ~ 3.30 | 0.46 | 0.01 ~ 1.60 | 1.30 | 0.45 ~ 3.02 | 25.57 | 6.83 ~ 73.74 | 29.39 | 14.49 ~ 72.05 | 0.12 | 0.01 ~ 0.32 |
| 湿潮土 | 0.77 | 0.06 ~ 1.54 | 0.77 | 0.06 ~ 1.54 | 1.13 | 0.62 ~ 1.94 | 26.12 | 12.63 ~ 34.82 | 26.93 | 24.69 ~ 28.53 | 0.07 | 0.02 ~ 0.14 |
| 褐土性土 | 0.68 | 0.03 ~ 2.33 | 0.36 | 0.03 ~ 0.79 | 1.12 | 0.31 ~ 2.38 | 21.12 | 6.84 ~ 34.94 | 27.69 | 19.08 ~ 63.74 | 0.10 | 0.04 ~ 0.22 |

**表3–35　各镇街土壤微量元素含量（mg/kg）**

| 镇街 | 有效锌 | | 有效硼 | | 有效铜 | | 有效铁 | | 有效锰 | | 有效钼 | |
|---|---|---|---|---|---|---|---|---|---|---|---|---|
| | 平均值 | 变幅 | 平均值 | 变幅 | 平均值 | 变幅 | 平均值 | 变幅 | 平均值 | 变幅 | 平均值 | 变幅 |
| 密州街道 | 1.07 | 0.20 ~ 3.11 | 0.33 | 0.08 ~ 1.01 | 1.16 | 0.64 ~ 2.88 | 28.49 | 10.20 ~ 72.71 | 28.63 | 20.99 ~ 52.71 | 0.10 | 0.03 ~ 0.17 |
| 龙都街道 | 1.12 | 0.22 ~ 3.00 | 0.47 | 0.06 ~ 1.25 | 1.39 | 0.70 ~ 2.73 | 30.07 | 10.54 ~ 71.57 | 27.85 | 15.48 ~ 42.89 | 0.14 | 0.05 ~ 0.34 |
| 舜王街道 | 0.94 | 0.06 ~ 3.16 | 0.43 | 0.10 ~ 0.93 | 1.24 | 0.25 ~ 4.47 | 24.80 | 3.15 ~ 46.57 | 28.75 | 12.69 ~ 78.97 | 0.14 | 0.01 ~ 1.00 |
| 枳沟镇 | 0.88 | 0.22 ~ 2.38 | 0.37 | 0.01 ~ 1.01 | 1.12 | 0.26 ~ 2.30 | 19.63 | 1.71 ~ 37.32 | 30.05 | 18.58 ~ 48.94 | 0.10 | 0.01 ~ 0.29 |
| 贾悦镇 | 0.93 | 0.12 ~ 3.05 | 0.39 | 0.01 ~ 1.08 | 1.22 | 0.29 ~ 3.24 | 20.62 | 6.84 ~ 40.34 | 28.35 | 15.75 ~ 72.05 | 0.12 | 0.01 ~ 0.46 |
| 石桥子镇 | 0.63 | 0.03 ~ 2.52 | 0.36 | 0.01 ~ 1.51 | 1.18 | 0.62 ~ 2.31 | 23.57 | 9.90 ~ 42.92 | 29.18 | 15.83 ~ 65.98 | 0.10 | 0.02 ~ 0.49 |
| 相州镇 | 1.07 | 0.25 ~ 3.68 | 0.39 | 0.13 ~ 1.21 | 1.16 | 0.27 ~ 2.80 | 26.39 | 7.34 ~ 49.11 | 31.58 | 19.08 ~ 83.76 | 0.10 | 0.02 ~ 0.23 |
| 昌城镇 | 0.95 | 0.07 ~ 2.94 | 0.29 | 0.02 ~ 1.36 | 1.24 | 0.35 ~ 3.11 | 26.92 | 9.64 ~ 40.20 | 28.31 | 14.85 ~ 46.10 | 0.09 | 0.02 ~ 0.30 |
| 百尺河镇 | 0.78 | 0.06 ~ 3.24 | 0.26 | 0.02 ~ 1.18 | 1.07 | 0.23 ~ 2.80 | 22.80 | 7.42 ~ 73.74 | 30.21 | 15.90 ~ 66.04 | 0.09 | 0.01 ~ 0.38 |
| 辛兴镇 | 0.73 | 0.06 ~ 2.92 | 0.45 | 0.09 ~ 1.60 | 1.16 | 0.55 ~ 2.22 | 27.35 | 10.30 ~ 45.00 | 27.61 | 14.49 ~ 62.48 | 0.10 | 0.01 ~ 0.27 |
| 林家村镇 | 0.79 | 0.09 ~ 4.00 | 0.39 | 0.14 ~ 1.14 | 1.07 | 0.46 ~ 3.53 | 30.15 | 10.37 ~ 65.53 | 29.78 | 17.10 ~ 62.41 | 0.11 | 0.01 ~ 0.36 |
| 桃林镇 | 1.20 | 0.12 ~ 3.27 | 0.37 | 0.16 ~ 1.13 | 1.05 | 0.33 ~ 3.02 | 32.32 | 17.13 ~ 46.43 | 31.82 | 18.80 ~ 53.42 | 0.17 | 0.02 ~ 0.34 |
| 皇华镇 | 0.84 | 0.09 ~ 2.79 | 0.34 | 0.07 ~ 1.09 | 1.02 | 0.49 ~ 2.16 | 30.52 | 9.58 ~ 54.33 | 32.04 | 17.49 ~ 67.02 | 0.10 | 0.01 ~ 0.29 |
| 全市 | 0.89 | 0.03 ~ 4.00 | 0.37 | 0.01 ~ 1.60 | 1.19 | 0.23 ~ 4.47 | 25.80 | 1.71 ~ 73.74 | 29.41 | 12.69 ~ 83.76 | 0.11 | 0.01 ~ 1.00 |

# 第五节　土壤主要物理性状

物理性状直接影响土壤的水、肥、气、热，是决定耕地地力的重要因素。它主要包括土壤质地、土层厚度、剖面构型、土壤容重、总孔隙度、田间持水量等方面。本次调查分别测定了土壤质地、土壤容重、总孔隙度等项目。

## 一、土壤质地

主要有砂土、砂壤土、轻壤土、中壤土、重壤土5种，2010年调查土壤质地2 264个，分别为粮田1 724个、菜地311个、果园地80个，黄烟地149个。

1. 砂土

面积12 709.36hm$^2$，占土壤面积的10.40%，主要分布在山区丘岭地带。土薄、石头多，不抗旱、养分含量极低，生产性能不佳。一般只适于植树造林。土层较厚，石渣含量少的区地，可种植甘薯、花生等抗旱作物，适合发展林果。

2. 砂壤

面积8 479.03hm$^2$，占土壤面积的6.94%，主要分布在河流沿岸。砂壤土较疏松，易耕作，但漏肥漏水严重，养分含量低，保肥性能差，生产性能不佳，有机质分解快，后期易脱肥，漏肥漏水，适于种植甘薯、花生、黄烟等作物，也可栽植果树、发展林业。

3. 轻壤

面积74 346.25hm$^2$，占土壤面积的60.83%，除舜王街道、贾悦镇两地面积较小外，其他镇街均大面积分布。轻壤土砂黏适中，疏松绵软，耕性良好，水、肥、气、热状况较为协调，供肥性能好，适合各种作物生长。

4. 中壤

面积24 330.32hm$^2$，占土壤面积的19.91%，主要分布在各镇街的平原地带，保肥保水性能较好，供肥供水性能一般，水、肥、气、热状况也较为协调，适合种植小麦、玉米、棉花等多种作物。

5. 重壤

面积2 352.23hm$^2$，占土壤面积的1.92%，主要分布在诸城市西北部低洼平原地区，重壤土质地黏重，通透性差，适耕期短，保肥性能强，供肥性能差，有一定的潜在肥力，适合种植玉米、棉花、小麦、大豆等作物。

## 二、土壤容重

土壤容重即在田间自然状态下单位体积的干土重，单位为$g/cm^3$，是衡量土壤疏松程度和耕性好坏的重要标志之一，土壤的层次不同、质地不同、类型不同，容重均有所差异，一般认为土壤容重以1.10～1.30$g/cm^3$较适宜。据诸城市200个具有代表性的剖面测定，土壤表层容重平均为1.38$g/cm^3$，变幅在1.11～1.48$g/cm^3$。土壤容重受粮田免耕、浅耕及菜地大量施肥的影响，有增大的趋势，2010年化验结果较1991年1.29$g/cm^3$增加0.09$g/cm^3$。耕层土壤容重分级及面积见表3-36。

**表3-36　耕层土壤容重分级及面积**

| 耕地面积 | 级别（范围） | | | |
|---|---|---|---|---|
| | 1（>1.4$g/cm^3$） | 2（1.3～1.4$g/cm^3$） | 3（1.0～1.3$g/cm^3$） | 4（<1.0$g/cm^3$） |
| 耕地面积（$hm^2$） | 27 621.1 | 67 586.0 | 27 010.0 | — |
| 占耕地比例（%） | 22.60 | 55.30 | 22.10 | — |

从土壤质地看，诸城市5种土壤质地，根据土壤容重的平均数值排列，表层是轻壤>中壤>砂壤>砂土>重壤。不同质地下土壤容重与总孔隙度见表3-37。

**表3-37　不同质地下土壤容重与总孔隙度**

| 质地 | 容重（$g/cm^3$） | | | 总孔隙度（%） | | |
|---|---|---|---|---|---|---|
| | 平均值 | 变幅 | 变异系数（%） | 平均值 | 变幅 | 变异系数（%） |
| 砂土 | 1.38 | 1.21～1.46 | 7.74 | 49 | 46～51 | 2.16 |
| 轻壤 | 1.34 | 1.15～1.48 | 8.82 | 50 | 48～52 | 2.88 |
| 砂壤 | 1.37 | 1.20～1.46 | 7.75 | 49 | 48～50 | 2.04 |
| 中壤 | 1.36 | 1.11～1.52 | 8.91 | 50 | 39～56 | 5.48 |
| 重壤 | 1.40 | 1.35～1.48 | 7.44 | 49 | 40～51 | 5.54 |

## 三、土壤孔隙状况

土壤的通透性，主要通过土壤孔隙状况来衡量。对作物生长来讲，较适宜的土壤总孔隙度一般为50%～55%，通气孔隙10%～20%，非毛管孔隙和毛管孔隙比（大小孔隙比）为1∶（2～4）。据200个点的测定，诸城市耕层土壤总孔隙度平均为49.5%，稍低于适宜范围，变幅38%～57%。毛管孔隙度35.1%，非毛管孔隙度14.4%，在适宜范围之内。耕层土壤孔隙度分级及面积如表3-38所示。

**表3-38　耕层土壤孔隙度分级及面积**

| 耕地面积 | 级别（范围） | | | |
|---|---|---|---|---|
| | 1（>50%） | 2（45%～50%） | 3（40%～45%） | 4（<40%） |
| 耕地面积（$hm^2$） | 36 665.2 | 73 880.3 | 11 121.8 | 550.0 |
| 占耕地比例（%） | 30.00 | 60.45 | 9.10 | 0.45 |

土壤孔隙状况与土壤质地密切相关，轻壤土土壤容重小，通气状况最好，总孔隙度和通气孔隙度较大。重壤土土壤容重较大，土质黏重，通气状况不良，总孔隙度和通气孔隙度较小。中壤土容重中等，孔隙度介于轻壤土与重壤土之间。

## 四、土体构型

### 1. 夹砂型

面积1 271.06$hm^2$，占耕地面积的1.04%，主要分布在潍河沿岸，按夹砂层的厚度及部位，诸城市只出现了厚砂心一种。厚砂心即在土体20～60cm部位出现厚度大于30cm的砂质夹层，表层质地多为轻壤。因夹砂层出现部位较浅，漏肥漏水易干旱，影响作物生长。

### 2. 夹壤型

面积1 014.40$hm^2$，占耕地面积的0.83%，主要分布在诸城市沿河地带。根据壤质夹层出现的部位及厚度，只有厚壤心一种。厚壤心即在土体20～60cm部位出现厚度大于30cm的壤质夹层，表层质地多为砂壤，疏松易耕，通透性好，生产性能一般。应采取翻黏压砂等措施，改善土壤质地，进一步提高土壤肥力。

### 3. 夹黏型

面积20 874.70$hm^2$，占耕地面积的17.08%，主要分布在诸城市的中部和北部沿河倾斜地和缓丘的中部和下部。根据黏质夹层出现的部位及厚度，可分为厚黏心和厚黏腰两种。

（1）厚黏心。即在土体20～60cm部位出现厚度大于30cm的黏质夹层，面积17 793.59$hm^2$，占夹黏型面积的85.24%，表层质地多为轻壤、中壤和砂壤。由于黏土层出现部位较高，不利于水分下渗，同时影响土壤的通透性，应不断深耕深翻，逐年加深活土层，结合增施有机肥料等措施，逐步改良。

（2）厚黏腰。即在土体60～100cm部位出现，厚度大于30cm的黏土层。面积3 081.11hm$^2$，占夹黏型面积的14.76%，表层质地多为轻壤、中壤和砂壤，疏松易耕，通透性好，水、肥、气、热较为协调。因黏土层出现部位较深，能托肥托水，所以该种土体构型的土壤保肥水性能好，供肥能力强，养分含量高，生产性能好，是农业生产上较为理想的土体构型，适合各种作物生长。

4. 均质型

面积61 841.90hm$^2$，占耕地面积的50.60%，主要分布在河流沿岸、丘陵中下部，北部低洼地区也有零星分布。根据质地的不同，分为均砂质、均壤质和均黏质3种。

（1）均砂质。即通体（0～100cm）为砂质，面积6 159.45hm$^2$，占均质型面积的9.96%。该种土壤通透性好，疏松易耕，有机质分解快，供肥性能较好，但漏肥漏水，养分含量低且易干旱，易脱肥。应注意增施有机肥料，掺黏压砂，不断改良。

（2）均壤质。即通体（0～100cm）为轻壤或中壤，面积53 864.29hm$^2$，占均质型面积的87.1%。该种土壤质地适中，通透性好，疏松易耕，保肥性及供肥性均较好，适于各种作物生长。

（3）均黏质。即通体（0～100cm）为重壤或黏土，面积1 849.07hm$^2$，占均质型面积的2.99%。该种类型的土壤质地黏重，通透性差，不易耕作，保肥性好，供肥性差，且怕旱易涝，对作物生长不利。应增施有机肥料或掺砂压黏，不断改善其理化性状。

5. 极薄层

即土体总厚度小于15cm，之下为母岩。面积232.21hm$^2$，占土壤面积的0.19%。主要分布在诸城市南部山区镇街的丘岭顶部，土层极薄，水土流失严重，养分含量低，不利于作物生长，适宜植树造林和发展果品生产。

6. 薄层

即土体总厚度为15～30cm，以下为母岩。面积13 786.10hm$^2$，占土壤面积的11.28%，主要分布在诸城市山区丘陵镇街的低山丘陵中部和上部，所处地位较高，水土流失较重，养分含量低，极易干旱，作物生长无保证。应通过深翻改土，加厚活土层，整修梯田，加固地堰，充分挖掘水源等措施，提高土壤的生产性能，积极发展林果生产。

7. 中层

即土体总厚度30～60cm，以下为母岩。面积23 245.71hm$^2$，占土壤面积的19.02%，主要分布在低山丘陵的中部和下部。养分含量低，水浇条件差，易受干旱威胁，应修建水平梯田，加厚活土层，并不断增施有机肥料，改善水浇条件；可发展林果生产，种植甘薯、花生等作物。部分地力较高水浇条件较好的地块，也可种植小麦、玉米等粮食作物。

## 五、耕层质地

根据诸城市耕层质地状况，本次调查将耕层质地分为5种，分别为轻壤93 2504.51亩、中壤349 289.10亩、砂壤88 414.50亩、砂土139 189.69亩、重壤35 820.36亩。其中，轻壤是诸城市主要的质地构型，面积占比约为总耕地面积的60.35%。

## 六、质地构型

根据诸城市质地构型状况，本次调查将耕层质地分为4种，分别为薄层型169 750.77亩、夹黏型290 389.64亩、上松下紧型123 166.95亩、通体壤961 910.80亩。其中，通体壤是诸城市主要的耕层质地构型，面积占比约为总耕地面积的62.25%。

## 七、有效土层厚度

根据诸城市有效土层厚度状况，本次调查将有效土层厚度分为4个等级，分别为：<30cm，面积为572.05亩；30～60cm，面积为56 949.56亩；60～100cm，面积为345 758.78亩；>100cm，面积为1 141 937.77亩。其中，>100cm的等级在诸城市面积占比最大，为73.90%。

# 第六节　土壤养分变化趋势

2010年土壤养分检测结果表明，诸城市土壤有机质、全氮、碱解氮、速效钾较1991年均有较大程度地提高；有效锌、有效铜比1991年有所提高；有效铁、有效锰较1991年基本持平；土壤孔隙度、容重受粮田免耕和农业机械碾压的影响，分别有所降低和上升（表3-39）。

**表3-39　2010年全市土壤养分变化趋势**

| | 1981 | | 1991 | | 2008—2010 | |
|---|---|---|---|---|---|---|
| | 平均 | 变幅 | 平均 | 变幅 | 平均 | 变幅 |
| 有机质（g/kg） | 9.0 | 2.8 ~ 17.5 | 9.9 | 2.7 ~ 20.9 | 13.1 | 2.0 ~ 27.8 |
| 全氮（g/kg） | 0.61 | 0.22 ~ 1.17 | 0.67 | 0.2 ~ 1.32 | 0.91 | 0.30 ~ 12.50 |
| 碱解氮（mg/kg） | 59 | 18 ~ 188 | 76 | 31 ~ 205 | 107 | 26 ~ 483 |
| 有效磷（mg/kg） | 5.4 | 0.8 ~ 29.2 | 11.7 | 2.5 ~ 41.9 | 46.4 | 4.9 ~ 383.1 |
| 速效钾（mg/kg） | 87.4 | 23 ~ 200 | 90.0 | 35 ~ 202 | 152 | 40 ~ 951 |
| 缓效钾（mg/kg） | — | — | — | — | 660 | 206 ~ 1 721 |
| pH值 | 6.7 | 6.0 ~ 7.7 | — | — | 6.5 | 5.4 ~ 7.5 |
| 有效锌（mg/kg） | — | — | 0.77 | 0.29 ~ 5.37 | 0.89 | 0.03 ~ 4.00 |
| 有效硼（mg/kg） | — | — | 0.37 | 0.13 ~ 0.72 | 0.37 | 0.01 ~ 1.60 |
| 有效锰（mg/kg） | — | — | 29.6 | 12.6 ~ 70.6 | 29.41 | 12.69 ~ 83.76 |
| 有效钼（mg/kg） | — | — | 0.08 | 0.01 ~ 0.38 | 0.11 | 0.01 ~ 0.49 |
| 有效铜（mg/kg） | — | — | 1.01 | 0.20 ~ 4.47 | 1.19 | 0.23 ~ 4.47 |
| 有效铁（mg/kg） | — | — | 25.8 | 6.4 ~ 84.7 | 25.80 | 1.71 ~ 73.74 |
| 氯离子（mg/kg） | 15.35 | 1.1 ~ 143.8 | 23.09 | 7.1 ~ 56.8 | — | — |
| 交换性钙（mg/kg） | — | — | — | — | 3 798 | 884 ~ 10 468 |
| 交换性镁（mg/kg） | — | — | — | — | 371 | 90 ~ 1 160 |
| 有效硫（mg/kg） | — | — | — | — | 43.2 | 6.9 ~ 297.6 |
| 有效硅（mg/kg） | — | — | — | — | 254.06 | 52.78 ~ 654.49 |
| 总孔隙度 | 51.3 | — | — | — | 49.5 | — |
| 容重 | 1.29 | 1.10 ~ 1.30 | — | — | 1.38 | 1.11 ~ 1.68 |

就诸城市土壤养分变化趋势看，有机质、全氮、碱解氮、有效磷、速效钾、有效锌、有效铜、有效锰等含量均有不同程度的提高；有效硼、pH值等指标均有不同程度的下降；有效铁、有效锰基本持平。受近年来菜地变粮田、粮田变菜地的影响，速效性氮、磷、钾有大幅度提高，粮田pH值开始下降，氯离子含量有上

升的趋势。农田土壤养分含量的增加主要归因于秸秆还田与有机肥施用、化肥投入增加与合理的养分配比以及少（免）耕技术的推广。

## 一、秸秆还田与有机肥施用

20世纪80年代以来，秸秆还田作为一种土壤保持性耕作管理的办法得到广泛推广。大量田间试验研究结果表明，秸秆还田可大大促进土壤养分累积，化肥配施秸秆或厩肥的效果更加显著。即使在土壤有机碳含量较高的情况下，化肥配施有机肥仍能较大幅度地提高土壤养分含量。

## 二、化肥投入增加与合理的养分配比

自20世纪70年代以来，化肥施用量大幅度增加。随着测土施肥技术的推广，磷、钾肥的配比也更趋于合理，特别是钾肥增加量显著。农作物产量的提高增加了残茬和根系的生物量，这使得进入土壤的有机质不断增加，促进了土壤养分的积累。

## 三、少（免）耕技术的推广

我国自20世纪70年代末期开始研究并推广少（免）耕技术，该项技术推广初期的最大障碍之一是田间杂草的控制。随着不同种类除草剂的研制成功与大范围的应用，少（免）耕技术逐步得到大面积推广，与常规耕翻相比，单免耕和双免耕的土壤养分都有了很大幅度的增加。

# 第四章　耕地质量等级评价与分析

## 第一节　耕地质量等级评价方法步骤

### 一、耕地质量等级评价技术流程

诸城市耕地质量等级评价技术流程细分为3个步骤，按先后的次序如下。

1. 资料准备及数据库建立

根据耕地质量等级评价的目的、任务、方法，收集与评价有关的自然及社会经济资料，进行资料的分析处理。选择适宜的计算机硬件和县域耕地资源管理信息系统软件，建立耕地质量评价基础资料数据库。

2. 耕地质量评价

划分评价单元，提取与耕地质量的关键因素并确定权重，选择全国统一要求的县域耕地质量等级评价方法，制定评价技术标准，确定诸城市耕地质量等级。

3. 评价结果分析

依据诸城市耕地质量等级评价结果，量算各等级耕地面积，编制耕地质量评价等级分布图。分析耕地质量问题，提出耕地资源可持续利用的措施及建议。诸城市耕地质量等级评价工作流程如图4-1所示。

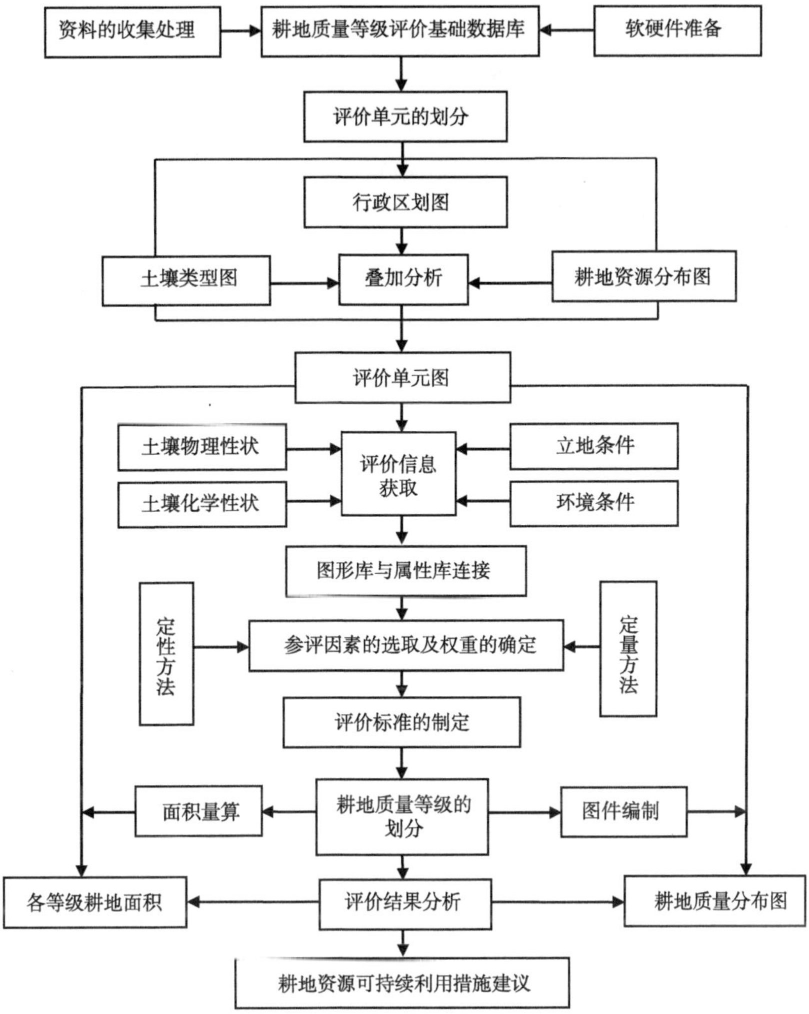


图4-1　诸城市耕地质量评价流程

## 二、耕地质量等级评价单元划分

评价单元是指对耕地质量具有关键影响，各耕地要素组成的空间实体，是耕地质量评价的最基本单位、对象和基础图斑。同一评价单元内耕地的自然基本条件、耕地的个体属性和经济属性基本一致，不同耕地评价单元之间，既有差异性，又有可比性。耕地质量等级评价就是要通过对每个耕地评价单元的评价，确定其耕地质量级别，把评价结果落实到实地和编绘到耕地资源图上。因此，耕地评价单元划分的合理与否，直接关系到耕地质量评价的结果以及工作量的大小。

目前，对耕地质量评价单元的划分尚无统一的方法，有以土壤类型、耕地类型、行政区划为评价单位，以方里网等多种方法。诸城市耕地质量等级评价单元划分，采用土壤图、耕地资源分布图、行政区划图的叠置划分方法，相同的土壤单元、耕地类型及行政区的地块组成一个评价单元，即“耕地类型-土壤类型-行政区划”的叠置组合。其中，土壤类型划分到土种，耕地类型划分到二级利用类型，行政区划分到村，制图区界以诸城市第三次国土调查标准时间土地利用现状图为准。为了保证耕地资源的现势性，对野外的实地调查耕地资源类型进行了修正。同一评价单元内的土壤类型相同，利用方式相同，所属行政区相同，交通、水利、经营管理方式等基本一致，用这种方法划分的评价单元既可以反映单元之间的空间差异性，又可以使评价结果更具综合性、客观性，可以较容易地将评价结果落实到实地。

通过土壤、耕地、行政区划综合信息的叠置处理，诸城市耕地质量划分为61 036个评价单元。

## 三、耕地质量等级评价指标体系建立

耕地质量等级评价的因素，系指参与评定耕地质量等级的耕地的有关属性。正确地选取参与评价的有关因素，是科学地评价耕地质量的前提，直接关系到评价结果的正确性、科学性和社会可接受性。影响耕地质量的因素很多，诸城市耕地质量等级评价，依据国家标准《耕地质量等级》（GB/T 33469—2016），诸城市划归为黄淮海农业区中的山东丘陵农林二级农业区，其耕地质量等级评价指标，根据诸城市的特点，遵循主导因素原则、差异性原则、稳定性原则、敏感性原则，采用定量和定性方法结合进行了参评因素的选取。

### 1. 系统聚类方法

系统聚类方法用于筛选影响耕地质量的理化性质等定量指标，通过聚类将类似的指标进行归并，辅助选取相对独立的主导因子。利用SPSS统计软件进行土壤养分等化学性状的系统聚类，聚类结果为土壤养分等化学性状评价指标的选取提供依据。

### 2. 特尔斐法

用特尔斐法进行影响耕地质量的立地条件、环境条件、物理性状等定性指标的筛选。确定了由土壤农业化学学者、专家及土肥站业务人员组成的专家组，首先对指标进行分类，在此基础上进行指标的选取，并讨论确定最终的选择方案。

综合以上2种方法，在定量因素中根据各因素对耕地质量影响的稳定性，以及营养元素的全面性，在聚类分析基础上，结合专家组选择结果，最后确定灌溉能力、耕层质地、质地构型、地形部位、盐渍化、排水能力、有机质、有效磷、速效钾、酸碱度、有效土层厚度、土壤容重、地下水埋深、障碍因素、耕层厚度、农田林网、生物多样性、清洁程度18项因素作为耕地质量评价的参评指标。

## 四、耕地质量等级指标权重及隶属函数

1. 指标权重的确定

参照国家标准《耕地质量等级》（GB/T 33469—2016），诸城市属于黄淮海农业区中的山东丘陵农林二级农业区，依据二级农业区的特点，确定各参评因子的权重。

在耕地质量等级评价中，需要根据各参评因素对耕地质量的贡献确定权重，确定权重的方法很多，本次评价中采用层次分析法（AHP）来确定各参评因素的权重。层次分析法是在定性方法基础上发展起来的定量确定参评因素权重的一种系统分析方法，这种方法可将人们的经验思维数量化，用以检验决策者判断的一致性，有利于实现定量化评价。AHP法确定参评因素的步骤如下。

（1）建立层次结构。耕地质量为目标层（G层），影响耕地质量的立地条件、物理性状、化学性状、环境条件为准则层（C层），再把影响准则层中各元素的项目作为指标层（A层）。

诸城市的层次结构如图4-2所示。

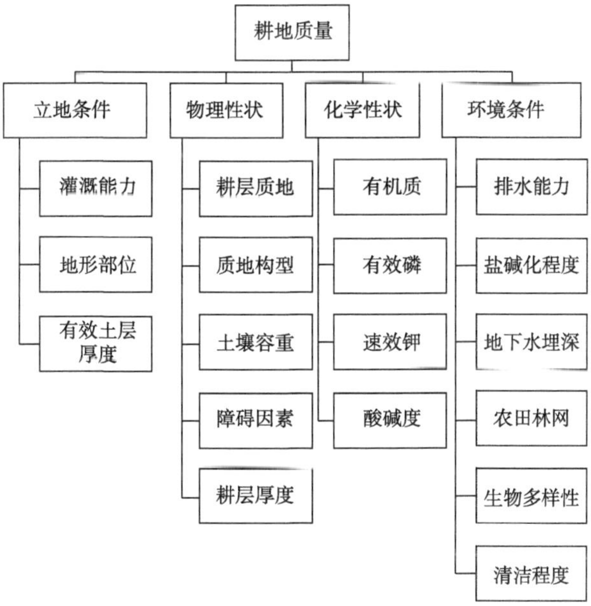


**图4-2　诸城市耕地质量评价因素层次结构**

（2）构建判断矩阵。根据专家经验，确定C层对G层以及A层对C层的相对重

要程度，共构成G、C1、C2、C3、C4共5个判断矩阵。例如诸城市的立地条件、物理性状、化学性状、环境条件对耕地质量的判断矩阵如表4-1所示。表4-1中，数字表示对耕地质量（G）而言，立地条件、物理性状、化学性状、环境条件两两比较的相对重要性的数值。

**表4-1　诸城市耕地质量评价G层次判断矩阵**

| 耕地质量 | 立地条件 | 物理性状 | 化学性状 | 环境条件 |
|---|---|---|---|---|
| 立地条件 | 1.000 0 | 1.835 5 | 2.018 2 | 4.955 4 |
| 物理性状 | 0.544 8 | 1.000 0 | 1.099 5 | 2.699 8 |
| 化学性状 | 0.495 5 | 0.909 5 | 1.000 0 | 2.455 8 |
| 环境条件 | 0.201 8 | 0.370 4 | 0.407 2 | 1.000 0 |

（3）层次单排序及一致性检验。即求取A层对C层的权数值，可归结为计算判断矩阵的最大特征根对应的特征向量。利用SPSS等统计软件，得到的各权数值及一致性检验的结果。例如诸城市各层次的权数值及一致性检验结果如表4-2所示。

**表4-2　诸城市各层次的权数值及一致性检验结果**

| 矩阵 | 特征向量 | | | | | | *CI* | *CR* |
|---|---|---|---|---|---|---|---|---|
| 矩阵G | 0.446 0 | 0.243 0 | 0.221 0 | 0.090 0 | | | 0 | 0 |
| 矩阵C1 | 0.374 4 | 0.349 8 | 0.275 8 | | | | 0 | 0 |
| 矩阵C2 | 0.423 8 | 0.288 1 | 0.123 5 | 0.082 3 | 0.082 3 | | 0 | 0 |
| 矩阵C3 | 0.389 1 | 0.239 8 | 0.190 1 | 0.181 0 | | | 0 | 0 |
| 矩阵C4 | 0.444 4 | 0.111 1 | 0.111 1 | 0.111 1 | 0.111 1 | 0.111 1 | 0 | 0 |

从表4-2中可以看出，各矩阵$CR<0.1$，具有很好的一致性。

（4）各因子权重确定。采用层次分析法计算结果，确定了诸城市耕地质量评价各参评因子的权重，如表4-3所示。

**表4-3　诸城市评价指标的权重**

| 指标名称 | 指标权重 |
|---|---|
| 灌溉能力 | 0.167 |
| 有效土层厚度 | 0.156 |

（续表）

| 指标名称 | 指标权重 |
| --- | --- |
| 地形部位 | 0.123 |
| 耕层质地 | 0.103 |
| 有机质 | 0.086 |
| 质地构型 | 0.070 |
| 有效磷 | 0.053 |
| 速效钾 | 0.042 |
| 酸碱度 | 0.040 |
| 排水能力 | 0.040 |
| 土壤容重 | 0.030 |
| 障碍因素 | 0.020 |
| 耕层厚度 | 0.020 |
| 地下水埋深 | 0.010 |
| 农田林网化 | 0.010 |
| 盐渍化程度 | 0.010 |
| 生物多样性 | 0.010 |
| 清洁程度 | 0.010 |

### 2. 隶属函数的建立

隶属函数类型包括概念型、戒上型、戒下型、峰型、直线型5类函数。对概念型数据，直接采用特尔斐法给出隶属度，如表4-4、表4-5所示。

**表4-4 概念型指标隶属度（一）**

| 属性 | 评价指标分级及隶属度 | | | | |
| --- | --- | --- | --- | --- | --- |
| 有效土层厚 | ≥100 | 60～100 | 30～60 | <30 | |
| 隶属度 | 1 | 0.8 | 0.6 | 0.4 | |
| 耕层质地 | 中壤 | 轻壤 | 重壤 | 黏土 | 砂壤 |
| 隶属度 | 1 | 0.94 | 0.92 | 0.88 | 0.8 |
| 耕层质地 | 砾质壤土 | 砂土 | 砾质砂土 | 壤质砾石土 | 砂质砾石土 |
| 隶属度 | 0.55 | 0.5 | 0.45 | 0.45 | 0.4 |

（续表）

| 属性 | 评价指标分级及隶属度 | | | | | | | |
|---|---|---|---|---|---|---|---|---|
| 土壤容重 | 适中 | 偏轻 | 偏重 | | | | | |
| 隶属度 | 1 | 0.8 | 0.8 | | | | | |
| 质地构型 | 夹黏型 | 上松下紧型 | 通体壤 | 紧实型 | 夹层型 | 海绵型 | | |
| 隶属度 | 0.95 | 0.93 | 0.9 | 0.85 | 0.8 | 0.75 | | |
| 质地构型 | 上紧下松型 | 松散型 | 通体砂 | 薄层型 | 裸露岩石 | | | |
| 隶属度 | 0.75 | 0.65 | 0.6 | 0.4 | 0.2 | | | |
| 生物多样性 | 丰富 | 一般 | 不丰富 | | | | | |
| 隶属度 | 1 | 0.8 | 0.6 | | | | | |
| 清洁程度 | 清洁 | 尚清洁 | | | | | | |
| 隶属度 | 1 | 0.8 | | | | | | |
| 障碍因素 | 无 | 夹砂层 | 砂姜层 | 砾质层 | | | | |
| 隶属度 | 1 | 0.8 | 0.7 | 0.5 | | | | |
| 灌溉能力 | 充分满足 | 满足 | 基本满足 | 不满足 | | | | |
| 隶属度 | 1 | 0.85 | 0.7 | 0.5 | | | | |
| 排水能力 | 充分满足 | 满足 | 基本满足 | 不满足 | | | | |
| 隶属度 | 1 | 0.85 | 0.7 | 0.5 | | | | |
| 农田林网程度 | 高 | 中 | 低 | | | | | |
| 隶属度 | 1 | 0.8 | 0.6 | | | | | |
| pH值 | ≥8.5 | 8～8.5 | 7.5～8 | 6.5～7.5 | 6～6.5 | 5.5～6 | 4.5～5.5 | <4.5 |
| 隶属度 | 0.5 | 0.8 | 0.9 | 1 | 0.9 | 0.85 | 0.75 | 0.5 |
| 耕层厚度 | ≥20 | 15～20 | <15 | | | | | |
| 隶属度 | 1 | 0.8 | 0.6 | | | | | |
| 盐渍化程度 | 无 | 轻度 | 中度 | 重度 | | | | |
| 隶属度 | 1 | 0.8 | 0.6 | 0.35 | | | | |
| 地下水埋深 | ≥3 | 2～3 | <2 | | | | | |
| 隶属度 | 1 | 0.8 | 0.6 | | | | | |

表4-5 地形部位评价指标隶属度（二）

| 属性 | 评价指标分级及隶属度 | | | | |
|---|---|---|---|---|---|
| 地形部位 | 低海拔湖积平原 | 低海拔湖积冲积平原 | 低海拔冲积湖积平原 | 低海拔冲积湖积三角洲平原 | 低海拔湖积冲积三角洲平原 |
| 隶属度 | 1 | 1 | 1 | 1 | 1 |
| 地形部位 | 低海拔冲积平原 | 低海拔洪积平原 | 低海拔冲积洪积平原 | 低海拔冲积扇平原 | 低海拔洪积扇平原 |
| 隶属度 | 1 | 1 | 1 | 1 | 1 |
| 地形部位 | 低海拔冲积洪积扇平原 | 低海拔河谷平原 | 低海拔侵蚀冲积黄土河谷平原 | 低海拔侵蚀剥蚀平原 | 低海拔泻湖洼地 |
| 隶属度 | 1 | 1 | 0.95 | 0.95 | 0.9 |
| 地形部位 | 低海拔冲积洼地 | 低海拔冲积洪积洼地 | 低海拔侵蚀剥蚀低台地 | 低海拔喀斯特侵蚀低台地 | 低海拔冲积洪积低台地 |
| 隶属度 | 0.9 | 0.9 | 0.85 | 0.85 | 0.85 |
| 地形部位 | 低海拔洪积低台地 | 低海拔海蚀低台地 | 低海拔半固定缓起伏沙地 | 低海拔固定缓起伏沙地 | 低海拔冲积高地 |
| 隶属度 | 0.85 | 0.85 | 0.85 | 0.85 | 0.85 |
| 地形部位 | 低海拔冲积决口扇 | 低海拔河流低阶地 | 低海拔冲积河漫滩 | 低海拔湖积低阶地 | 低海拔湖积冲积洼地 |
| 隶属度 | 0.85 | 0.85 | 0.85 | 0.85 | 0.85 |
| 地形部位 | 低海拔湖滩 | 低海拔湖积微高地 | 低海拔熔岩平原 | 低海拔冲积海积平原 | 低海拔冲积海积洼地 |
| 隶属度 | 0.85 | 0.85 | 0.85 | 0.85 | 0.8 |
| 地形部位 | 低海拔海积冲积平原 | 低海拔海积冲积三角洲平原 | 中海拔干燥剥蚀高平原 | 中海拔干燥洪积平原 | 中海拔侵蚀冲积黄土河谷平原 |
| 隶属度 | 0.8 | 0.8 | 0.8 | 0.8 | 0.8 |
| 地形部位 | 中海拔河谷平原 | 中海拔冲积平原 | 中海拔洪积平原 | 中海拔冲积洪积平原 | 中海拔洪积扇平原 |
| 隶属度 | 0.8 | 0.8 | 0.8 | 0.8 | 0.8 |
| 地形部位 | 中海拔湖积平原 | 中海拔冲积湖积平原 | 中海拔湖积冲积平原 | 低海拔熔岩低台地 | 低海拔海蚀低阶地 |
| 隶属度 | 0.8 | 0.8 | 0.8 | 0.8 | 0.75 |
| 地形部位 | 低海拔海滩 | 低海拔冲积海积微高地 | 低海拔海积冲积微高地 | 低海拔冲积海积三角洲平原 | 中海拔干燥剥蚀低台地 |
| 隶属度 | 0.75 | 0.75 | 0.75 | 0.75 | 0.7 |

（续表）

| 属性 | 评价指标分级及隶属度 | | | | |
|---|---|---|---|---|---|
| 地形部位 | 中海拔侵蚀剥蚀低台地 | 中海拔半固定缓起伏沙地 | 中海拔固定缓起伏沙地 | 中海拔冲积洪积低台地 | 中海拔洪积低台地 |
| 隶属度 | 0.7 | 0.7 | 0.7 | 0.7 | 0.7 |
| 地形部位 | 中海拔河流低阶地 | 中海拔冲积河漫滩 | 中海拔湖滩 | 中海拔湖积低阶地 | 低海拔侵蚀剥蚀高台地 |
| 隶属度 | 0.7 | 0.7 | 0.7 | 0.7 | 0.7 |
| 地形部位 | 低海拔喀斯特侵蚀高台地 | 低海拔侵蚀堆积黄土峁梁 | 低海拔侵蚀堆积黄土斜梁 | 低海拔侵蚀堆积黄土梁塬 | 低海拔侵蚀冲积黄土台塬 |
| 隶属度 | 0.7 | 0.7 | 0.7 | 0.7 | 0.7 |
| 地形部位 | 低海拔侵蚀堆积黄土岗地 | 低海拔侵蚀堆积黄土塬 | 低海拔洪积高台地 | 低海拔冲积洪积高台地 | 低海拔侵蚀冲积黄土河流高阶地 |
| 隶属度 | 0.7 | 0.7 | 0.7 | 0.7 | 0.7 |
| 地形部位 | 低海拔河流高阶地 | 低海拔海蚀高台地 | 低海拔海积洼地 | 低海拔海积平原 | 侵蚀剥蚀低海拔低丘陵 |
| 隶属度 | 0.7 | 0.7 | 0.7 | 0.7 | 0.65 |
| 地形部位 | 喀斯特侵蚀低海拔低丘陵 | 侵蚀剥蚀低海拔熔岩低丘陵 | 中海拔侵蚀堆积黄土塬 | 中海拔侵蚀堆积黄土梁塬 | 中海拔侵蚀堆积黄土残塬 |
| 隶属度 | 0.65 | 0.65 | 0.65 | 0.65 | 0.65 |
| 地形部位 | 中海拔干燥洪积高台地 | 中海拔洪积高台地 | 中海拔侵蚀冲积黄土台塬 | 黄土覆盖中起伏低山 | 侵蚀剥蚀中海拔低丘陵 |
| 隶属度 | 0.65 | 0.65 | 0.65 | 0.5 | 0.5 |
| 地形部位 | 侵蚀剥蚀小起伏低山 | 喀斯特侵蚀小起伏低山 | 喀斯特小起伏低山 | 侵蚀剥蚀小起伏熔岩低山 | 黄土覆盖小起伏低山 |
| 隶属度 | 0.5 | 0.5 | 0.5 | 0.5 | 0.5 |
| 地形部位 | 中海拔侵蚀剥蚀高台地 | 中海拔熔岩高台地 | 中海拔干燥剥蚀高台地 | 低海拔陡深河谷 | 侵蚀剥蚀低海拔高丘陵 |
| 隶属度 | 0.5 | 0.5 | 0.5 | 0.5 | 0.5 |
| 地形部位 | 喀斯特侵蚀低海拔高丘陵 | 侵蚀剥蚀低海拔熔岩高丘陵 | 喀斯特低海拔高丘陵 | 黄土覆盖小起伏中山 | 侵蚀剥蚀中海拔高丘陵 |
| 隶属度 | 0.5 | 0.5 | 0.5 | 0.4 | 0.4 |
| 地形部位 | 侵蚀剥蚀中起伏低山 | 喀斯特侵蚀中起伏低山 | 侵蚀剥蚀中起伏熔岩低山 | 侵蚀剥蚀中起伏中山 | 喀斯特侵蚀中起伏中山 |
| 隶属度 | 0.4 | 0.4 | 0.4 | 0.35 | 0.35 |
| 地形部位 | 黄土覆盖中起伏中山 | 侵蚀剥蚀小起伏中山 | 喀斯特侵蚀小起伏中山 | 侵蚀剥蚀大起伏中山 | 喀斯特侵蚀大起伏中山 |
| 隶属度 | 0.35 | 0.35 | 0.35 | 0.2 | 0.2 |

对其他数值型数据，应用特尔菲法评估各参评指标等级数值对耕地质量及作物生长的影响，确定其对应的隶属度，在此基础上绘制各指标两组数据的散点图并模拟曲线，得到各参评指标等级数值与隶属度关系方程，从而构建各参评指标隶属函数，如表4-6所示。

**表4-6　数值型指标隶属函数模型**

| 指标名称 | 函数类型 | 函数公式 | $a$值 | $c$值 | $u1$值 | $u2$值 | 条件内容 |
|---|---|---|---|---|---|---|---|
| 有机质 | 戒上型 | $y=1/[1+a\times(u-c)^2]$ | 0.005 431 | 18.219 012 | 0.0 | 18.2 | <全部> |
| 速效钾 | 戒上型 | $y=1/[1+a\times(u-c)^2]$ | 0.000 010 | 277.304 960 | 0.0 | 277.0 | <全部> |
| 有效磷 | 戒上型 | $y=1/[1+a\times(u-c)^2]$ | 0.000 102 | 79.043 468 | 0.0 | 79.0 | 有效磷<110 |
| 有效磷 | 戒下型 | $y=1/[1+a\times(u-c)^2]$ | 0.000 007 | 148.611 679 | 148.6 | 500.0 | 有效磷≥110 |

## 五、耕地质量等级确定

根据《耕地质量等级》（GB/T 33469—2016），采用指数和法计算各评价单元的耕地质量综合指数。耕地质量综合指数计算公式为：

$$P=\sum(F_i\times C_i)$$

式中：$P$为耕地质量综合指数；$F_i$为第$i$个评价指标的隶属度；$C_i$为第$i$个评价指标的综合权重。

计算耕地质量综合指数之后，采用等距离法将耕地质量划分为10个等级，如表4-7所示。其中，一等地耕地质量最好，十等地耕地质量最差。

**表4-7　诸城市耕地质量等级划分标准**

| 耕地质量等级 | 综合指数范围 |
|---|---|
| 一等 | ≥0.964 |
| 二等 | 0.933～0.964 |
| 三等 | 0.902～0.933 |
| 四等 | 0.871～0.902 |
| 五等 | 0.840～0.871 |
| 六等 | 0.809～0.840 |

（续表）

| 耕地质量等级 | 综合指数范围 |
|---|---|
| 七等 | 0.778 ~ 0.809 |
| 八等 | 0.747 ~ 0.778 |
| 九等 | 0.716 ~ 0.747 |
| 十等 | ≤0.716 |

# 第二节　耕地质量等级分析

## 一、耕地质量等级总体情况

诸城市耕地质量等级调查评价耕地面积为1 545 218.16亩。其耕地质量等级由高到低依次划分为一等至十等地。一等地耕地质量最好，十等地耕地质量最差。采用耕地质量等级面积加权法，计算得到诸城市耕地质量平均等级为4.89等。

评价结果一等至三等的高产耕地面积为564 592.71亩，占诸城市评价耕地总面积的36.54%，主要分布在中部和北部地区。高等级耕地的耕地地力较高，农田设施条件好，应加强耕地保育和利用，确保耕地质量稳中有升。评价为四等至六等的中产耕地面积为579 074.04亩，占37.47%，分散分布在中部和西北部。这部分耕地立地条件较好，具备一定的农田基础设施，是发展粮食、蔬菜和经济作物的重点生产区域。今后应重点加强地力培育，提高耕地有效养分，完善灌溉条件。评价为七至十等的低产耕地面积为401 551.41亩，占25.99%，主要分布在南部的山地丘陵区，立地条件较差，大部分耕地灌溉困难，基础地力较低，应大力开展农田基础设施建设，改良土壤，培肥地力（表4-8、图4-3）。

表4-8　诸城市耕地质量等级面积比例

| 耕地质量等级 | 平差面积（亩） | 比例（%） |
|---|---|---|
| 一等 | 24 993.15 | 1.62 |
| 二等 | 261 519.73 | 16.92 |
| 三等 | 278 079.83 | 18.00 |

（续表）

| 耕地质量等级 | 平差面积（亩） | 比例（%） |
|---|---|---|
| 四等 | 182 274.89 | 11.80 |
| 五等 | 207 974.25 | 13.45 |
| 六等 | 188 824.90 | 12.22 |
| 七等 | 143 712.76 | 9.30 |
| 八等 | 121 471.63 | 7.86 |
| 九等 | 68 711.82 | 4.45 |
| 十等 | 67 655.20 | 4.38 |
| 合计 | 1 545 218.16 | 100.00 |

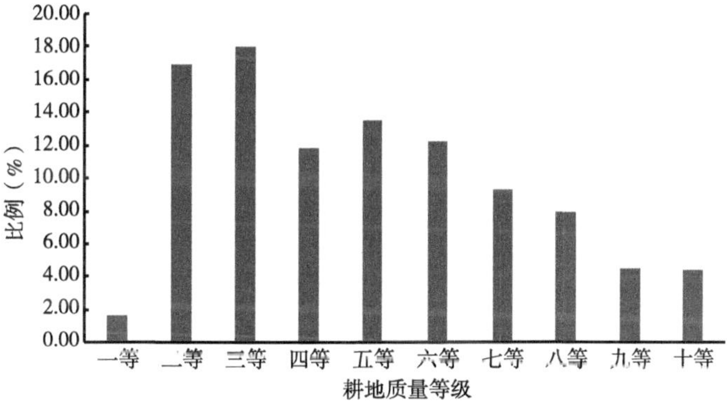


图4-3　诸城市耕地质量等级比例分布

## 二、耕地质量等级分布特征

将诸城市耕地质量等级分布图与行政区划图进行叠加分析，从耕地质量等级的行政区域数据库中，按照权属字段检索出所有等级在各个乡镇的记录，统计出一等至十等地在各乡镇的分布状况，见表4-9。从表4-9中看出一、二、三等高等级耕地质量所占比例较高的乡镇主要为昌城镇、舜王街道、辛兴镇、龙都街道、密州街道、相州镇；四、五、六等中等级耕地质量所占比例较高的乡镇主要为百尺河镇、贾悦镇、林家村镇、石桥子镇、枳沟镇；七、八、九、十等较低等级耕地质量所占比例较高的乡镇主要为桃林镇、皇华镇。

表4-9　诸城市耕地质量等级分布特征

| 镇名称 | 属性 | 一等 | 二等 | 三等 | 四等 | 五等 | 六等 | 七等 | 八等 | 九等 | 十等 | 合计 |
|---|---|---|---|---|---|---|---|---|---|---|---|---|
| 百尺河镇 | 耕地面积（亩） | 602.85 | 18 915.48 | 26 282.24 | 22 570.84 | 51 619.73 | 7 060.38 | 1.33 | 0.00 | 0.00 | 0.00 | 127 052.85 |
| | 面积比例（%） | 0.47 | 14.89 | 20.69 | 17.76 | 40.63 | 5.56 | 0.001 | 0.00 | 0.00 | 0.00 | 100.00 |
| 昌城镇 | 耕地面积（亩） | 3 696.42 | 36 405.17 | 18 315.05 | 2 541.24 | 6 930.28 | 2 421.8 | 24.84 | 0.00 | 0.00 | 0.00 | 70 334.80 |
| | 面积比例（%） | 5.26 | 51.76 | 26.04 | 3.61 | 9.85 | 3.44 | 0.04 | 0.00 | 0.00 | 0.00 | 100.00 |
| 皇华镇 | 耕地面积（亩） | 0.00 | 0.00 | 1 476.09 | 3 114.97 | 9 757.60 | 15 836.05 | 24 039.26 | 23 707.19 | 26 303.89 | 17 873.05 | 122 108.10 |
| | 面积比例（%） | 0.00 | 0.00 | 1.21 | 2.55 | 7.99 | 12.97 | 19.69 | 19.41 | 21.54 | 14.64 | 100.00 |
| 贾悦镇 | 耕地面积（亩） | 1 627.48 | 13 396.31 | 62 435.21 | 44 162.17 | 36 330.50 | 57 992.57 | 37 652.34 | 13 322.53 | 1 520.2 | 111.46 | 268 550.77 |
| | 面积比例（%） | 0.61 | 4.99 | 23.25 | 16.44 | 13.53 | 21.59 | 14.02 | 4.96 | 0.57 | 0.04 | 100.00 |
| 林家村镇 | 耕地面积（亩） | 506.89 | 2 847.18 | 12 187.15 | 29 957.89 | 28 212.25 | 41 503.02 | 36 523.48 | 41 044.68 | 22 109.06 | 35 708.32 | 250 599.92 |
| | 面积比例（%） | 0.21 | 1.14 | 4.86 | 11.95 | 11.26 | 16.56 | 14.57 | 16.38 | 8.82 | 14.25 | 100.00 |
| 龙都街道 | 耕地面积（亩） | 0.00 | 10 305.90 | 10 686.49 | 9 511.09 | 4 538.91 | 4 394.76 | 1 102.55 | 406.47 | 0.00 | 0.00 | 40 946.17 |
| | 面积比例（%） | 0.00 | 25.17 | 26.10 | 23.23 | 11.09 | 10.73 | 2.69 | 0.99 | 0.00 | 0.00 | 100.00 |
| 密州街道 | 耕地面积（亩） | 0.00 | 14 596.52 | 11 409.77 | 4 327.96 | 6 425.24 | 3 922.87 | 3 615.57 | 1 197.77 | 36.23 | 0.00 | 45 531.93 |
| | 面积比例（%） | 0.00 | 32.06 | 25.06 | 9.50 | 14.11 | 8.62 | 7.94 | 2.63 | 0.08 | 0.00 | 100.00 |
| 石桥子镇 | 耕地面积（亩） | 0.00 | 14 911.71 | 39 933.84 | 17 556.65 | 26 239.82 | 25 637.56 | 20 066.75 | 18 123.80 | 3 487.41 | 1 306.69 | 167 264.23 |
| | 面积比例（%） | 0.00 | 8.92 | 23.87 | 10.50 | 15.69 | 15.33 | 12.00 | 10.83 | 2.08 | 0.78 | 100.00 |

（续表）

| 镇名称 | 属性 | 一等 | 二等 | 三等 | 四等 | 五等 | 六等 | 七等 | 八等 | 九等 | 十等 | 合计 |
|---|---|---|---|---|---|---|---|---|---|---|---|---|
| 舜王街道 | 耕地面积（亩） | 0.00 | 102 818.90 | 27 573.32 | 13 853.61 | 10 458.50 | 13 949.87 | 1 366.56 | 58.71 | 0.00 | 0.00 | 170 079.47 |
| | 面积比例（%） | 0.00 | 60.45 | 16.21 | 8.15 | 6.15 | 8.20 | 0.80 | 0.04 | 0.00 | 0.00 | 100.00 |
| 桃林镇 | 耕地面积（亩） | 0.00 | 13.24 | 478.17 | 1 726.89 | 4 463.71 | 4 191.12 | 6 697.69 | 16 300.06 | 11 179.69 | 12 655.68 | 57 706.25 |
| | 面积比例（%） | 0.00 | 0.02 | 0.83 | 2.99 | 7.74 | 7.26 | 11.61 | 28.25 | 19.37 | 21.93 | 100.00 |
| 相州镇 | 耕地面积（亩） | 18 559.51 | 23 816.68 | 14 984.65 | 11 371.52 | 10 226.36 | 5 365.96 | 7 447.12 | 6 152.18 | 3 215.59 | 0.00 | 101 139.57 |
| | 面积比例（%） | 18.35 | 23.55 | 14.82 | 11.24 | 10.11 | 5.31 | 7.36 | 6.08 | 3.18 | 0.00 | 100.00 |
| 辛兴镇 | 耕地面积（亩） | 0.00 | 20 064.72 | 32 631.83 | 6 040.97 | 6 010.62 | 1 288.85 | 38.01 | 0.00 | 0.00 | 0.00 | 66 075.00 |
| | 面积比例（%） | 0.00 | 30.36 | 49.39 | 9.14 | 9.10 | 1.95 | 0.06 | 0.00 | 0.00 | 0.00 | 100.00 |
| 枳沟镇 | 耕地面积（亩） | 0.00 | 3 427.92 | 19 686.02 | 15 539.09 | 6 760.73 | 5 260.09 | 5 137.26 | 1 158.24 | 859.75 | 0.00 | 57 829.10 |
| | 面积比例（%） | 0.00 | 5.93 | 34.04 | 26.87 | 11.69 | 9.10 | 8.88 | 2.00 | 1.49 | 0.00 | 100.00 |
| 合计 | 耕地面积（亩） | 24 993.15 | 261 519.73 | 278 079.83 | 182 274.89 | 207 974.25 | 188 824.9 | 143 712.76 | 121 471.63 | 68 711.82 | 67 655.2 | 1 545 218.16 |
| | 面积比例（%） | 1.62 | 16.92 | 18.00 | 11.80 | 13.45 | 12.22 | 9.30 | 7.86 | 4.45 | 4.38 | 100.00 |

## 三、耕地质量等级分布现状

### 1. 一等地

一等地，耕地面积为24 993.15亩，占全区总耕地面积的1.62%。其中水浇地24 993.15亩，占一等地总面积的100%，见表4-10。

表4-10　一等地各利用类型面积

| 利用类型 | 评价单元（个） | 面积（亩） | 占耕地总面积（%） | 占一等地面积（%） |
|---|---|---|---|---|
| 水浇地 | 674 | 24 993.15 | 1.62 | 100.00 |
| 总计 | 674 | 24 993.15 | 1.62 | 100.00 |

一等地土壤类型以潮土和棕壤为主，兼有极少量褐土、粗骨土和砂姜黑土分布。土壤耕层质地主要为轻壤和中壤。质地构型主要为通体壤，兼有极少量夹黏型。地貌类型以倾斜平地为主，兼有少量缓丘陵坡。土层深厚，土壤理化性状良好，可耕性强。农田水利设施完善，灌排能力达到满足和充分满足，灌排条件好。土壤有机质含量属于全区中等偏上水平，土壤有效磷、速效钾含量均属于中等偏下水平，见表4-11。

表4-11　一等地主要养分含量

| 项目 | 有机质（g/kg） | 有效磷（mg/kg） | 速效钾（mg/kg） |
|---|---|---|---|
| 平均值 | 16.03 | 74.49 | 179.77 |
| 范围值 | 12.59 ~ 24.17 | 32.40 ~ 177.65 | 83.00 ~ 562.00 |
| 含量水平 | 中等偏上 | 中等偏下 | 中等偏下 |

一等地是诸城市重要的优质耕地，主要的粮食、蔬菜生产基地，土层深厚，土壤理化性状良好，可耕性强。要实现农业高产高效发展和粮食需求，在农业生产中应注意培肥提质，实施平衡施肥，适量补施中微量元素肥料，特别是磷肥、钾肥等，协调各养分比例。同时，严格农业投入品管理，防止土壤污染。

### 2. 二等地

二等地，耕地面积为261 519.73亩，占全区总耕地面积的16.92%。其中水浇地261 519.73亩，占二等地总面积的100%，见表4-12。

表4-12　二等地各利用类型面积

| 利用类型 | 评价单元（个） | 面积（亩） | 占耕地总面积（%） | 占二等地面积（%） |
|---|---|---|---|---|
| 水浇地 | 8 710 | 261 519.73 | 16.92 | 100.00 |
| 总计 | 8 710 | 261 519.73 | 16.92 | 100.00 |

二等地土壤类型以棕壤和潮土为主，兼有少量褐土、粗骨土和砂姜黑土分布。土壤耕层质地主要为轻壤和中壤，兼有少量砂壤和重壤。质地构型主要为通体壤，兼有少量夹黏型和上松下紧型。地貌类型以倾斜平地为主，兼有少量缓丘陵坡、岭坡梯田、坡麓梯田、浅平洼地。土层深厚，土壤理化性状良好，可耕性强。但是要实现农业高产高效发展和粮食需求，与一等地有一定差距。农田水利设施完善，灌排能力达到满足和充分满足，灌排条件好。土壤有机质含量属于全区中等偏上水平，土壤有效磷、速效钾含量均属于中等偏下水平，见表4-13。

表4-13　二等地主要养分含量

| 项目 | 有机质（g/kg） | 有效磷（mg/kg） | 速效钾（mg/kg） |
|---|---|---|---|
| 平均值 | 18.09 | 64.59 | 173.10 |
| 范围值 | 9.01 ~ 31.44 | 16.66 ~ 176.01 | 66.00 ~ 770.00 |
| 含量水平 | 中等偏上 | 中等偏下 | 中等偏下 |

二等地是诸城市重要的优质耕地，主要的粮食、蔬菜生产基地，但是要实现农业高产高效发展和粮食需求，与一等地有一定差距。在农业生产中应注意培肥提质，实施平衡施肥，适量补施中微量元素肥料，特别是磷肥、钾肥等，协调各养分比例。同时，严格农业投入品管理，防止土壤污染。

3. 三等地

三等地，耕地面积为278 079.83亩，占全区总耕地面积的18.00%。其中水浇地278 079.83亩，占三等地总面积的100%，见表4-14。

表4-14　三等地各利用类型面积

| 利用类型 | 评价单元（个） | 面积（亩） | 占耕地总面积（%） | 占三等地面积（%） |
|---|---|---|---|---|
| 水浇地 | 8 788 | 278 079.83 | 18.00 | 100.00 |
| 总计 | 8 788 | 278 079.83 | 18.00 | 100.00 |

三等地土壤类型以棕壤和潮土为主，兼有少量褐土、砂姜黑土和粗骨土。土

壤耕层质地主要为轻壤和中壤，兼有砂壤、重壤、砂土，质地构型主要为通体壤，兼有薄层性、夹黏型和上松下紧型。地貌类型以倾斜平地为主，兼有少量沟谷梯田、缓丘陵坡、坡麓梯田、浅平洼地、沿河阶地，土层深厚，土壤理化性状良好，可耕性强。农田水利设施较完善，灌排条件较好，基本达到了旱能浇、涝能排的生产条件。土壤有效磷、速效钾含量均属于中等偏下水平，土壤有机质含量属于中等水平，见表4-15。

**表4-15　三等地主要养分含量**

| 项目 | 有机质（g/kg） | 有效磷（mg/kg） | 速效钾（mg/kg） |
|---|---|---|---|
| 平均值 | 17.27 | 56.60 | 171.13 |
| 范围值 | 8.55 ~ 31.32 | 7.01 ~ 171.50 | 58.00 ~ 556.00 |
| 含量水平 | 中等 | 中等偏下 | 中等偏下 |

三等地是诸城市重要的优质耕地，主要的粮食、蔬菜生产基地，但生产条件及土壤肥力状况与一二等地还有一定差距，重点应完善农业生产条件，提高耕地肥力水平。生产利用中应注意：一是增施有机肥料，实行秸秆直接还田或过腹还田，不断培肥地力。二是完善农田基础设施建设，大力推广节水灌溉技术，提高灌溉保证率。三是科学施肥，注意施用中微量元素肥料，增施磷肥、钾肥，协调各养分比例，加强肥料投入品管理，实现清洁生产。

4. 四等地

四等地，耕地面积为182 274.89亩，占全区总耕地面积的11.80%。其中水浇地147 336.86亩，旱地34 938.03亩（第三次国土调查土地利用现状图中的旱地，实际为通过小白龙灌溉的农田，由于没有灌排设施判定为旱地），分别占四等地总面积的80.83%、19.17%，见表4-16。

**表4-16　四等地各利用类型面积**

| 利用类型 | 评价单元（个） | 面积（亩） | 占耕地总面积（%） | 占四等地面积（%） |
|---|---|---|---|---|
| 水浇地 | 4 924 | 147 336.86 | 9.54 | 80.83 |
| 旱地 | 1 339 | 34 938.03 | 2.26 | 19.17 |
| 总计 | 6 263 | 182 274.89 | 11.80 | 100.00 |

四等地土壤类型以棕壤和潮土为主，兼有少量粗骨土、褐土和砂姜黑土。土壤耕层质地主要为轻壤和中壤，兼有砂壤、砂土、重壤。质地构型主要为通体

壤，兼有薄层型、夹黏型、上松下紧型。地貌类型以倾斜平地为主，兼有沟谷梯田、缓丘陵坡、荒岭坡、岭坡梯田、坡麓梯田、浅平洼地、沿河阶地，土层深厚，农田水利设施较完善，灌排条件较好，基本达到了旱能浇、涝能排的生产条件。土壤有机质含量属于中等水平，土壤有效磷、速效钾含量均属于中等偏下水平，见表4-17。

**表4-17 四等地主要养分含量**

| 项目 | 有机质（g/kg） | 有效磷（mg/kg） | 速效钾（mg/kg） |
|---|---|---|---|
| 平均值 | 16.87 | 55.24 | 175.94 |
| 范围值 | 6.23 ~ 31.84 | 6.66 ~ 173.36 | 63.00 ~ 524.00 |
| 含量水平 | 中等 | 中等偏下 | 中等偏下 |

四等地是诸城市主要粮食生产基地，产量水平中等偏上，但部分耕地存在缺素、灌排能力较低等问题。合理利用措施为：一是重视农田基本设施建设，推广畦灌、管灌节水灌溉措施。二是大力提倡测土施肥技术，针对不同的缺素问题，调氮、磷比例，补施磷肥和中微量元素肥料。

5. 五等地

五等地，耕地面积为207 974.25亩，占全区总耕地面积的13.45%。其中水浇地68 339.53亩，旱地139 634.72亩（第三次国土调查土地利用现状图中的旱地，实际为通过小白龙灌溉的农田，由于没有灌排设施判定为旱地），分别占五等地总面积的32.86%、67.14%，见表4-18。

**表4-18 五等地各利用类型面积**

| 利用类型 | 评价单元（个） | 面积（亩） | 占耕地总面积（%） | 占五等地面积（%） |
|---|---|---|---|---|
| 水浇地 | 2 587 | 68 339.53 | 4.42 | 32.86 |
| 旱地 | 5 343 | 139 634.72 | 9.04 | 67.14 |
| 总计 | 7 930 | 207 974.25 | 13.45 | 100.00 |

五等地土壤类型以棕壤、褐土为主，兼有粗骨土、潮土、砂姜黑土和石质土分布。土壤耕层质地为轻壤和中壤，兼有少量砂土、重壤和砂壤。质地构型主要是以通体壤为主，兼有薄层性、夹黏型、上松下紧型。地貌类型以缓丘陵坡、倾斜平地为主，兼有沟谷梯田、荒岭坡、岭坡梯田、坡麓梯田、浅平洼地、山前倾斜平地、沿河阶地，土壤理化性状较好，可耕性较强。部分耕地无水源和农田水

利设施条件，有灌排条件的部分耕地灌溉保证率较低。土壤有机质养分含量属于中等水平，土壤有效磷、速效钾养分含量均属于中等偏下水平，见表4-19。

表4-19　五等地主要养分含量

| 项目 | 有机质（g/kg） | 有效磷（mg/kg） | 速效钾（mg/kg） |
|---|---|---|---|
| 平均值 | 16.91 | 55.85 | 172.50 |
| 范围值 | 8.20～30.65 | 7.46～171.06 | 69.00～531.00 |
| 含量水平 | 中等 | 中等偏下 | 中等偏下 |

五等地的产量水平中等。部分耕地水源无保障，农田水利设施不完善，灌排条件较差；部分耕地土壤保肥保水性差。总体来讲土壤养分含量不高，部分耕地有缺素问题。改良利用措施为：一是发展旱作农业，在有灌溉水源的地方，完善田间水利设施，发展节水灌溉，扩大灌溉面积。二是增加对耕地的投入，推广深耕、秸秆还田、增施有机肥、平衡施肥等技术，改良土壤理化性状，提高耕地生产能力。

6. 六等地

六等地，耕地面积为188 824.90亩，占全区总耕地面积的12.22%。其中旱地158 467.57亩（第三次国土调查土地利用现状图中的旱地，实际为通过小白龙灌溉的农田，由于没有灌排设施判定为旱地），水浇地30 357.33亩，分别占六等地总面积的83.92%、16.08%，见表4-20。

表4-20　六等地各利用类型面积

| 利用类型 | 评价单元（个） | 面积（亩） | 占耕地总面积（%） | 占六等地面积（%） |
|---|---|---|---|---|
| 水浇地 | 1 263 | 30 357.33 | 1.96 | 16.08 |
| 旱地 | 7 214 | 158 467.57 | 10.26 | 83.92 |
| 总计 | 8 477 | 188 824.90 | 12.22 | 100.00 |

六等地土壤类型以棕壤、粗骨土为主，兼有潮土、褐土和砂姜黑土分布。土壤耕层质地主要为轻壤，兼有中壤、重壤、砂土和砂壤，质地构型主要以通体壤为主，兼有薄层型、夹黏型、上松下紧型。地貌类型以缓丘陵坡、倾斜平地为主，兼有沟谷梯田、荒岭坡、岭坡梯田、坡麓梯田、浅平洼地、山前倾斜平地、沿河阶地。部分耕地无水源和农田水利设施条件，有灌排条件的部分耕地灌溉保证率较低。土壤有机质含量属于中等水平，土壤有效磷、速效钾含量属于中等偏下水平，见表4-21。

表4-21　六等地主要养分含量

| 项目 | 有机质（g/kg） | 有效磷（mg/kg） | 速效钾（mg/kg） |
|---|---|---|---|
| 平均值 | 16.77 | 53.47 | 164.75 |
| 范围值 | 8.06～32.26 | 5.31～171.23 | 72.00～506.00 |
| 含量水平 | 中等 | 中等偏下 | 中等偏下 |

六等地的水源保障较差，农田水利设施不完善，灌溉条件较差，农业生产主要靠天灌溉。山区部分耕地耕层中有砾石，影响作物的正常生长发育。部分耕地土壤保肥保水性差、土壤养分含量偏低。改良利用措施为：一是加强农田基本建设，平整土地，因地制宜兴修水利，完善灌排设施。二是实行测土配方施肥，校正施肥，增施有机肥，实行有机无机结合，改良结构，均衡土壤养分。

7. 七等地

七等地，耕地面积为143 712.76亩，占全区总耕地面积的9.30%。其中旱地136 485.11亩，水浇地7 227.65亩，分别占七等地总面积的94.97%、5.03%，见表4-22。

表4-22　七等地各利用类型面积

| 利用类型 | 评价单元（个） | 面积（亩） | 占耕地总面积（%） | 占七等地面积（%） |
|---|---|---|---|---|
| 旱地 | 6 459 | 136 485.11 | 8.83 | 94.97 |
| 水浇地 | 463 | 7 227.65 | 0.47 | 5.03 |
| 总计 | 6 922 | 143 712.76 | 9.30 | 100.00 |

七等地土壤类型以棕壤和粗骨土为主，兼有石质土、潮土和褐土分布。土壤耕层质地主要为轻壤，兼有重壤、中壤、砂土和砂壤。质地构型以通体壤为主，兼有薄层型、夹黏型和上松下紧型。地貌类型以缓丘陵坡为主，兼有沟谷梯田、荒岭坡、岭坡梯田、坡麓梯田、浅平洼地、倾斜平地、山前倾斜平地、沿河阶地，农田水利设施较差，灌排条件较差，大部分耕地无水源和农田水利设施条件，有灌排条件的部分耕地灌溉保证率较低。土壤有机质含量属于中等水平，土壤有效磷、速效钾含量属于中等偏下水平，见表4-23。

表4-23　七等地主要养分含量

| 项目 | 有机质（g/kg） | 有效磷（mg/kg） | 速效钾（mg/kg） |
|---|---|---|---|
| 平均值 | 16.41 | 51.38 | 157.39 |

（续表）

| 项目 | 有机质（g/kg） | 有效磷（mg/kg） | 速效钾（mg/kg） |
|---|---|---|---|
| 范围值 | 5.74 ~ 33.15 | 4.59 ~ 144.03 | 57.00 ~ 452.00 |
| 含量水平 | 中等 | 中等偏下 | 中等偏下 |

七等地的土壤，灌排条件差、土壤肥力偏低等。主要改良利用措施为：一是加大土地治理力度，提高土壤保水保肥能力。二是因地制宜调整农业种植结构，发展耐旱耐贫瘠作物，发展果园种植，实行多种经营，增加农民收入。三是推广秸秆还田、保护性耕作技术，加强农田防护林网建设，平整土地，健全排水设施。四是增施有机肥料，提高土壤有效磷含量，选用适宜的肥料品种，均衡养分状况。

8. 八等地

八等地，耕地面积为121 471.63亩，占全区总耕地面积的7.86%。其中旱地118 007.60亩，水浇地3 464.03亩，分别占八等地总面积的97.15%、2.85%，见表4-24。

**表4-24　八等地各利用类型面积**

| 利用类型 | 评价单元（个） | 面积（亩） | 占耕地总面积（%） | 占八等地面积（%） |
|---|---|---|---|---|
| 旱地 | 5 382 | 118 007.60 | 7.64 | 97.15 |
| 水浇地 | 262 | 3 464.03 | 0.22 | 2.85 |
| 总计 | 5 644 | 121 471.63 | 7.86 | 100.00 |

八等地土壤类型以粗骨土为主，兼有褐土、棕壤、潮土和石质土分布。土壤耕层质地主要为轻壤，兼有砂土、砂壤、重壤和中壤。质地构型主要以通体壤为主，兼有薄层型、夹黏性、上松下紧型。地貌类型以缓丘陵坡、岭坡梯田为主，兼有沟谷梯田、荒岭坡、坡麓梯田、浅平洼地、倾斜平地、山前倾斜平地、沿河阶地。农田水利设施较差，大部分耕地灌溉保证率较低。土壤有机质、速效钾含量均属于中等水平，土壤有效磷含量属于中等偏下水平，见表4-25。

**表4-25　八等地主要养分含量**

| 项目 | 有机质（g/kg） | 有效磷（mg/kg） | 速效钾（mg/kg） |
|---|---|---|---|
| 平均值 | 15.84 | 53.32 | 150.70 |
| 范围值 | 5.08 ~ 29.73 | 10.24 ~ 132.00 | 56.00 ~ 358.00 |
| 含量水平 | 中等 | 中等偏下 | 中等 |

八等地，农田水利设施不完善，灌溉条件较差。改良利用措施为：一是结合水资源特点，兴修农田水利，提高自然降水利用率，发展节水灌溉，提高灌溉保障能力。二是发展旱作农业技术，推广春膜秋覆、起垄种植等旱作蓄水积水技术，种植耐瘠抗旱作物和品种。三是平衡施肥和矫正施肥，提高土壤养分含量，平衡养分结构。四是在坡度较大的耕地进行梯田改造，增加土层厚度，防止水土流失。

9. 九等地

九等地，耕地面积为68 711.82亩，占全区总耕地面积的4.45%。其中旱地67 823.35亩，水浇地888.47亩，分别占九等地总面积的4.39%、0.06%，见表4-26。

表4-26　九等地各利用类型面积

| 利用类型 | 评价单元（个） | 面积（亩） | 占耕地总面积（%） | 占九等地面积（%） |
|---|---|---|---|---|
| 旱地 | 3 812 | 67 823.35 | 4.39 | 98.71 |
| 水浇地 | 77 | 888.47 | 0.06 | 1.29 |
| 总计 | 3 889 | 68 711.82 | 4.45 | 100.00 |

九等地土壤类型以粗骨土为主，兼有潮土、棕壤、褐土和石质土分布。土壤耕层质地主要为砂土，兼有轻壤、中壤和砂壤。质地构型主要以通体壤为主，兼有薄层型、夹黏型和上松下紧型。地貌类型以坡麓梯田、岭坡梯田为主，兼有沟谷梯田、缓丘陵坡、荒岭坡、裸岩、浅平洼地、倾斜平地、沿河阶地，土层较薄。农田水利设施与灌排条件差。土壤有机质、有效磷含量均属于中等水平，土壤速效钾含量属于中等偏下水平，见表4-27。

表4-27　九等地主要养分含量

| 项目 | 有机质（g/kg） | 有效磷（mg/kg） | 速效钾（mg/kg） |
|---|---|---|---|
| 平均值 | 14.93 | 54.21 | 146.12 |
| 范围值 | 5.03 ~ 27.98 | 9.40 ~ 102.18 | 62.00 ~ 386.00 |
| 含量水平 | 中等 | 中等 | 中等偏下 |

九等地立地条件和土壤物理条件较差，大部分耕地土体深厚，产量低而不

稳，部分可调整耕地以种植水果、苗木为主。调整种植业结构，因地制宜地发展林果业，实行多种经营。加大荒山治理力度，综合整治山水林田路，整修梯田，营造水土保持林，提高综合控制水土的能力。提倡施用有机无机复合肥，根据作物需肥特点和缺素状况，科学施肥，重视大量元素的施用。

### 10. 十等地

十等地，耕地面积为67 655.20亩，占全区总耕地面积的4.38%。其中旱地67 220.51亩，水浇地434.69亩，分别占十等地总面积的99.36%、0.64%，见表4-28。

**表4-28　十等地各利用类型面积**

| 利用类型 | 评价单元（个） | 面积（亩） | 占耕地总面积（%） | 占十等地面积（%） |
| --- | --- | --- | --- | --- |
| 旱地 | 3 675 | 67 220.51 | 4.35 | 99.36 |
| 水浇地 | 65 | 434.69 | 0.03 | 0.64 |
| 总计 | 3 740 | 67 655.20 | 4.38 | 100.00 |

十等地土壤类型以粗骨土为主，兼有褐土、棕壤和潮土。土壤耕层质地以砂土为主，兼有轻壤、砂壤和中壤。质地构型主要为薄层型，兼有夹黏型、上松下紧型和通体壤。地貌类型以荒岭坡为主，兼有沟谷梯田、缓丘陵坡、岭坡梯田、裸岩地、坡麓梯田、浅平洼地、倾斜平地、沿河阶地，土层极薄。基本没有农田水利设施和灌排条件。土壤有机质含量属于中等水平，土壤有效磷、速效钾含量均属于中等偏下水平，见表4-29。

**表4-29　十等地主要养分含量**

| 项目 | 有机质（g/kg） | 有效磷（mg/kg） | 速效钾（mg/kg） |
| --- | --- | --- | --- |
| 平均值 | 13.13 | 48.81 | 135.20 |
| 范围值 | 5.64 ~ 28.38 | 10.08 ~ 114.44 | 53.00 ~ 421.00 |
| 含量水平 | 中等 | 中等偏下 | 中等偏下 |

十等地立地条件和土壤物理条件差，基本靠天吃饭，不适宜农作物的生长。主要限制因素是土地浅薄、坡度大，砾石含量高，水土流失严重，无灌溉条件。改良利用的重点为：因地制宜地调整种植业结构，适当发展经济林、用材林，实行多种经营。同时应注意保护自然植被，防止水土流失，改善土壤环境条件。

# 第三节　诸城市耕地质量等级评价数据库

## 一、耕地质量等级评价空间数据库建设方法和依据

诸城市耕地质量等级评价成果数据库，主要包括空间数据库和属性数据库。空间数据库主要包括与评价有关的基础图件、土壤系列养分图、耕地质量等级评价成果图。属性数据库包括土壤养分采样化验数据和评价有关的实地调查资料。数据库建设严格执行国务院第三次全国国土调查领导小组办公室，国土调查办发〔2018〕19号有关技术要求，中国农业出版社出版的《县域耕地资源管理信息系统数据字典》（第2版）中有关空间数据标准和属性数据标准完成的。

1. 空间数据库建设资料预处理

数据库建设资料预处理包括行政区划图编制，对收集的地貌和土壤调查资料进行规范化处理，投影坐标系变换等。

（1）行政区划编制。主要是依据诸城市2019年底第三次国土调查标准时间的行政区划信息，以及现势性行政区划资料编制。

（2）对收集的图件进行整理处理。依据GIS技术和本次评价工作的需要，对纸介质地貌和土壤资料进行整理和分析，通过扫描矢量化、编辑、分层录入等方式进行数字化处理。

（3）规范化处理。依据国家有关耕地质量等级评价的国家标准、技术标准，对所有资料进行统一化、标准化整理、编辑、格式转换等。对所有与评价有关的基础资料，采用投影转换或配准的方法，全部统一到诸城市第三次国土调查土地利用现状的2000国家大地坐标系空间数据库中。属性数据库，依据国务院第三次全国国土调查领导小组办公室，国土调查办发〔2018〕19号要求，对属性数据格式、编码、调查内容，进行了错漏检查和规范化处理。

2. 空间数据库技术标准

诸城市耕地质量等级评价成果数据建设，严格按照农业农村部种植业管理司和农业农村部耕地质量监测保护中心发布的耕地资源管理信息系统，中国农业出版社出版的《县域耕地资源管理信息系统数据字典》（第2版），《耕地质量等级》（GB/T 33469—2016）及有关耕地质量等级调查评价的技术要求完成。

（1）空间数据坐标系。采用2000国家大地坐标系。

（2）数据库建设平台及数据库格式。数据库建设平台为MapGIS和ArcGIS地理信息系统。数据库格式为全国统一要求的shp格式。

（3）空间数据库建设内容及分层。按照全国耕地质量等级评价空间数据库建设内容及分层统一要求，诸城市空间数据库分为道路图层、线状水系图层、行政界线图层、装饰边界图层、辖区边界图层、面状水系图层、县乡村位置图层、地貌类型图层、灌溉分区图层、耕地资源管理单元图层、耕地资源土层、土壤图层、耕地质量调查点点位图层、耕地质量等级评价图层、土壤养分大量微量元素分布图层等。

3. 耕地质量等级评价数据库建设方法

（1）诸城市耕地质量等级评价数据库。按照全国统一要求，县域耕地质量等级评价数据库成果，必须在农业农村部全国耕地质量监测保护中心开发的县域耕地资源管理信息系统上首先建立工作空间，工作空间是一个以cws为后缀的文件夹，每一个县域对应一个工作空间。数据库包括与评价有关的基础资料、点位调查资料，土壤养分资料、评价成果等全部存放在工作空间中。

（2）耕地质量等级评价空间数据库建设方法。空间数据库是依据诸城市第三次国土调查土地利用现状图数据库为基础建设的，行政区划包括村、乡镇、县域的行政界线。河流、库塘、铁路、公路等主要地物内容。行政区划及主要地物分层内容，导入到县域耕地资源管理系统后，形成可查询、检索、属性修改的地理底图数据库。

与评价有关的土壤图、地貌图、灌溉分区图等资料，依据数据库建设要求，全部配准到诸城市第三次国土调查土地利用现状图数据库中。经过对所有专业内容进行检查、修改、编辑等规范化处理，选择道路交叉点精确配准到诸城市第三次国土调查土地利用现状图数据库中，对属性数据关联处理后，导入县域耕地资源管理信息系统后，形成可查询、检索、属性修改的评价基础图件数据库。

诸城市耕地质量等级评价成果数据库，是依据土壤图、耕地资源分布图、行政区划图等综合信息叠加后形成评价单元图，评价单元图与耕地调查点点位图、耕地质量性状相关的综合信息叠加后，采取空间插值、属性提取、数据关联等方法，对所有评价单元赋耕地质量等级评价值，实现评价单元属性与空间数据的连接，形成空间数据与属性数据为一体的耕地质量等级评价数据库。按照数据库建设要求，进行分层处理和有关属性信息关联后，导入县域耕地资源管理信息系统后，形成可查询、检索、属性修改的耕地质量等级评价成果数据库。

诸城市耕地质量调查点点位图数据库，是在诸城市行政区划图上编制的，按照数据建设要求，进行空间数据和点位调查属性信息关联后，导入县域耕地资源管理信息系统后，形成可查询、检索、属性修改的耕地质量调查点点位图数据库。

土壤养分大、中、微量元素系列成果数据库，是在诸城市行政区划图上编制的，按照数据建设要求，进行空间数据和土壤养分属性信息关联后，导入县域耕地资源管理信息系统后，形成可查询、检索、属性修改的耕地质量调查点点位图数据库。

（3）耕地质量等级评价属性数据库规范方法。依据国务院第三次全国国土调查领导小组办公室，国土调查办发〔2018〕19号，对60项耕地质量等级调查内容，依据现有资料的情况，进行了错漏检查和修改补充。其中对统一编号调查内容，主要修正19位编号重号和编号不规范内容。行政区划和地名主要依据诸城市第三次国土调查土地利用现状调查成果更新到2019年底。土壤有关的土类、亚类归属到国标名称，土属归属省归属名称，土种为县域名称。与土壤有关的理化性状、地貌，依据现有资料情况，全部进行了检查和修改处理。对土壤养分化验异常值，依据全国统一要求，全部进行了修正处理。对调查点化验不全的元素，收集有关资料进行了补充。对灌排能力、障碍因素、耕层质地、质地构型等调查内容，填写不全、不规范的全部进行修正和补充。通过对60项调查内容系统检查和统一化、标准化修改补充，形成诸城市耕地质量等级调查属性数据库。

4. 耕地质量等级评价数据库（工作空间）成果

（1）诸城市行政区划数据库。

（2）诸城市耕地资源分布数据库。

（3）诸城市地貌数据库。

（4）诸城市土壤数据库。

（5）诸城市灌溉分区数据库。

（6）诸城市耕地质量调查点点位数据库。

（7）诸城市土壤pH值分布数据库。

（8）诸城市土壤有机质含量分布数据库。

（9）诸城市土壤全氮含量分布数据库。

（10）诸城市土壤有效磷含量分布数据库。

（11）诸城市土壤速效钾含量分布数据库。

（12）诸城市土壤缓效钾含量分布数据库。

（13）诸城市土壤有效铜含量分布数据库。

（14）诸城市土壤有效锌含量分布数据库。

（15）诸城市土壤有效铁含量分布数据库。

（16）诸城市土壤有效锰含量分布数据库。

（17）诸城市土壤有效硼含量分布数据库。
（18）诸城市土壤有效钼含量分布数据库。
（19）诸城市土壤有效硫含量分布数据库。
（20）诸城市土壤有效硅含量分布数据库。
（21）诸城市土壤交换性钙含量分布数据库。
（22）诸城市土壤交换性镁含量分布数据库。
（23）诸城市耕地质量评价等级数据库。

## 二、耕地质量调查属性数据库成果

诸城市耕地质量调查点数据库，其属性内容依据国务院第三次全国国土调查领导小组办公室，国土调查办发〔2018〕19号要求编制的。其属性内容如表4-30所示。

**表4-30　耕地质量调查点点位属性**

| 点位图编号 | 统一编号 | 省（市）名 | 地市名 | 县（区、市、农场）名 |
|---|---|---|---|---|
| GI017 | 262217G20171005E008 | 山东省 | 潍坊市 | 诸城市 |
| 乡镇名 | 村名 | 采样年份 | 经度（°） | 纬度（°） |
| 百尺河镇 | 管家河套 | 2017 | 119.5455 | 36.09800 |
| 土类 | 亚类 | 土属 | 土种 | 成土母质 |
| 潮土 | 典型潮土 | 潮壤土 | 其他潮壤土 | 冲积物 |
| 地貌类型 | 地形部位 | 海拔高度（m） | 田面坡度（°） | 有效土层厚度（cm） |
| 平原 | 平原低阶 | 0 | 0 | 100 |
| 耕层厚度（cm） | 耕层质地 | 耕层土壤容重（$g/cm^3$） | 质地构型 | 常年耕作制度 |
| 30 | 重壤 | 1.41 | 紧实型 | 小麦—玉米 |
| 熟制 | 生物多样性 | 农田林网化程度 | 土壤pH值 | 耕层土壤含盐量（%） |
| 一年两熟 | 丰富 | 高 | 8.31 | 0.044 |
| 盐渍化程度 | 盐化类型 | 地下水埋深（m） | 障碍因素 | 障碍层类型 |
| 无 | 无 | 3 | 无明显障碍 | 无 |
| 障碍层深度（cm） | 障碍层厚度（cm） | 灌溉能力 | 灌溉方式 | 水源类型 |
| 0 | 0 | 满足 | 畦灌 | 地表水+地下水 |

（续表）

| 排水能力 | 有机质（g/kg） | 全氮（g/kg） | 有效磷（mg/kg） | 速效钾（mg/kg） |
|---|---|---|---|---|
| 满足 | 17.3 | 1.255 | 46 | 159 |
| 缓效钾（mg/kg） | 有效铜（mg/kg） | 有效锌（mg/kg） | 有效铁（mg/kg） | 有效锰（mg/kg） |
| 832 | 1.61 | 1.92 | 18.9 | 17 |
| 有效硼（mg/kg） | 有效钼（mg/kg） | 有效硫（mg/kg） | 有效硅（mg/kg） | 铬（mg/kg） |
| 0.525 | 0.11 | 8.99 | 144 | 57.55 |
| 镉（mg/kg） | 铅（mg/kg） | 砷（mg/kg） | 汞（mg/kg） | 主栽作物名称 |
| 0.146 | 24.53 | 8.86 | 0.036 3 | 小麦—玉米 |
| 年产量（kg/亩） | | | | |
| 1 000 | | | | |

## 三、空间数据库分层及属性

依据县域耕地资源管理信息系统建设分层和属性内容编制要求，与评价有关的行政区划、基础图件、耕地质量等级评价及土壤养分大、中、微量元素分层和属性内容成果见表4-31至表4-51。

**表4-31 诸城市行政区划图数据库属性**

| 序号 | 空间数据名称 | ID号 | 面积（m²） | 周长（m） | 省名称 | 市名称 |
|---|---|---|---|---|---|---|
| 1 | 行政区划图 | 1 | 449 287.382 7 | 3 694.361 975 | 山东省 | 潍坊市 |
| | | | 县名称 | 镇名称 | 村名称 | 县内行政码 |
| | | | 诸城市 | 密州街道 | 古城子 | 070044 |

**表4-32 诸城市耕地资源分布图数据库属性**

| 序号 | 空间数据名称 | ID号 | 面积（m²） | 周长（m） | 地类号 | 地类名称 |
|---|---|---|---|---|---|---|
| 2 | 耕地资源分布图 | 1 | 4 568.747 432 252 39 | 456.786 375 399 869 | 0103 | 旱地 |

**表4–33　诸城市土壤图据库属性**

| 序号 | 空间数据名称 | ID号 | 面积（m²） | 周长（m） | 县土壤代码 |
|---|---|---|---|---|---|
| 3 | 土壤图 | 1 | 806 402.115 8 | 4 116.626 63 | 01010101 |
| | | | 县土壤名称 | 省土壤代码 | 省土壤名称 |
| | | | 轻壤表均质坡积洪积棕壤 | 01010101 | 砂质壤麻砂棕壤 |

**表4–34　诸城市耕地质量调查点点位图数据库属性**

| 序号 | 空间数据名称 | ID号 | 纸图编号 | 点县内编号 | 统一编号 | 省（市）名 |
|---|---|---|---|---|---|---|
| 4 | 耕地质量调查点点位图 | 1 | GI001 | 01100601 | 262217G20201004E001 | 山东省 |
| | | | 地市名 | 县区名 | 乡镇名 | 村名 |
| | | | 潍坊市 | 诸城市 | 百尺河镇 | 车家庄 |
| | | | 采样年份 | 经度 | 纬度 | 土类 |
| | | | 2020 | 119.6117 | 36.1733 | 棕壤 |
| | | | 亚类 | 土属 | 土种 | 成土母质 |
| | | | 棕壤 | 坡积洪积棕壤 | 轻壤表均质坡积洪积棕壤 | 酸性岩坡积物 |
| | | | 地貌类型 | 地形部位 | 海拔高度 | 田面坡度 |
| | | | 平原 | 浅平洼地 | 0 | 0 |
| | | | 有效土层厚度（cm） | 耕层厚度（cm） | 耕层质地 | 耕层土壤容重（g/cm³） |
| | | | 100 | 25 | 轻壤 | 1.249 1 |
| | | | 质地构型 | 常年耕作制度 | 熟制 | 生物多样性 |
| | | | 通体壤 | 小麦—玉米 | 一年两熟 | 丰富 |
| | | | 农田林网化程度 | 土壤pH值 | 耕层土壤含盐量 | 盐渍化程度 |
| | | | 高 | 5.55 | 0 | 无 |
| | | | 盐化类型 | 地下水埋深（m） | 障碍因素 | 障碍层类型 |
| | | | 无 | 9 | 无明显障碍 | 无 |
| | | | 障碍层深度 | 障碍层厚度 | 灌溉能力 | 灌溉方式 |
| | | | 0 | 0 | 满足 | 喷灌 |
| | | | 水源类型 | 排水能力 | 有机质（g/kg） | 全氮（g/kg） |
| | | | 井水 | 满足 | 11.2 | 0.66 |

（续表）

| 序号 | 空间数据名称 | ID号 | 纸图编号 | 点县内编号 | 统一编号 | 省（市）名 |
|---|---|---|---|---|---|---|
| 4 | 耕地质量调查点点位图 | 1 | 有效磷（mg/kg） | 速效钾（mg/kg） | 缓效钾（mg/kg） | 有效铜（mg/kg） |
| | | | 43.1 | 98 | 314 | 1.13 |
| | | | 有效锌（mg/kg） | 有效铁（mg/kg） | 有效锰（mg/kg） | 有效硼（mg/kg） |
| | | | 0.54 | 56.12 | 31.8 | 0.38 |
| | | | 有效钼（mg/kg） | 有效硫（mg/kg） | 有效硅（mg/kg） | 铬 |
| | | | 0.28 | 35.77 | 74.23 | 0 |
| | | | 镉 | 铅 | 砷 | 汞 |
| | | | 0 | 0 | 0 | 0 |
| | | | 主栽作物名称 | 年产量（kg/亩） | | |
| | | | 小麦 | 400 | | |

**表4-35　诸城市耕层土壤pH值等值线图数据库图属性**

| 序号 | 空间数据名称 | ID号 | 周长（m） | pH值 |
|---|---|---|---|---|
| 5 | 耕层土壤pH值等值线图 | 1 | 1 777.301 772 217 71 | 8.5 |

**表4-36　诸城市耕层土壤有机质等值线图数据库属性**

| 序号 | 空间数据名称 | ID号 | 周长（m） | 有机质（g/kg） |
|---|---|---|---|---|
| 6 | 耕层土壤有机质等值线图 | 1 | 3 153.695 970 811 01 | 20 |

**表4-37　诸城市耕层土壤全氮等值线图数据库属性**

| 序号 | 空间数据名称 | ID号 | 周长（m） | 全氮（g/kg） |
|---|---|---|---|---|
| 7 | 耕层土壤全氮等值线图 | 1 | 2 657.521 586 148 48 | 1.5 |

**表4-38　诸城市耕层土壤速效钾等值线图数据库属性**

| 序号 | 空间数据名称 | ID号 | 周长（m） | 速效钾（mg/kg） |
|---|---|---|---|---|
| 8 | 耕层土壤速效钾等值线图 | 1 | 144.176 531 411 39 | 200 |

表4-39　诸城市耕层土壤缓效钾等值线图数据库属性

| 序号 | 空间数据名称 | ID号 | 周长（m） | 缓效钾（mg/kg） |
|---|---|---|---|---|
| 9 | 耕层土壤缓效钾等值线图 | 1 | 2 074.912 440 051 16 | 900 |

表4-40　诸城市耕层土壤有效磷等值线图数据库属性

| 序号 | 空间数据名称 | ID号 | 周长（m） | 有效磷（mg/kg） |
|---|---|---|---|---|
| 10 | 耕层土壤有效磷等值线图 | 1 | 1 456.947 918 010 65 | 25 |

表4-41　诸城市耕层土壤有效铜等值线图数据库属性

| 序号 | 空间数据名称 | ID号 | 周长（m） | 有效铜（mg/kg） |
|---|---|---|---|---|
| 11 | 耕层土壤有效铜等值线图 | 1 | 5 253.361 846 161 17 | 1.8 |

表4-42　诸城市耕层土壤有效锌等值线图数据库属性

| 序号 | 空间数据名称 | ID号 | 周长（m） | 有效锌（mg/kg） |
|---|---|---|---|---|
| 12 | 耕层土壤有效锌等值线图 | 1 | 2 262.854 463 | 3 |

表4-43　诸城市耕层土壤有效铁等值线图数据库属性

| 序号 | 空间数据名称 | ID号 | 周长（m） | 有效铁（mg/kg） |
|---|---|---|---|---|
| 13 | 耕层土壤有效铁等值线图 | 1 | 35 206.224 036 569 5 | 20 |

表4-44　诸城市耕层土壤有效锰等值线图数据库属性

| 序号 | 空间数据名称 | ID号 | 周长（m） | 有效锰（mg/kg） |
|---|---|---|---|---|
| 14 | 耕层土壤有效锰等值线图 | 1 | 6 214.507 450 278 22 | 15 |

表4-45　诸城市耕层土壤有效硼等值线图数据库属性

| 序号 | 空间数据名称 | ID号 | 周长（m） | 有效硼（mg/kg） |
|---|---|---|---|---|
| 15 | 耕层土壤有效硼等值线图 | 1 | 1 882.791 805 117 4 | 2.0 |

表4-46　诸城市耕层土壤有效钼等值线图数据库属性

| 序号 | 空间数据名称 | ID号 | 周长（m） | 有效钼（mg/kg） |
|---|---|---|---|---|
| 16 | 耕层土壤有效钼等值线图 | 1 | 2 176.262 543 729 88 | 0.3 |

表4-47　诸城市耕层土壤有效硫等值线图数据库属性

| 序号 | 空间数据名称 | ID号 | 周长（m） | 有效硫（mg/kg） |
|---|---|---|---|---|
| 17 | 耕层土壤有效硫等值线图 | 1 | 1 944.530 898 164 34 | 75 |

表4-48　诸城市耕层土壤有效硅等值线图数据库属性

| 序号 | 空间数据名称 | ID号 | 周长（m） | 有效硅（mg/kg） |
|---|---|---|---|---|
| 18 | 耕层土壤有效硅等值线图 | 1 | 2 195.802 295 905 21 | 300 |

表4-49　诸城市耕层土壤交换性钙等值线图数据库属性

| 序号 | 空间数据名称 | ID号 | 周长（m） | 交换性钙（mg/kg） |
|---|---|---|---|---|
| 19 | 耕层土壤交换性钙等值线图 | 1 | 3 019.508 968 338 98 | 3000 |

表4-50　诸城市耕层土壤交换性镁等值线图数据库属性

| 序号 | 空间数据名称 | ID号 | 周长（m） | 交换性镁（mg/kg） |
|---|---|---|---|---|
| 20 | 耕层土壤交换性镁等值线图 | 1 | 2 018.206 428 215 45 | 600 |

表4-51　诸城市耕地质量评价等级图数据库属性

| 序号 | 空间数据名称 | ID号 | 面积（$m^2$） | 周长（m） | 耕地等级 |
|---|---|---|---|---|---|
| 21 | 耕地质量评价等级图 | 1 | 6 479.070 235 639 81 | 352.261 322 392 306 | 2 |

# 第四节　耕地质量等级评价成果验证及与高标准农田项目区衔接

## 一、耕地质量等级评价成果验证及与高标准农田项目区衔接依据

1. 耕地质量等级评价成果验证依据

依据国土调查办发〔2018〕19号要求，对耕地质量评价等级，通过产量对比验证、耕地质量主要性状对比验证和实地验证等方式，对耕地质量等级评价结果进行核实确认。

2. 与高标准农田项目区衔接依据

高标准农田项目是国家实施藏粮于地，藏粮于技，保障国家粮食安全的战略，其政治和经济意义重大。黄淮海农业区高标准农田项目主要是对坡耕地整

平，灌排设施更新改造，部分旱地变为水浇地，农田道路加宽和硬化，用电设施配套等，形成了增产增收的基础条件。依据2021年6月17日全国耕地质量调查监测与评价推进会的要求，第三次全国国土调查耕地质量等级评价成果需要与2019年12月底前（全国标准时间）实施的高标准农田项目进行衔接。总之，通过高标准农田项目实施，水浇地数量明显增加，灌排能力提升，机械化作业环境条件得到了加强，在实施后的高标准农田项目区内为粮食增产增收创造了条件。

3. 耕地质量等级评价成果验证及与高标准农田项目区衔接方法

（1）耕地质量等级评价成果验证方法。由诸城市农村农业局、乡镇农业部门牵头，由所有村委会上报本村庄2017年、2018年、2019年3年平均、小麦玉米一年两季轮作的最高产量、最低产量、平均产量。该数据一是用于耕地质量等级评价成果验证、与高标准农田项目衔接的依据。二是细化到村庄一级编制灌溉能力图的依据。

（2）与高标准农田项目区衔接方法。耕地质量评价等级与2019年底前高标准农田项目区衔接方法，将2019年底前实施的高标准农田项目区边界线，叠加到诸城市耕地质量评价等级图上，按照乡镇行政区划边界，裁剪形成乡镇耕地质量等级评价与高标准农田项叠加图，由农业农村局组织专家，乡镇农业部门组织所辖村庄对耕地质量等级评价成果和高标准农田项目区进行核实，修正和确认。

## 二、耕地质量等级评价成果验证内容

1. 评价等级与产量对接验证

诸城市耕地质量等级对接黄淮海农业区一等至十等地产量（依据2017年、2018年、2019年3年平均，小麦玉米一年两季轮作的产量）进行验证。在诸城市耕地质量等级评价图的级别中，是否符合诸城市实地调查的产量，是否符合诸城市高、中、低产田的分布规律。

2. 黄淮海农业区一等至十等地产量对比

一等地：1 300kg以上

二等地：1 300kg

三等地：1 200kg

四等地：1 100kg

五等地：1 000kg

六等地：900kg

七等地：800kg

八等地：700kg

九等地：600kg

十等地：500kg

3. 评价等级分布空间位置验证

诸城市耕地质量等级评价一等至十等地分布的空间位置，是否符合诸城市地貌、土壤、质地、构型、灌排能力、障碍因素、到乡镇一级的分布规律。

4. 评价级别（产量）的面积数验证

在诸城市耕地质量等级评价图的图例的评价等级面积数，是否符合到乡镇一级的分布规律。

总之，通过诸城市农业农村局组织专家和乡镇农业部门组织所有村庄核对、修正后的诸城市耕地质量等级评价成果，符合耕地质量的分布规律。

## 三、与高标准农田项目衔接

1. 与高标准农田项目衔接方法

诸城市2014—2018年已实施高标准农田项目的灌排能力、耕地类型等，已经涵盖在诸城市第三次国土调查土地利用现状成果中。与高标准农田项目区衔接方法，是将已实施完成的高标准农田项目的边界，全部叠加到诸城市耕地质量等级评价图上，作为与高标准农田项目衔接的范围。

2. 衔接验证方法

由诸城市农业农村局和乡镇农业部门共同组织所有村庄，对叠加高标准农田项目后乡镇耕地质量等级图进行验证，重点对项目区是否出现低产田的情况进行核查，如果出现低产田，找出低产田与评价指标有关的原因，修正评价单元评价指标，形成符合高标准农田项目实施后质量等级的评价图。

# 第五章　耕地资源合理利用与改良

耕地是十分宝贵的资源和资产，是人类生存和发展的基础。随着人口的不断增多和耕地的逐渐减少，要保持农业和农村经济可持续发展、保障国家粮食安全和社会和谐稳定，首先要确保耕地的数量和质量。耕地资源合理利用就是根据土壤资源的特点，合理规划，科学施肥，使现有的耕地资源充分发挥作用；耕地资源的改良就是在合理利用的基础上，努力保护耕地资源，改善耕地的生产条件和生态环境，提高耕地的利用率，改良中低产田。通过加强耕地资源管理，实现耕地资源的合理利用，挖掘耕地生产潜力，提高农业综合生产能力，推进农业生态、低碳、可持续发展。

## 第一节　耕地资源的现状与特征

### 一、耕地资源的现状

诸城市现有土地总面积215 135.72hm$^2$，其中永久基本农田划定面积115 563.26hm$^2$，占土地总面积的53.72%；建设用地31 578.96hm$^2$，占土地总面积的14.68%；未利用土地面积为6 478.46hm$^2$，占土地总面积的3.01%。农用地包括耕地、园地、林地和设施农用地，其中耕地为82 095.1hm$^2$，占土地总面积的71.04%；园地为2 678.87hm$^2$，占土地总面积2.32%；林地为21 173.54hm$^2$，占土地总面积18.32%；其他农用地8 424.11hm$^2$，占土地总面积8.32%。

全市耕地面积103 014.75hm$^2$，包括水浇地、旱地两种类型。其中水浇地面积为55 986.33hm$^2$，占耕地总面积的54.34%，主要分布于舜王街道、昌城镇、辛兴镇、贾悦镇、相州镇、石桥子镇、龙都街道、密州街道等平原镇街；旱田面积为47 028.42hm$^2$，占耕地的45.66%，主要分布于皇华镇、桃林镇、林家村镇南部等山地丘陵区；菜地为24 533.27hm$^2$，占耕地的29.89%。2019年农作物总播种面积168 200hm$^2$，其中粮田播种面积127 266.67hm$^2$，菜地播种面积24 533.27hm$^2$。粮田以种植小麦、玉米为主，烟、棉、油等作物也有种植。其中小麦播种面积64 483.00hm$^2$，占粮食作物播种面积的50.67%；玉米播种面积61 386.60hm$^2$，占粮食作物播种面积的48.23%；大豆播种面积762.27hm$^2$，占粮食作物播种面积的0.60%；薯类播种面积377.42hm$^2$，占粮食作物播种面积的0.30%。其他大田作物中，花生播种面积9 951.67hm$^2$，棉花播种面积116.87hm$^2$，烟叶播种面积3 686.13hm$^2$。

## 二、耕地利用的特征

### 1. 粮食种植面积大，旱地面积大

诸城市连续三年荣获“全国粮食生产先进县”，小麦、玉米常年种植面积在6.0万hm$^2$左右，占粮田播种面积的90%以上，而经济作物有花生、黄烟各1万hm$^2$左右，其他有茶叶、大豆、谷子、棉花等。平原区水利设施健全，地下水较充足，基本能保证灌溉用水；山区地下水水源不足，蓄水设施不够完善，基本靠天浇灌，遇到干旱年份，吃水都困难，粮田灌溉更无保障。

### 2. 蔬菜种植分散，肥料投入大

诸城市蔬菜种植历史悠久，但相对分散，面积较小。近年来，通过加大种植调整力度，把建设高效优质安全蔬菜基地作为重点。在布局上，以潍河、渠河、涓河流域水源丰富的乡镇、街道为重点发展区域，建立了草莓、西瓜、甜瓜等无公害农产品生产基地，注册了“井邱”牌茄子、“家悦”牌香瓜等农业品牌，初步形成了区域化布局、规模化生产、集约化经营的局面。2019年蔬菜面积达到24 533.27hm$^2$，总产量114.40万t。随着高效农业的发展，肥料投入也随之增加，蔬菜地年施有机肥5 000.0kg/亩，化肥300.0kg/亩。

### 3. 园地管理粗放，生产水平较低

园地集中分布在密州街道、舜王街道、贾悦镇、昌城镇、皇华镇、桃林镇等地。截至2019年，诸城市园地面积发展到2 678.87hm$^2$，主栽树种有苹果、梨、板栗、茶叶等。近年来，以打造“诸城绿茶”特色品牌为重点，引进茶树新品种，改进栽培方法，扩大种植面积，提高品质和档次，加快建设中国北方绿茶基地。因大部分在山区，土壤瘠薄，水源偏少，几乎靠降雨浇灌，以施农家肥为主。昌城镇成立了板栗生产专业合作社，依托专业合作社，建设板栗休闲园区，开展板

栗优种选育、蜡封接穗技术推广、板栗红蜘蛛新法防治研究等工作，不断提高板栗种植水平。但由于农民组织化程度低，标准化生产难以实施，且果园郁闭，树龄老化，加之栽培管理粗放，技术水平落后，果品产量低，质量参差不齐，高档精品果少，品牌效应不明显，市场竞争率不高。

4. 耕地复种指数高，养护难度大

粮田除少量丘岭薄地一年一作外，均为一年两作，粮田综合复种指数高达159.32%；蔬菜地除韭菜、大姜等作物一年一作外，其他品种多为一年两作或一年三作，复种指数高达202.98%，土壤长期得不到有效的休整和养护，部分地块土壤出现板结，尤其是年代久远的保护地栽培地块有酸化、盐渍化现象。

5. 土壤养分不协调

主要表现在某种养分偏多或偏少，养分含量不均衡。平原地区蔬菜地年平均每亩施用有机肥5 038.0kg，施用化肥实物量300kg以上，折合纯N 62.8kg，$P_2O_5$ 68.3kg，$K_2O$ 33.6kg，N：$P_2O_5$：$K_2O$比例为1：1.09：0.54。而蔬菜地土壤N：$P_2O_5$：$K_2O$比例平均为1：0.61：0.90较为合理，与30种蔬菜平均1 000kg产量需N：$P_2O_5$：$K_2O$为1：0.34：1.23比较，钾偏少，磷过量。同时总施用量大大超过蔬菜吸收量，破坏了土壤结构和土壤养分平衡，导致土壤酸化和盐渍化。山区粮田年平均施用有机肥513kg/亩，约有48.16%农户只施化肥，重化肥轻有机肥有越加严重趋势；部分农户重施氮肥，轻施磷、钾肥的现象依然存在，影响了土壤肥力的均衡提高和农业的可持续发展。

## 第二节　耕地改良的实践与效果

耕地是农业生产的基础，改良和培肥土壤，建设高产稳产田，是发展农业生产的基本要求。为实现农业可持续发展，培肥土壤要因地制宜，做好间、套、轮作，发展畜牧业，广积农家肥，秸秆还田，不断增加土壤有机质含量，促进土壤养分积累。讲究科学施肥，调节养分比例。

### 一、着重培肥地力

1. 增施有机肥，提高土壤有机质含量

广积农家肥。农家肥来源广、成本低，在积肥造肥过程中要做到既能保存好养分，防止肥分流失，也要避免黄土搬家，提高肥料质量。结合实施现代农业项目，大力推广施用商品有机肥，减少化肥施用量。近年来，诸城市每年商品有机肥施用面积近3 000hm$^2$，基施商品有机肥6 000t以上，消化有机废弃物15 000t，受益农户达2万余户。小麦、玉米每亩增施有机肥100kg，增产28kg；蔬菜地每亩增施有机肥3 000kg，增产220kg；园地每亩增施有机肥4 000kg，增产110kg。

2. 推广粮食作物秸秆还田，提升耕地质量

作物秸秆中富含有机质和氮、磷、钾等养分，实施秸秆还田，能活化土壤耕层，促进好气性微生物活动。实践证明，秸秆还田是培肥地力的有效手段之一。目前，诸城市小麦除去山区占小麦面积的10%人工收割外，其余90%的小麦田均实现秸秆还田，还田面积达5.4万hm$^2$，据化验分析，秸秆还田地块较不还田地块的有机质平均高1.10g/kg，增产22.0kg/亩。玉米用联合收获机实施秸秆还田，常年还田面积达0.6万hm$^2$，有机质提升1.2g/kg，增产27.0kg/亩。

3. 实施配方施肥，协调土壤养分

自2008年以来，诸城市认真实施测土配方施肥项目，在粮田、蔬菜地、园地大力推广配方施肥技术，累计推广配方肥近4万t，配方肥施用面积已扩大到5.21万hm$^2$。通过施肥情况调查、历年田间试验整理、土壤养分化验结果分析，邀请有关专家召开主要农作物施肥指标研讨会，确立诸城市农作物施肥指标体系，共确定各种作物施肥配方16个，其中小麦5个、玉米5个、花生5个、果树1个。特别针对林家村镇、桃林镇、皇华镇等山区镇，多数耕地水土流失较严重，土壤表层质地粗，通气性大，养分分解快，积累少，易造成脱肥现象，对这部分土壤的肥料施用，提出要以有机肥作底肥为主，氮、磷、钾肥和微肥配合施用的施肥原则。在施用方法上变浅施为适当深施，对漏肥的地块改一次施用为少量多次，改地面撒施为沟施或穴施，做到科学施肥、经济施肥，提高肥效，充分发挥配方施肥的节本、增产、增效、环保、生态、便捷的作用。

4. 发展生态循环农业，促进资源再利用

2007年，诸城市成立农村能源办公室，为农村能源事业发展、积极实施农村户用沼气项目提供了组织保证，推进了“一池三改”户用沼气池建设，加强了秸秆联户沼气工程建设，大力推广以沼气为纽带的循环经济模式，提高农业副产品的资源化再利用，有效利用沼气池的沼液、沼渣，减少化肥施用量，减轻面源污染，保护生态环境。截至2010年，建成沼气村38个，沼气用户1万户，沼气服务网点50个，沼气收益户年增收节支280元。在抓好农村户用沼气建设的同时，积极探索农村沼气推广模式，推动发展“五位一体”生态温室，把沼气与养殖、大

棚蔬菜生产结合起来实现良性循环。

5. 旋耕和深耕相结合，加深活土层

连年旋耕导致耕层浅，土壤易板结，根系营养面积小。深耕可以加深耕作层，增加土壤孔隙度，促进作物根系的发育；增加土壤团粒结构，保蓄土壤水分，增强作物抗旱能力；增加土壤微生物活动，加速养分转化。深耕还可以消灭杂草及虫卵，减少虫源基数。粮田建议三年旋耕一年深耕，通过深耕，改良区内耕作层深度由15cm加深到25cm左右。

## 二、积极改造农田基础设施

加大基本农田建设投资，平整土地，兴修水利，改善耕地田间设施，提高灌溉保证率，提高耕地抵御自然灾害的能力，促进地力升级。做好现有水利设施的维护、保养和管理，进一步挖掘地下水源，扩大井灌面积。

1. 平原改造

结合实施新增千亿斤粮食、标准粮田建设、土地整理项目，对诸城市平原地区现有机井进行了维修，在具备水源开发条件的丘陵区新打机井，提高了水源保证率，缩短了轮灌周期，增加灌溉面积。新修和维修机耕路，平整荒芜的田边地头，增加有效耕地面积，形成了田成方、路相连、井配套的农田格局。改造水源输送管道，增加灌溉面积。在蔬菜地推广喷灌、滴灌、膜下微喷等灌溉方式和“水肥一体化”节水增效技术，提高灌溉保证率和水肥利用率。

2. 山区改造

对丘陵区蓄水池、水库进行维修，修筑田埂、梯田、坝头地，做好农田的蓄水保土，提高了水源拦蓄能力，保障丘陵区灌溉用水，增加了有效灌溉面积。

## 三、因地制宜客土改良

客土改良，能改善土壤表层质地，培肥土壤，提高土壤的保肥、保水、抵御灾害能力，增加作物产量。因此，对土体<60cm，基岩是硬石底的山丘岭地、均砂河滩地和难以深翻改造的耕地，宜采取客土以黏压砂加厚土层，改良土质，提高土壤肥力。近年来，昌城镇对潍河沿岸蔬菜产区砂土地进行了不间断的客土改良，改良面积达486.2hm$^2$，改良后的土壤保肥、保水性能增强，有机质、氮磷钾和微量元素含量均有较大提高，极大改善了产出蔬菜的品质，提高了产量。

## 四、用地养地有机结合

合理用地，用养结合是根据土壤特性和生产特点，维持与提高土壤肥力，以发挥土壤的增产潜力。大力推广粮油间作、立体种植等栽培模式，在提高土地利用率的基础上，合理用地。

### 1. 充分用地

通过大力推广粮菜间作，禾本科与非禾本科作物轮作，葱、韭、蒜与葫芦科或茄科作物轮作，蔬菜立体种植等栽培模式，合理轮作，科学间作、套种，有效调整土壤养分结构平衡，提高耕地复种指数，达到充分用地。

### 2. 有机肥和无机肥配合施用

有机肥富含有机质、多种矿质营养元素和大量微生物，可以直接供给作物所需要的有机和无机养分，而且有利于改良土壤理化性状和生物性状，增强土壤生物活性，促进土壤有效化。而无机肥（化肥）是一种速效性肥料，若长期使用或大量不合理施用会引起土壤有机质的降低、板结、盐碱化，一些生理酸性肥料如氯化铵、硫酸铵等会导致土壤酸化的问题，但如果做到有机无机合理配合使用，可以取长补短，取得较好的经济效益、社会效益和生态效益。

### 3. 生物养地

利用生物遗体培养地力或改良土壤，如豆类作物是养地作物，具有固氮能力；禾本科作物具有固碳能力；油料作物通过家畜返还耕地，为少取多还作物。从有机质和营养元素总返还率来看，麦类有机质为半取半还，钾为少取多还，氮磷为多取少还；大豆的有机质为少取多还，磷钾为多取少还，氮为少取多还。通过合理的作物布局和轮作倒茬，把用养特点不同的作物合理搭配，做到用中有养，用养结合，达到最优配置，提高土地利用率。

## 五、大力开展中低产田改造

中低产田具有稳产、增产的巨大潜力，对这部分耕地进行合理改造，将中产田改造为高产田，低产田改造为中产田，逐步提高耕地质量，增加耕地产出率。2008年，诸城市实施了标准粮田项目。2010年，诸城市开始实施“全国新增千亿斤粮食项目”，年投资2 700余万元，重点用于标准粮田改造和农田基础建设。

### 1. 加强水利建设，做好水土保持

一是大力推广节水灌溉技术，改善区域农田的土壤水分状况、扩大灌溉面积。通过加强水利建设，改善灌区输水、配水设备，修筑田埂，防止水土流失。

二是做好水利规划，合理用水。充分利用大、中、小型蓄水池、塘等蓄水体系，人工富集天然降水，拦截径流，在作物需水的关键时期进行灌溉。

对于部分山丘岭地，诸城市积极做好农田的蓄水保土。挖好堰下沟，加高外堰埂，修好排水沟，田内横坡种植，把山岭梯田建成“外撅咀、里流水、簸箕舌头拉塌咀”能蓄能排的标准梯田；对荒山荒坡进行封山育林；低山丘陵果园区种植鼠茅草，既防止水土流失，又起到增加土壤有机质、保水保温的作用。

2. 增施有机肥料，改良土壤结构，调整种植方式

通过对土壤增施有机物料（如施用有机肥、秸秆还田等）和应用黄腐酸等土壤改良剂，改良土壤结构，增强其稳定性，提高土壤对降水的入渗速率和持水量。在粮食产量低下的地区，因地制宜地大力发展果品、药材等土特产，选种板栗、核桃、大枣、柿子、黄芪等品种；在土层较厚的地方，发展果粮间作，提高经济效益；在土层薄、水土流失严重的地方，先种草，放牧牛羊，发展畜牧业生产，再把牛粪填入沼气池，将沼液、沼渣回田，培肥土壤。改广种薄收为集约化经营，改单一经营为“农、林、牧、副”全面发展，因地制宜，全面规划，综合治理，实行生物措施与工程措施相结合，坡地治理与沟道治理相结合，田间工程和蓄水保土耕作相结合。

## 第三节　耕地资源合理利用对策

合理利用耕地资源是实现农业可持续发展的基础，根据诸城市耕地资源和利用现状，制定了合理开发利用及保护土壤资源的总体意见和耕地改良措施。

### 一、加强法制观念，强化科学管理

认真学习、宣传，自觉遵守相关法律法规。按照法律法规对资源环境进行合理开发、利用和保护。要制定和完善农业生态平衡的环境政策，根据诸城市的具体情况，主要是遏制企业对环境的污染破坏，取缔、关停污染严重、治理无望的企业；对退耕还林、还草、还水要制定一套完整的政策法规，由群众来监督地方政府认真执行。对土地施用有机肥、实施生物防治、地膜回收等进行奖励；以绿色规划布局诸城市的种植业结构，制定出农牧产品优质优价的政策，鼓励农民在生产过程中严格按照绿色产品的要求组织生产。

## 二、综合规划全面发展，走生态农业之路

生态农业是以生态经济学原理和系统工程方法为指导，采用农业生态工程技术，发展传统农业技术和现代农业技术有机结合的具有良性循环的高效集约农业。要采取开发农村能源，保护自然资源，增加有机肥和生物农药的比例，减少化肥和化学农药的使用，减少外部投入污染源，降低污染，用地养地、精耕细作，改革调整农业结构等一系列措施。对资源破坏严重、环境恶劣、生态脆弱地区，要确实做好产业结构调整，退耕还林、草、水，进行资源重组、生态恢复和重建工作，有效遏制土地酸化、毒性化、有害化的发展趋势。

## 三、推广高新农业技术，实现农业循环发展

科学技术是第一生产力，只有依靠科学进步，技术创新，才能在发展生产和经济的同时，做到资源合理利用，环境有效保护，协调好人口—资源—环境三者之间的关系。诸城市要重点解决：优质作物品种选育及其高产栽培管理技术；优良畜禽品种选育及其高效饲养管理技术；生物防治技术；畜禽粪便、秸秆等农业废弃物的无害化、资源化处理技术；绿色食品、有机食品等生产配套技术等。这些具体的技术问题不解决，要实现协调好经济发展、资源开发和环境保护三者之间关系的既定目标，只能是一句空话。这就要求全市各职能部门，充分利用本部门的优势，努力去为农业、农村和农民解决技术难题。

## 四、合理配置耕地资源，优化种植结构布局

通过分析诸城市耕地资源现状与特征、不同等级耕地地力，充分考虑诸城市农业生产的地域性，根据发展需要、农田生态平衡、发挥地区优势、社会经济技术条件合理利用、增产潜力挖掘、综合经济效益提高的原则，将障碍因素相近，改良措施相似，利用方向一致的耕地划为一起，并适当保持地域上集中、连片，以便于统筹规划，合理安排，将诸城市耕地划为七大农业生产利用区域并针对每个区域特点，提出合理有效的改良利用对策。

1. 现代农业粮食产业园区

按照“适当减少面积、提高单产、稳定总产、改善品质、确保供应”的原则，加大粮油产业调整力度，努力建设高产优质粮油产业基地。

（1）基本概况。在布局上，一是依托现代农业粮食发展资金小麦产业项目，在枳沟镇、贾悦镇、舜王街道、石桥子镇4个西部镇街，建立2万$hm^2$的西部

粮食产业园区。二是依托相州镇、昌城镇、百尺河镇、辛兴镇、林家村镇5个东北部镇，建立2万$hm^2$的东北部粮食产业园区。

该区土壤类型主要为棕壤、褐土。土壤养分含量特点是有机质、全氮、有效铁锌含量较高；有效磷、速效钾、有效铜、交换性钙含量相对偏低。该区垦殖历史悠久，绝大部分土壤熟化程度高，富含有机质，水、肥、气、热较协调，地势平坦，农田基础设施良好，水浇条件好，保水保肥。

（2）改良利用对策。一是大力实施农田基础设施新建、改造工程，保障水源，提高灌溉保证率。采取积极争取地方财政支持，呼吁农民自筹的方式，加大农田基础设施投入，对原有蓄水、输水设施加固、清理、整修；修筑田埂、坝沟，防止水土流失；在有水源的地方建造蓄水、囤水设施，解决农田基本灌溉问题。二是配方施肥，增磷补钾，增加土壤养分含量，培肥地力。针对该区磷钾缺乏、微量元素含量低的情况，要结合测土配方施肥项目，安排土壤养分监测点，因地、因作物施肥，缺啥补啥，平衡施肥。三是推广旱地小麦早、深、平增产节水栽培技术。针对该区小麦表现苗期生长弱、根系不发达、分蘖不足的减产因素，通过深耕加深耕作层，肥料运筹突出早、深的特点，一般每公顷施有机肥45 000kg以上，纯氮240kg、五氧化二磷180kg、氧化钾120kg，结合深耕全作基肥施入土壤，以促进小麦苗期营养生长和冬前分蘖，增加亩穗数。播种采取不起垄等行距（20～22cm），以保证足够的苗、株、穗、粒。四是全面建立“秸秆—牛羊—沼气—还田”生态链条。该区饲养牛羊、鸡鸭户数多，可将作物秸秆青食部分喂养畜禽，其粪便和秸秆非食部分投入沼气池，再将沼液、沼渣回田培肥土壤。五是提倡三年旋耕、一年深耕的耕作制度，防止土壤板结。该区因常年旋耕，导致土壤耕作层变浅，根系下扎不深，土壤容易板结，采取深耕可以疏松土壤，加深耕作层。

### 2. 三河流域瓜菜园区

以潍河、渠河、涓河流域水源丰富的乡镇（街道）为重点发展区域，以栽培设施化和提高产出效益为重点，着力建设高效优质安全蔬菜基地。

（1）基本概况。在布局上，一是围绕舜王街道大潘庄村、小潘庄村、无忌村，枳沟镇乔庄村，龙都街道大七吉村、大化村、汉车村等村，建立南部露天蔬菜种植基地。主要种植品种有大蒜、芸豆、甘蓝、菜花等。二是围绕舜王街道胡家箭口村、马兰村、前孙戈庄村、大辛庄子村、南解留村等7个村，相州镇徐洞村、中城阳村等8个村建立西瓜、甜瓜产业园区。三是围绕相州镇西城阳村，石桥子镇都吉台村、徐家庄子村、西王院村等村，贾悦镇东朱堡村、西朱堡村等村建立北部露天蔬菜生产基地，主要种植品种为大姜、青葱、圆葱、白菜、番茄等。四是围绕贾悦镇井邱大棚茄子、番茄，马庄镇大拱棚草莓，昌城镇东老庄“五位一体”生态温室大棚芸豆、黄瓜，建立保护地栽培瓜菜生产园区。

该区土壤类型主要为淋溶褐土、褐土、潮褐土和潮土。土壤主要特点是土壤pH值偏低，速效氮磷钾、交换性钙镁含量丰富，有机质、全氮、有效硫含量偏低，有效锌硼缺乏，有效铜铁锰钼适中，有机质含量适中。大部分土壤土层深厚，通透性好，保水保肥，较抗旱涝，是诸城市瓜菜的主要种植区。该种植区瓜菜种植历史久远，面积大而集中，年化肥投入量较大，部分地块出现土壤板结现象，有不同程度的酸化、盐渍化趋势。

（2）改良利用对策。一是增施有机肥，培肥地力。利用大棚蔬菜改茬换种休棚的时间，每公顷施用有机肥60 000～75 000kg作基肥，增加土壤有机质，疏松土壤，改善土壤微环境，不断保持土壤肥力。二是推广水肥一体化技术，节肥节水。在该区日光温室和塑料大棚中，根据地块面积、形状等规划设计和配置微灌和施肥系统设备，根据作物及其生长条件确定合理的灌溉制度和施肥制度，定量、定时将肥料随水均匀、准确地直接输送到作物根部附近的土壤表面或土层中，以达到精确控制灌水量和施肥量，显著提高水肥利用率。三是推广滴灌、膜下微喷等灌溉方式，提高灌溉保证率。该区灌溉用水集中、量大，通过铺设输水管道，将水源直接输送到田间，以减少输送过程中的浪费。在塑料薄膜下铺设微灌带，将水直接喷在作物根系表面，每次灌水都均匀分布在根系土层内，无大量积水乱流现象，不仅减少了水分浪费，而且还减少了水分的蒸发，全生育期可节水1 500$m^3/hm^2$，节水率50%。四是实施客土改造，提高土壤保肥保水性能。相州镇西瓜普遍分布于砂壤土，这类土昼夜温差大，土质疏松，通透性好，干燥合适，适宜西瓜生长。该区域同时存在砂粒比例高的地块，可移来黏壤土改土，再增施有机肥，培肥土壤。经改造，土壤保肥保水性能加强，扩大西瓜适宜种植面积。利用相州镇渠河沿岸进行改良利用，可增加种植面积100$hm^2$。五是实施作物秸秆堆沤还田和大棚酿热物还田，减少重复污染，保护生态环境。该区蔬菜面积广，蔬菜收获后，秸秆堆积成山，不仅污染环境、阻碍交通，更重要的是造成病虫源再污染，堆沤还田和酿热物还田不仅消化了秸秆，而且可以增加土壤养分含量。六是以农产品加工企业为龙头，发展有机农产品种植。利用当地农业加工企业多、自然生产条件好的优势，建立有机农业示范区，以示范区带动农户进行标准化种植，发展有机农业。建立了草莓、西瓜、甜瓜等无公害农产品生产基地，注册了“井邱”牌茄子、“家悦”牌香瓜等农业品牌，完善马庄农产品批发市场，为基地发展提供可靠保证，初步形成了区域化布局、规模化生产、集约化经营的局面。

3. 现代烟草产业园区

以提高产量和品质为主攻方向，实现由“数量效益型”向“质量效益型”转变，全面推动现代烟草农业提质升级。

（1）基本概况。在布局上，以贾悦镇、辛兴镇、昌城镇、百尺河镇等地为重点发展区域。辛兴镇黄烟种植园区，分布于东狮子口村、张家小庄村、贺家屯村、东饮马泉村等37个村；贾悦镇黄烟种植园区，分布于万家埠村、李二庄村、吴家庄村、张家官庄村等18个村；百尺河镇黄烟种植园区，集中在天清湾村、郇家村、中大村、王家大村4个村；昌城镇黄烟种植园区，集中在西大宋村、王道口村、杨家道口村等9个村。

该区土壤类型以褐土、棕壤为主，有部分为潮土。土壤养分含量特点是有机质、大部分速效性养分适中，碱解氮、有效锌、有效硼偏低。有机质平均含量为10.9g/kg、碱解氮为67.4mg/kg、有效锌为0.89mg/kg、有效硼为0.44mg/kg。绝大部分土壤熟化程度高，农田基础设施良好，灌溉条件好，土壤保水保肥性较高。2019年，烟叶种植面积3 686.13hm$^2$，烟农总收入2.0亿元。

（2）改良利用对策。一是加大农田基础设施保护力度，稳定面积。该区农田基础设施良好，但使用频繁，常年失修，应组织机械、人力对灌溉井、输水渠、田埂进行维护，确保浇灌面积。二是增施有机肥及生物菌肥，活化土壤。以有机肥添加生物菌肥为底肥，创造良好的土壤微生物环境，以增加土壤活性，减少肥害。三是深耕和旋耕相结合，增加活土层，预防土壤板结。土壤长期旋耕，耕层变浅，作物根系下扎困难，通过深耕，疏松活土层，增加养分吸收，有效预防板结。四是改水渠输水为管道输水，节约水源，增加灌溉面积。在水渠内铺设塑料皮管道或地埋PVC塑料管道，直接将水源输送到田间地头，减少因水渠渗漏或跑水造成的浪费。

4. 山区优质花生产业园区

围绕南部山区，打造诸城市优质花生生产基地。

（1）基本概况。在布局上，一是建立林家村镇优质花生产业园区，涉及桃园村、冶家店子村、麻姑馆村、琅古尧村等117个村。二是建立皇华镇花生生产园区，分布在曹寺村、桥上村、南尚庄村等18个村。三是建立桃林镇花生生产园区，分布在张家庄子村、阿乐子村、埠头村等72个村。

该种植区土壤类型主要以棕壤、棕壤性土、潮土为主。土壤养分含量特点是速效性养分含量普遍较低，特别是微量元素含量等矿质养分不足，普遍存在微量元素特别是有效铁、有效锌、有效硼含量偏低等限制性因素。有效锌、硼、铁偏低，水利设施较差，土壤物理性状不好，保水保肥性能差。

（2）改良利用对策。一是普及测土配方施肥技术，协调氮、磷、钾养分，补施微肥，提高肥料利用率。结合配方施肥技术的推广普及，大力施用配方肥，平衡土壤养分，注意在生产上结合喷药添加锌、硼、铁等微肥。二是加大有机肥投入量，减少化肥施用量，改善土壤结构，提高作物产量。三是大力推广花生覆膜种植技术，增强保水保温能力，加强轮作倒茬。四是做好路、水配套建设，在桃园村建立花生专业批发市场，为诸城市花生产业持续健康发展提供保障。

### 5. 优质茶叶园区

以打造“诸城绿茶”特色品牌为重点，引进茶树新品种，改进栽培方法，扩大种植面积，提高品质和档次，加快建设中国北方绿茶基地。

（1）基本概况。在布局上，建立桃林镇茶叶产业园区，涉及山东头村、石屋子沟村等32个村；建立皇华镇茶叶产业园区，分布在尚庄村、韩家沟村、大寨村等4个村；建立林家村镇茶叶产业园区，分布在黑王家沟村、太平安村两个村。2019年全市茶叶面积1 174.53hm$^2$，年产干茶961.27t，收入24 986万元。

该种植区位于泰沂山脉与胶潍平原处的诸城市南30km处，距黄海24km，低山丘陵，背风且向阳。土壤类型多为棕壤性土，坡度大，地形部位较高，海拔多在300m以上，该区梯田面积大，有机质含量高，施肥以农家肥、有机肥为主，化肥用量少，大部分地块属中、低产田。当地气候四季分明，昼夜温差大，属于海洋性季风气候，可开发地表水丰富，非常适宜茶叶生长和休眠。

（2）改良利用对策。改良主攻方向主要是通过工程、生物、农艺、化学等综合措施，消除或减轻增产的各种障碍因素，提高耕地基础地力。一是综合治理丘岭，保持水土，深翻改土，增施有机肥料，涵养水源，走有机旱作农业的路子。二是加强水利建设，特别是建蓄水池，蓄好降水，充分发挥有限水资源的作用。三是充分利用“诸城绿茶”“地埋标志商标”的优势，实行茶叶集约化经营，开发新工艺。四是做好道路等配套建设，成立诸城绿茶专业合作社，为茶农做好产前、产中、产后服务，为诸城市茶叶产业持续健康发展提供保障。

### 6. 南部花卉苗木产业园区

以皇华镇、密州街道为重点，面向青岛、日照，积极引进名优新特品种，增强多样性和观赏性，打造半岛花卉苗木基地。

（1）基本概况。布局上，建立皇华镇苗木产业园区，分布在袁家我乐村、柳树店村、西王家庄子村等14个村；建立密州街道花卉产业园区，分布在丁家花园村、朱扶河村、侯家庄子村3个村。

该区域南部土壤类型主要是棕壤性土。地形部位较高，海拔多在400m以上，水源无保障，水浇条件差，土壤瘠薄，机械化程度低，耕作比较困难，以苗木种植为主。北部土壤类型为棕壤，地势平坦，水浇条件较好，有种植花卉传统。

（2）改良利用对策。一是综合治理丘岭，保持水土，增施有机肥，涵养水分。二是加强水利建设，特别是打井建蓄水池，挖掘地下水潜力，蓄好降水，充分发挥有限水资源的作用。三是引进优质花卉、苗木，提升档次，拓宽销路。果品生产以发展有机果品为主要方向。四是做好道路等配套建设，成立专业合作组织，为农民做好产前、产中、产后服务。

7. 潍河古板栗旅游园区

（1）基本概况。该园区位于潍河冲积平原东侧的昌城镇，属国家级农业园区。现有板栗种植面积1 000hm$^2$，涵盖潍东、芦河、赵家屯、张家沙窝等11个村。园区内50年以上的古树8 000多棵，明清古树就有3 000棵。年产板栗5 000t以上，产值4 000万元。

该区域土壤类型以潮土为主，紧靠潍河，水资源丰富，土壤质地以砂壤为主，保水保肥能力较差。

（2）改良利用对策。一是大力增施有机肥，提升土壤有机质。二是实行客土改良，黏土压砂，改善土壤质地，提高保水保肥能力。三是加强道路、灌溉水配套建设，发展农业生态旅游。

# 第六章　耕地后备资源评价综述

## 第一节　评价方法及调查评价技术路线

### 一、评价方法

将确定的评价指标因子与评价单元进行叠加，采用“限制因子”评价法，对评价单元进行评价。将全部评价指标进行叠加后进行宜耕性评价，以面积大于50%的评价结果作为图斑的最终评价结果。评价过程中不分割图斑，直接根据评价指标面积权重的大小对图斑进行赋值。

将评价过程中耕地后备资源调查评价结果标注在评价单元属性信息表中。依据耕地后备资源调查评价结果，按照数据库标准的要求，建立耕地后备资源调查评价图层“HBTC”，分类型对图斑属性进行标注。不宜耕土地标注为“FHB”，宜耕土地标注为“GDHB”，现状地类发生变化的标注变化后实际的地类编码。

### 二、调查评价技术路线

围绕耕地后备资源调查评价的目标和任务，依据《全国耕地后备资源调查评价技术方案》统一的调查评价技术标准，充分利用诸城市2020年变更调查等成果数据，采用ArcGIS等地理信息软件的裁切、叠加、分析、汇总等技术、方法，按照内业为主、外业为辅的原则，按照“以水定地”的原则，采取“限制性因子”评价法，对调查区内耕地后备资源的宜耕性进行评价，形成耕地后备资源调查评价初级成果。评价初级成果入库，并对成果质量进行检查，形成县级耕地后备资源调查评价成果。

# 第二节　评价过程

本次诸城市耕地后备资源调查评价工作自2021年7月开展，包括工作准备阶段、资料收集整理及矢量化阶段、开展宜耕性评价、数据入库阶段、成果汇总与分析、质量检查等各阶段。

## 一、工作准备阶段

准备工作包括筹建工作组、制定工作方案、准备必要的应用物品等。

1. 组织准备

协调项目工作人员召开会议，明确相关人员职责、任务；组建工作组制定诸城市耕地后备资源调查评价工作的工作方案。为保证调查评价工作的全面与准确，划分技术小组，明确技术组和相关人员责任。

2. 技术准备

（1）调查队伍培训。为保证调查工作的顺利开展，对参与调查的内外业相关技术人员进行技术培训，明确各种耕地后备资源的宜耕评价指标识别与判定方法。

（2）GIS平台选定。为了提高调查评价的技术水平，方便成果的应用，确定ArcGIS作为耕地后备资源调查评价的基础信息平台，评价指标的空间分析、地块的上图标注及成果图件的编制均在该平台下实现，并对相关技术人员进行了全方位的培训，保障了耕地后备资源调查评价工作的科学性，为后续数据库建设及成果应用提供了极大的便利。

（3）外业平台选定。为了提高外业调查的准确程度和方便作业，确定金田耕地后备外业调查软件作为耕地后备资源调查评价外业工作的平台，实地照片的拍摄整理、导航等工作均用该软件实现，在外业工作开始前编制的外业软件使用方法教程并进行了面对面培训，保障了外业工作的效率和正确性。

## 二、资料收集整理及矢量化阶段

1. 资料收集

耕地后备资源调查评价工作涉及生态条件、地形坡度、≥10℃年积温、年降水量和灌溉条件、土壤质地、土壤重金属污染状况、盐渍化程度、土壤pH值、土层厚度、耕作便利度10项指标，指标涉及面广，数据量大，分别需要到国土、农业、气象、水利等多个部门开展资料收集工作，具体资料内容包括以下方面。

（1）诸城市第三次全国国土调查成果数据库。

（2）诸城市2020年国土变更调查成果数据库。

（3）生态保护红线和城镇开发边界划定工作成果。

（4）土壤普查资料。

（5）气象普查资料。

（6）统计年鉴。

2. 资料整理及数字化

为保证耕地后备资源调查评价工作所需资料的完整性和有效性，在进行资料收集的同时，开展资料整理工作。主要包括资料内容的核实、分类编号与归档，数据资料和图件资料的数字化等方面的工作内容。资料整理过程中，要求相关技术人员做好对资料的检查工作，确定资料是否完整，一旦发现收集的遗漏，立即反馈给具体的资料收集人员，及时查漏补缺，以节省整体工作时间，提高工作效率。

3. 外业补充调查阶段

对收集整理的现有资料进行综合评判，对指标因素数据精度不足、资料陈旧、不实、不详等问题进行总结，应积极向相关职能部门补充搜集或求证，对资料仍然缺失的组织外业调查人员开展补充调查，补充、修正耕地后备资源的宜耕评价指标的数据内容。为节约时间和精力，将耕地后备资源外业补充调查内容进行统筹准备，调查路线统一制定。

4. 制作评价指标图层

评价因子主要包括生态条件、地形坡度、≥10℃年积温、年降水量和灌溉条件、土壤质地、土壤重金属污染状况、盐渍化程度、土壤pH值、土层厚度、耕作便利度10个评价指标（表6-1）。根据耕作特点，采用不同的评价指标。

**表6-1 耕地后备资源——不宜耕评价指标**

| 评价指标 | 评价结果 |
|---|---|
| 生态条件 | 位于生态保护红线、城镇开发边界内，或开发会导致土地退化、引发地质灾害 |
| 地形坡度 | >25° |
| ≥10℃年积温 | <1 800℃ |

（续表）

| 评价指标 | 评价结果 |
| --- | --- |
| 年降水量和灌溉条件 | 降水量<400mm且无灌溉条件 |
| 土壤质地 | 属于砾石土或更粗质 |
| 土壤重金属污染状况 | 土壤遭受污染（黄色或红色） |
| 盐渍化程度 | 重度以上且无灌溉排水条件 |
| 土壤pH值 | ≥9.5或≤4.0 |
| 土层厚度 | <60cm且无客土土源 |
| 耕作便利度 | 难以到达耕种，难以持续利用 |

根据国家下发的评价单元图斑，诸城市仅涉及其他草地（0404）、裸土地（1206）。

（1）生态条件。对生态安全起着重要作用的土地类型是生态用地，它们是由除人类之外的其他生物所直接利用，或被人类或其他生物间接利用，并主要起着维护生物多样性及区域或全球的生态平衡以及保持区域环境作用的土地。生态用地不但对生态安全至关重要，其潜在的经济价值也远远大于其开垦种植价值，理应保护。因此，处于这些保护区内未利用地，不宜开发。

综合以上要求，结合生态保护红线、城镇开发边界数据，生态保护红线和城镇开发边界范围内不能作为后备资源，因此生态条件作为诸城市后备资源调查评价的局部受限制条件，形成生态条件评价指标图层，按照数据库标准的要求，添加相应的属性字段，对相应的区域分别赋值。评价指标获取及处理情况具体说明如下。

① 资料名称：诸城市“三区三线”第二轮试划成果

② 资料来源：诸城市自然资源和规划局。

③ 数据格式：GDB格式。

④ 处理方法：统计处理。

⑤ 评价指标图层标注内容与数据库属性对应关系：对应。

⑥ 限制情况：诸城市生态条件局部受限制。

（2）地形坡度、≥10℃年积温、年降水量和灌溉条件根据国家下发的数据可知不属于限制性因子。

（3）土壤质地。砾石没有任何吸附水的能力，土壤中大量砾石的存在会造成严重的漏水漏肥，而且影响作物扎根。即使是有灌溉条件，但渗漏量极大，也不宜耕作。

砂土的保蓄能力也差，漏水漏肥，但砂土还是有一定吸附水的能力，如果降水量充沛，有丰富的灌溉水源，可以开发利用。

根据诸城市土壤图数据，土壤质地指标图层结合实地情况，按照数据库标准的要求，添加相应的属性字段，制作土壤质地指标图层。

评价指标获取及处理情况具体说明如下。

① 资料名称：诸城市土壤图。

② 资料来源：诸城市农业农村局。

③ 数据格式：JPG格式。

④ 处理方法：矢量化、叠加分析。

⑤ 评价指标图层标注内容与数据库属性对应关系：不对应。

⑥ 限制情况：土壤质地指标不受限制。

（4）土壤重金属污染状况。土壤污染就是指土壤中某些有害化学物质超过了环境质量标准，而且人类和动物吃了在这种土壤上种植的作物，有损健康，或引起疾病甚至死亡。无论土壤中这种有害化学物质的超标是自然界本身造成的，还是人为活动引起的，这种土壤必须进行治理性复垦才能够种植作物，生产安全食品。

鉴于污染土壤治理成本高，而且未利用地多处于边缘地区，其他质量属性也比较低，凡土壤污染超过国家标准的，都不宜作为耕地后备资源。污染了的采矿用地，其复垦成本也很高，不宜复垦为耕地。

评价指标获取及处理情况具体说明如下。

无法收集到相关土壤污染资料，但经过外业取样化验获得了污染数据，外业取样比例为图斑下发数量的10%，并由检测机构山东省物化探勘查院测试中心进行土壤化验，通过对收集到的部分资料以及外业调查取样数据分析，诸城市没有土壤污染的状况，因此土壤污染状况不作为耕地后备资源调查评价的限制性因子。

（5）盐渍化程度。盐碱土是土体中含有一定量的可溶盐而使作物不能生长的土壤的总称，它被分为盐土和碱土。其中，盐土中的可溶盐多是中性盐，pH值并不很高；碱土中含大量碱性的可溶盐，pH值很高，大于9.5。盐碱土（一般是指盐土），只要有排水系统和有淡水淋洗盐分，都可改造为耕地。淡水淋盐既可以利用天然降水，也可以利用灌溉水。

还有一些土壤虽然含有可溶盐，但其含量不高，没有达到盐土含量的标准，称为盐化土壤。当盐化土壤的盐化程度达到重度时，其盐分含量高到影响作物生长，一般也必须灌溉洗盐才能够开垦。通过搜集的资料及土壤检测结果可以看出诸城市盐渍化程度不作为限制性条件。

（6）土壤pH值。土壤pH值（水浸提测定法）≥9.5，是碱土标志。当pH值≥9.5时，土壤胶体可能分散，造成通透性很差。pH值（水浸提测定法）≥9.5的碱土，只能化学改良，但化学改良成本很大，而且改造难度巨大，归为不宜耕作的限制地类。

酸性硫酸盐土中含大量硫化物，积水条件下pH值在4～7，但一旦排水氧化，pH值可能下降到4以下，作物很难生长不宜开垦。

就诸城市而言，通过诸城市土壤pH值分布图土样检测结果可以分析，土壤pH值不受限制。

评价指标获取及处理情况具体说明如下。

① 资料名称：诸城市土壤pH值分布图。

② 资料来源：诸城市农业农村局。

③ 数据格式：JPG格式。

④ 处理方法：通过矢量化、叠加分析等方法。

⑤ 评价指标图层标注内容与数据库属性对应关系：对应。

⑥ 限制情况：土壤pH值不受限制。

（7）土层厚度。土层厚度影响土壤的储水/耐旱能力，土层越厚，其储水/耐旱能力越强。我国属于季风气候，土层厚薄对于抗旱非常重要。

一般来说，湿润地区降水量大，雨季较长，经常下雨，土层即使薄些也不至于出现旱灾。但干旱半干旱地区降水量少，且降水集中，雨季短，只有土层达到一定厚度才能够蓄积降水，抗旱。

诸城市地面平坦开阔，通过外业取土调查可知，土层厚度符合后备资源的评价条件，所以土层厚度不作为限制条件。

评价指标获取及处理情况具体说明如下。

① 资料名称：诸城市土壤图。

② 资料来源：诸城市农业农村局。

③ 数据格式：JPG。

④ 处理方法：矢量化、叠加分析。

⑤ 评价指标图层标注内容与数据库属性对应关系：不对应。

⑥ 限制情况：土层厚度条件不受限制。

（8）耕作便利度。土地开垦必须考虑耕作半径和耕作便利度。由于机械化农机具的使用，使得耕作半径比使用传统农机具时扩大很多。在2020年土地变更调查数据库中，提取诸城市的道路因素信息，将该数据与后备资源图斑套合，分析其交通便利情况，整个诸城市公路、农村道路分布较广，辖区范围内道路基本辐射每个图斑，因此耕作便利度不作为限制性条件。

评价指标获取及处理情况具体说明如下。

① 资料名称：2020年土地变更调查数据库。

② 资料来源：诸城市自然资源和规划局。

③ 数据格式：GDB格式。

④ 处理方法：叠加分析。

⑤ 评价指标图层标注内容与数据库属性对应关系：对应。

⑥ 限制情况：耕作便利度条件不受限制。

## 三、开展宜耕性评价

根据制作的评价指标图层，提取第三次国土调查成果中行政区范围界线，确定指标图层的矢量范围；对制作完成的评价指标图层检查指标图层属性结构的完整性、规范性，检查指标图层属性字段是否存在空值或异常值，保证检查指标分级符合国家要求。

叠加下发图斑数据与制作的评价指标图层对下发图斑进行宜耕性评价，并逐图斑填写评价指标和评价结果。

## 四、数据入库阶段

对耕地后备资源调查成果进行整理，利用ArcGIS软件的空间数据库管理功能，按照耕地后备资源调查评价数据库建设规范要求，建设符合数据库标准的耕地后备资源调查评价综合数据库。

## 五、成果汇总与分析

将文字成果、表格、图件和数据库成果，以及评价图层、基础资料等进行分类整理，以耕地后备资源调查评价图层为基础，对各类耕地后备资源的面积进行统计汇总。根据耕地后备资源调查评价的特点，结合其他有关资料，对各类耕地后备资源的面积和分布等进行综合分析，结合社会、经济、人口、生态等情况，提出开发耕地后备资源的合理化建议。

## 六、质量检查

利用国家下发的数据库质检软件进行检查，对质检反映出的问题进行修改完善，形成符合上报要求的数据库系统。

# 第三节　成果质量控制

## 一、成果检查内容与方法

诸城市在耕地后备资源调查评价工作的实施过程中，对质量进行了严格控制，主要包括后备资源图斑调查评价的内外业核查、数据库质量核查等方面。

### 1. 内业检查

（1）检查评价单元是否和国家下发底图一致。

（2）检查耕地后备资源图层、各评价指标图层是否齐全，属性信息是否完整。

（3）对照评价图斑属性表，检查属性是否完整、规范，是否对应评价区指标要求。

（4）检查整个实施方案是否科学，工作报告是否准确反映工作过程的组织、计划和实施情况等。

### 2. 外业检查

对于诸城市耕地后备资源调查评价结果为宜耕和不耕地的单元，抽取典型图斑，进行了外业实地验证。

### 3. 数据库质量

对成果完整性、矢量数据、内容一致性进行检查，其中矢量数据检查包括属性、图形、逻辑一致性检查等内容。

（1）成果完整性检查。主要检查数据成果目录及文件的规范性。

（2）矢量数据检查。主要是数据完整性检查、数学基础、属性结构符合性检查、属性值符合性检查、属性值正确性检查、面积正确性检查、汇总表格检查、图形拓扑关系检查、碎图斑检查、逻辑一致性检查等内容。

（3）内容一致性检查。评价单元与土地利用现状及土地规划等相关内容的空间一致性检查。

## 二、作业环节的质量与精度

### 1. 准备阶段质量与精度分析

准备阶段主要是收集相关图件资料、数据资料和文字资料等。以上资料均来自相关权威部门，内容可靠，且本次收集的资料齐全、质量较好。

2. 内业作业阶段质量与精度分析

内业作业阶段主要工作是提取调查评价对象及获取评价指标。

主要采用GIS技术或人工透图方法，将提取的调查评价对象与评价指标专题图进行叠加，形成具有各种评价指标属性的评价单元。将收集的资料提取信息形成各种评价指标专题图。再经过数字化，利用GIS技术叠加获取评价单元的相关评价指标。

内业作业采用前沿的GIS技术，所处理的对象数据皆是前期收集的权威数据，所分析得到的调查评价对象位置精确、面积可靠，所得到的评价指标科学准确。

3. 外业核查阶段质量与精度分析

外业调查过程中采用金田耕地后备外业调查软件进行GPS技术定位采样，实地核查调查对象的地类、面积、坡度、土层厚度、制备情况等，详细记录外业核实情况说明等，填写外业调查手册，并用金田耕地后备外业调查软件拍照记录调查图版的全貌和采样点的剖面景观，外业调查完成后，及时进行内业初步整理，填写相关文档。

4. 数据建库阶段质量与精度分析

外业调查成果以诸城市行政范围为调查单位，参照耕地后备资源调查评价数据库标准，建立耕地后备资源调查评价数据库。

数据库建设采用GIS软件，使用前期准确可靠的源数据，建立空间数据库，将图形与评价结果数据进行关联，保证了每一个图斑位置与属性数据的准确性。

5. 图件编制与报告撰写阶段质量与精度分析

根据上一步数据建库的成果，确保成果图形与数据库中空间数据的无缝连接，撰写报告参照相关技术文档与实际工作情况，可信度高且技术含量高。

## 第四节　耕地后备资源数量

诸城市国家下发图斑个数为1 722个，总面积为919.51hm$^2$。其中其他草地（0404）1 650个，面积871.13hm$^2$；裸土地（1206）72个，面积48.38hm$^2$。通过与2020年变更调查数据叠加破斑后，图斑总数量变更为1 933个。

通过评价指标因子的分析可以看出，年积温、年降水量、地形坡度、土壤pH值、土壤重金属污染状况、土层厚度、盐渍化程度、耕作便利度、土壤质地为非限制性因素。此外，后备资源图斑与变更调查数据叠加已变化为非评价地类的标注为非后备图斑，部分变化为非评价地类的，破斑重新计算面积，地类变化部分标注变化后地类，剩余面积大于600m$^2$继续评价，小于600m$^2$不参与评价。

后备资源图斑与评价因素指标叠加分析后，得出宜耕性图斑1 384个，面积为691.77hm$^2$，占总面积的75.23%；非宜耕性图斑539个，面积为227.40hm$^2$，占总面积的25.73%，其中2020年变更调查现状已变化为非评价地类的图斑256个，面积为80.21hm$^2$，占非宜耕图斑面积的35.27%；破斑后由于面积不足600m$^2$不参与评价的图斑10个，面积0.34hm$^2$，占总面积的0.04%（表6-2）。

**表6-2　诸城市耕地后备资源数量统计**

| 地类名称 | 项目 | 图斑总数 | 宜耕后备资源图斑 | 不宜耕后备资源图斑 | | 面积不足600m$^2$不参与评价图斑 |
|---|---|---|---|---|---|---|
| | | | | 不符合指标图斑 | 变更调查发生变化图斑 | |
| 其他草地（hm$^2$） | 图斑个数（个） | 1 844 | 1 324 | 279 | 231 | 10 |
| | 图斑面积（hm$^2$） | 871.12 | 649.95 | 145.32 | 75.52 | 0.34 |
| 裸土地（hm$^2$） | 图斑个数（个） | 89 | 60 | 4 | 25 | 0 |
| | 图斑面积（hm$^2$） | 48.39 | 41.82 | 1.87 | 4.69 | 0 |
| 总计（hm$^2$） | 图斑个数（个） | 1 933 | 1 384 | 283 | 256 | 10 |
| | 图斑面积（hm$^2$） | 919.51 | 691.77 | 147.19 | 80.21 | 0.34 |

## 第五节　耕地后备资源分布特点

宜耕后备资源图斑地类包括其他草地（0404）1 324个，面积649.95hm$^2$，主要分布在林家村镇、皇华镇；裸土地（1206）60个，面积为41.82hm$^2$，主要分布在密州街道、皇华镇（表6-3）。诸城市农田供水工程、排涝工程、蓄水工程、农田水利建筑物等基本建成，形成灌溉、防洪、防涝、水产养殖等综合兴利除害水利体系，可基本保证诸城市雨季无涝灾。

表6-3　诸城市耕地后备资源宜耕分乡镇统计（$hm^2$）

| 乡镇名称 | 宜耕后备资源 | | 其他草地（0404） | | 裸土地（1206） | |
|---|---|---|---|---|---|---|
| | 总面积 | 占比（%） | 总面积 | 占比（%） | 总面积 | 占比（%） |
| 百尺河镇 | 10.08 | 1.46 | 10.08 | 1.55 | 0.00 | 0.00 |
| 昌城镇 | 5.30 | 0.77 | 5.02 | 0.77 | 0.28 | 0.66 |
| 皇华镇 | 135.84 | 19.64 | 120.79 | 18.59 | 15.05 | 35.98 |
| 贾悦镇 | 61.89 | 8.95 | 60.49 | 9.31 | 1.40 | 3.35 |
| 林家村镇 | 223.83 | 32.36 | 219.52 | 33.77 | 4.31 | 10.31 |
| 龙都街道 | 49.97 | 7.22 | 47.97 | 7.38 | 2.00 | 4.78 |
| 密州街道 | 69.49 | 10.05 | 55.34 | 8.51 | 14.15 | 33.84 |
| 石桥子镇 | 53.86 | 7.79 | 53.86 | 8.29 | 0.00 | 0.00 |
| 舜王街道 | 17.05 | 2.47 | 17.05 | 2.62 | 0.00 | 0.00 |
| 桃林镇 | 40.04 | 5.79 | 38.62 | 5.94 | 1.42 | 3.39 |
| 相州镇 | 8.98 | 1.30 | 7.24 | 1.11 | 1.75 | 4.18 |
| 辛兴镇 | 2.55 | 0.37 | 2.55 | 0.39 | 0.00 | 0.00 |
| 枳沟镇 | 12.87 | 1.86 | 11.40 | 1.75 | 1.47 | 3.51 |
| 总计 | 691.77 | 100.00 | 649.95 | 100.00 | 41.82 | 100.00 |

## 一、区域水资源利用状况分析

诸城市全域年降水>400mm，多年平均地下水资源量1.31亿$m^3$。诸城市共有灌溉面积10万$hm^2$，其中耕地灌溉面积为8.4万$hm^2$，全市建设节水灌溉工程7.9万$hm^2$，包括喷灌面积0.3万$hm^2$、微灌面积0.4万$hm^2$、低压管灌溉面积3.5万$hm^2$。全域大、中、小型水库共有125座，机电井数量共有14 371眼，全部水利工程供水量达到21 000万$m^3$（表6-4）。2019年工业共用地上淡水28 041 387$m^3$、地下淡水3 621 103$m^3$。

表6-4　诸城市水库有效灌溉面积统计

| 工程规模 | 所在市（区、州） | 水库名称 | 所在河流 | 所在县（市、区） | 主要功能 | 目前有效灌溉面积（亩） |
|---|---|---|---|---|---|---|
| 大（2）型 | 潍坊市 | 墙夼水库 | 潍河 | 诸城市 | 防洪、灌溉、供水、发电、生态 | 310 000 |
| 中型 | 潍坊市 | 三里庄水库 | 潍河 | 诸城市 | 防洪、供水 | |
| 中型 | 潍坊市 | 青墩水库 | 潍河 | 诸城市 | 防洪、供水、生态 | 8 000 |
| 中型 | 潍坊市 | 郭家村水库 | 百尺河 | 诸城市 | 防洪、供水 | 6 000 |
| 中型 | 潍坊市 | 石门水库 | 芦河 | 诸城市 | 防洪、供水 | 8 500 |
| 中型 | 潍坊市 | 吴家楼水库 | 荆河 | 诸城市 | 防洪、供水 | |
| 中型 | 潍坊市 | 共青团水库 | 百尺河 | 诸城市 | 防洪、供水、生态 | 3 000 |

## 二、耕地后备资源开发利用潜力与制约因素分析

### （一）耕地后备资源开发利用潜力分析

1. 社会效益分析

耕地后备资源开发后，其生产潜力将得到发挥，农业生产也随之提高，剩余劳动力得到妥善安置，农村经济将得到全面振兴，农民收入增加。农村生产、生活条件将得到较大改善，农民科技文化水平不断提高，社会更加稳定。

（1）有利于实现耕地占补平衡。根据严格保护耕地红线的要求，要严格保持耕地不减少。随着经济和社会的发展，城镇化水平的不断提高，城镇建设对土地的需求很大，耕地日益减少，耕地的需求压力呈加大趋势。做好耕地开源节流工作，有效、适度、高质量地开发利用耕地后备资源，是稳定并在一定程度上增加耕地面积、提高耕地质量、改善生态环境、保证粮食安全、解决人多地少矛盾、实现耕地动态平衡的一项重要措施，能够取得较好的社会效益，能够优化土地利用结构和布局，提高土地利用生产率，促进生态平衡。

（2）拓展农业发展空间，增加农业就业人员。通过对耕地后备资源的开发利用，不但能增加耕地数量，提高耕地质量，也提高了土地利用效益，为耕地总量动态平衡、小城镇建设提供了一定程度的土地保障。通过对田、水、路、林统筹规划，可以改善生产条件和生态环境，提高景观质量，促进旅游业进一步发展，扩大农村劳动力就业，拓展第三产业就业空间。

2. 经济效益分析

诸城市耕地后备资源面积共691.77hm$^2$，如果把耕地后备资源全部开发出来，首先增加了人均耕地面积，新增加的耕地如果用于发展高效生态农业，种植小麦、玉米、大豆等粮食作物和蔬菜、水果等经济作物，能增加农民收入、进一步提高当地农民生活水平，经济效益明显。

3. 生态效益分析

对耕地后备资源的开发、复垦，如果实行田、水、路、林统筹规划，将会提高森林覆盖率，改善当地气候，涵养水源，降低风速，减少沙尘暴的出现，构成稳定性强，生物生产能力高的复合农业生态系统，形成了经济合理的物质能量流，增强对自然灾害的抵抗力，使土地利用趋向良性循环，增强农业生产的后劲。

当前，生态文明建设对耕地后备资源开发利用的驱动力将加大。今后，随着民众追求更好品质生活和文化享受愿望，社会对生态安全的关注度将会持续上升，因此，耕地后备资源开发中，生态系统服务功能将会得到进一步的认可和强化。

### （二）耕地后备资源开发利用制约因素分析

随着城镇化步伐的加快发展，可开发利用的后备资源持续减少，现阶段可开发利用的耕地后备资源面临一些制约因素。主要问题是投入资金短缺，难以筹集开发利用资金，集约化水平低。

现阶段土地资源的开发利用资金主要来源于财政收入，而国家投资安排开发利用的资金有限，地方难以投入更多的资金，使得开发规模、开发的配套程度都难以保障，开发利用的土地资源的经济效益、社会效益和生态效益难以统一发挥。另外，由于农民的文化程度较低，在土地资源开发利用中，先进的科学技术难以得到普及和推广，以家庭为单元，独立的传统耕作方式，仍然是耕地经营管理的主要方式，其相应的生产力难以达到应有的水平和规模化要求。

## 第六节　耕地后备资源开发利用的总体战略

耕地是农业生产活动的基础，是农业基本生产资料。它既是人类赖以生存发展的基本物质资源，又是人们获取粮食及其他农产品等物质生产资料的基本来源。而耕地的数量和质量，直接关系到区域的粮食安全和经济社会的健康发展。

因此保护和合理利用耕地资源，是政府和各个政府部门乃至全社会的共同责任。

随着诸城市社会经济的快速发展，以及人民生活水平的不断提高，建设项目用地需求量日益增大，尤其是城镇化的推进，占用了较多的耕地，耕地面积逐年减少。近几年来，诸城市农用地征用案例日益增加，如何保证耕地总量平衡是问题的焦点。通过对本次耕地后备资源调查评价工作，摸清了诸城市耕地后备资源的分布、数量、面积、质量等情况，使耕地占补平衡有了合理的折算标准。从调查评价成果可见，诸城市各乡镇的耕地后备资源质量的级别存在差异，各级别的耕地后备资源分布面积也有很大差别。这样，在确定耕地补偿、征地赔偿时应该根据农用地级别加以考虑是必然的。因此，诸城市耕地后备资源调查评价成果，对于耕地总量平衡、社会建设发展用地调整、土地开发整理、土地利用总体规划等均具有很强的实际应用意义。

### （一）高度树立可持续发展观

严保耕地红线，有效利用国土资源，科学实施国土综合整治，积极推进生态文明建设，切实保障粮食安全，慎重考虑生态效益，不要以牺牲生态效益，带来经济效益，确保土地的可持续利用。

### （二）加强对土地开发的组织领导

诸城市人民政府应将土地开发作为促进全市社会经济发展和实现耕地总量动态平衡的大事来抓，实行土地开发行政领导目标责任制，把土地开发复垦列入本市国民经济发展规划，并确保实施。

### （三）完善土地开发复垦政策，推行规范化管理

土地开发复垦的顺利开展，需要有关的法律法规作保障。政府要进一步完善土地开发复垦的地方性行政法规、政策，对开发方式、开发者权利义务、优惠政策、开发复垦管理工作等作出明确规定，使土地开发复垦工作走上法制化、规范化轨道。

### （四）加强项目的技术管理

实行项目工程实施前和竣工后现状地形图的修测，为项目验收和新增耕地面积的确认提供科学依据。

### （五）进一步完善土地开发复垦投入机制

为保证土地开发复垦的顺利实施，必须动员社会各方面力量，广开渠道多方

筹集资金。诸城市要尽快建立土地开发复垦基金，把土地出让金等土地收益、造地费、土地荒芜费、违法占地罚款收入等纳入基金。为土地开发复垦提供稳定资金来源，要积极争取农业、水利、林业等部门的支农资金，将土地开发资金同植树造林、小流域治理等各项资金配合使用，发挥整体优势。

### （六）扩大投资主体范围

采取各种方式建立完善土地使用权依法流转机制，鼓励企业和个人介入土地开发复垦，搞规模开发，提高土地集约化水平。

### （七）控制建设用地总量

严格按土地利用总体规划范围，节约集约利用增量指标，大力清理整顿空闲用地，合理调整土地利用结构，增加结构效益。

### （八）加强土地整治

加强土地整治，改变生态环境，不要以牺牲生态效益来换取经济效益。

### （九）增加林业用地

林地具有净化空气的作用，随着国民经济的不断发展，工业用地和其他行业对空气、水、土壤有污染的用地越来越多，希望增加林业用地面积，保护生态环境。

# 主要参考文献


郭跃升，董艳红，张玉芳，等，2020. 山东省耕地质量演变30年洞鉴[M]. 北京：中国农业出版社.

李涛，万广华，赵庚星，等，2018. 山东耕地[M]. 北京：中国农业出版社.

李玉伦，张焕刚，2012. 诸城耕地[M]. 济南：山东科学技术出版社.

万立华，李涛，高瑞杰，等，2012. 农田节水技术与应用研究[M]. 济南：山东大学出版社.

张西森，潘云平，侯月玲，2016. 潍坊耕地[M]. 北京：中国农业科学技术出版社.

# 附录　诸城市耕地质量评价示意图

## 诸 城 市 耕 地 质 量 评 价 等 级 图

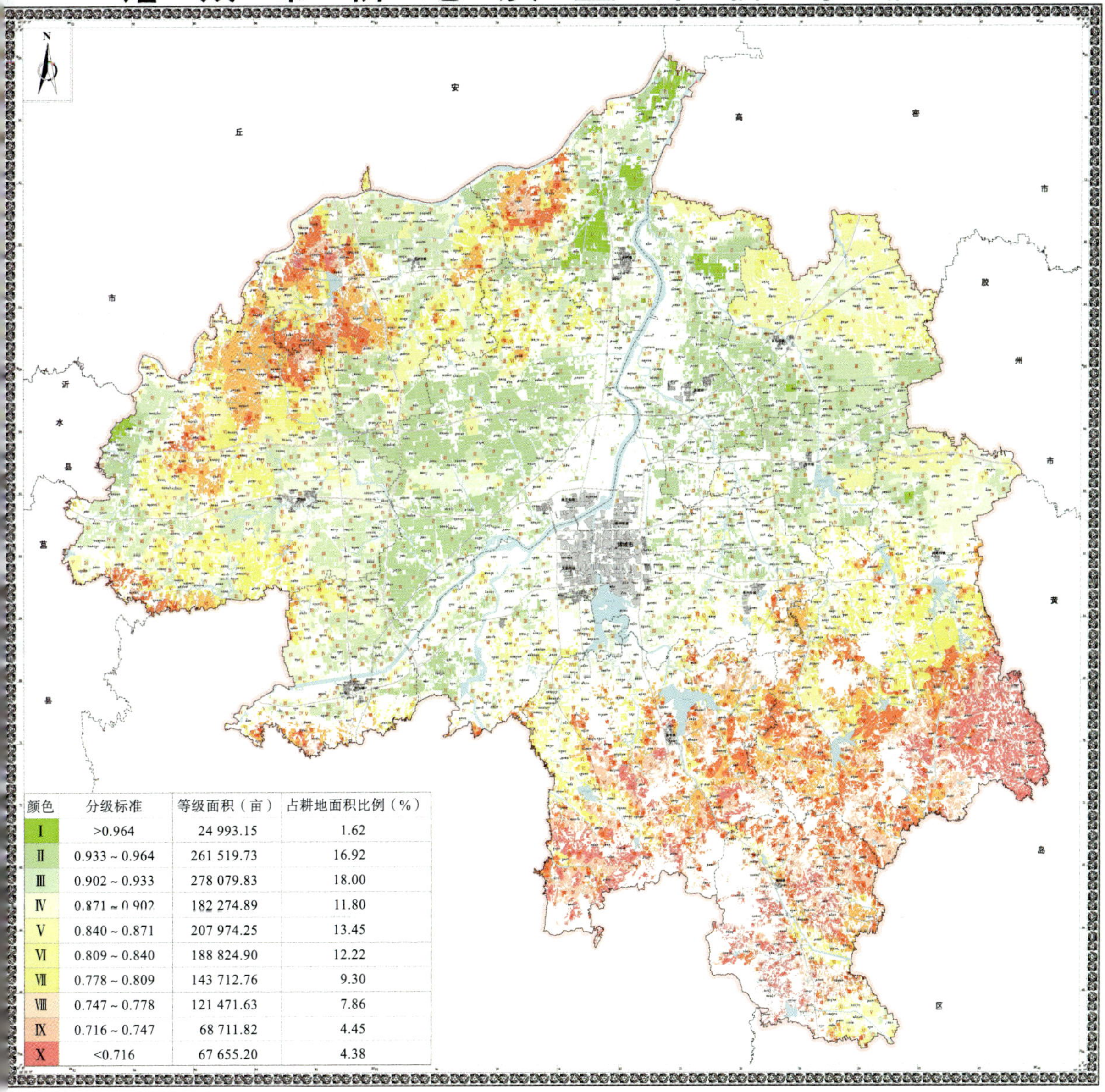


| 颜色 | 分级标准 | 等级面积（亩） | 占耕地面积比例（%） |
|---|---|---|---|
| Ⅰ | >0.964 | 24 993.15 | 1.62 |
| Ⅱ | 0.933 ~ 0.964 | 261 519.73 | 16.92 |
| Ⅲ | 0.902 ~ 0.933 | 278 079.83 | 18.00 |
| Ⅳ | 0.871 ~ 0.902 | 182 274.89 | 11.80 |
| Ⅴ | 0.840 ~ 0.871 | 207 974.25 | 13.45 |
| Ⅵ | 0.809 ~ 0.840 | 188 824.90 | 12.22 |
| Ⅶ | 0.778 ~ 0.809 | 143 712.76 | 9.30 |
| Ⅷ | 0.747 ~ 0.778 | 121 471.63 | 7.86 |
| Ⅸ | 0.716 ~ 0.747 | 68 711.82 | 4.45 |
| Ⅹ | <0.716 | 67 655.20 | 4.38 |

2000国家大地坐标系 1985国家高程基准

山东省经纬工程测绘勘察院 二〇二二年二月

# 诸 城 市 土 壤 图

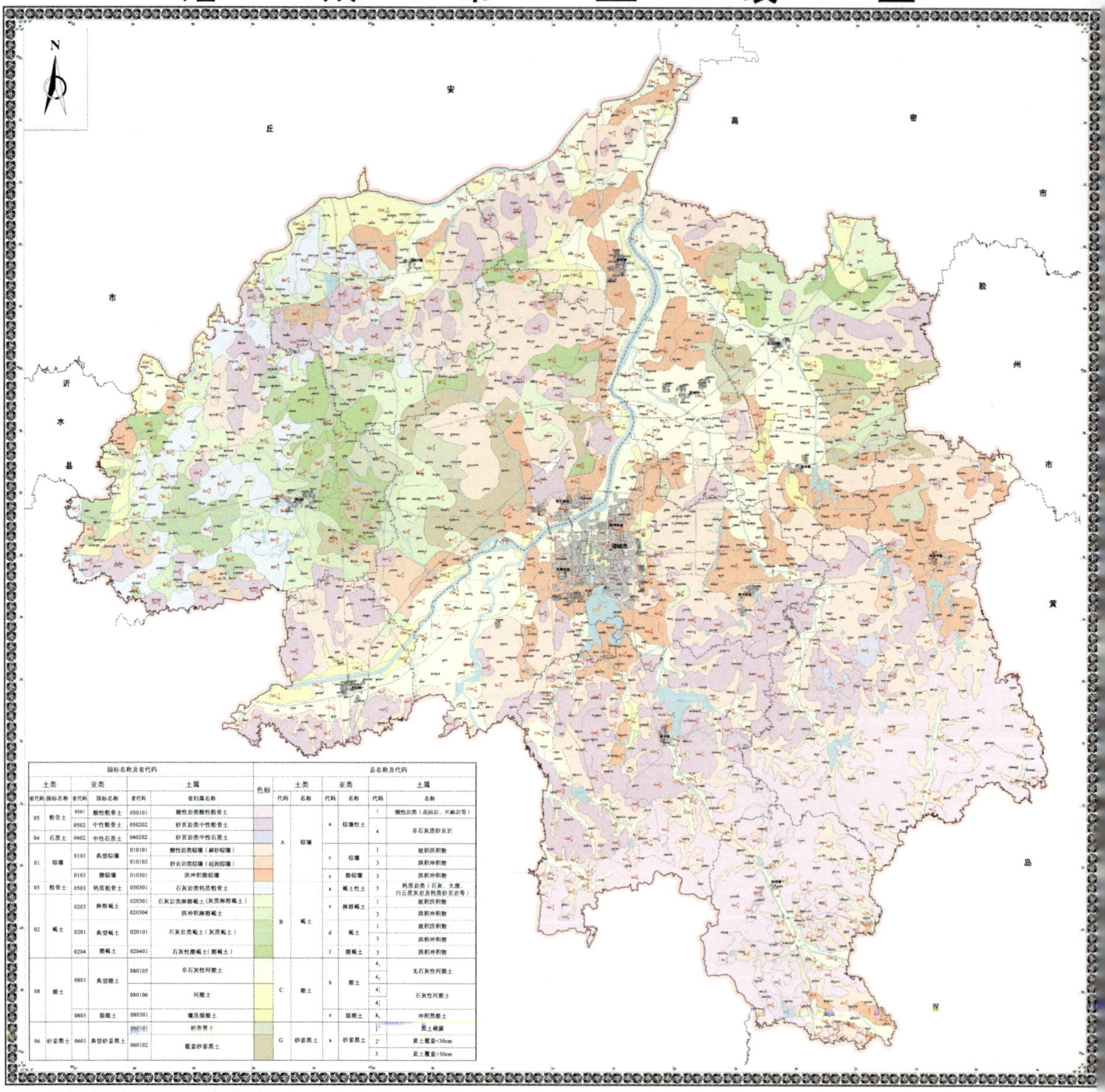


| 国标名称及省代码 | | | | | | 色标 | 县名称及代码 | | | | | |
|---|---|---|---|---|---|---|---|---|---|---|---|---|
| 土类 | | 亚类 | | 土属 | | | 土类 | | 亚类 | | 土属 | |
| 省代码 | 国标名称 | 省代码 | 国标名称 | 省代码 | 省归属名称 | | 代码 | 名称 | 代码 | 名称 | 代码 | 名称 |
| 05 | 粗骨土 | 0501 | 酸性粗骨土 | 050101 | 酸性岩类酸性粗骨土 | | A | 棕壤 | a | 棕壤性土 | 1 | 酸性岩类（花岗岩、片麻岩等） |
| | | 0502 | 中性粗骨土 | 050202 | 砂页岩类中性粗骨土 | | | | | | 4 | 非石灰质砂页岩 |
| 04 | 石质土 | 0402 | 中性石质土 | 040202 | 砂页岩类中性石质土 | | | | | | | |
| 01 | 棕壤 | 0101 | 典型棕壤 | 010101 | 酸性岩类棕壤（麻砂棕壤） | | | | c | 棕壤 | 1 | 坡积洪积物 |
| | | | | 010103 | 砂页岩类棕壤（硅泥棕壤） | | | | | | 3 | 洪积冲积物 |
| | | 0103 | 潮棕壤 | 010301 | 洪冲积潮棕壤 | | | | e | 潮棕壤 | 3 | 洪积冲积物 |
| 05 | 粗骨土 | 0503 | 钙质粗骨土 | 050301 | 石灰岩类钙质粗骨土 | | B | 褐土 | a | 褐土性土 | 3 | 钙质岩类（石灰、大理、白云质灰岩及钙质砂页岩等） |
| 02 | 褐土 | 0203 | 淋溶褐土 | 020301 | 石灰岩类淋溶褐土（灰质淋溶褐土） | | | | c | 淋溶褐土 | 1 | 坡积洪积物 |
| | | | | 020304 | 洪冲积淋溶褐土 | | | | | | 3 | 洪积冲积物 |
| | | 0201 | 典型褐土 | 020101 | 石灰岩类褐土（灰质褐土） | | | | d | 褐土 | 1 | 坡积洪积物 |
| | | | | | | | | | | | 3 | 洪积冲积物 |
| | | 0204 | 潮褐土 | 020401 | 石灰性潮褐土（潮褐土） | | | | f | 潮褐土 | 3 | 洪积冲积物 |
| 08 | 潮土 | 0801 | 典型潮土 | 080105 | 非石灰性河潮土 | | C | 潮土 | b | 潮土 | $4_1$ | 无石灰性河潮土 |
| | | | | | | | | | | | $4_2$ | |
| | | | | 080106 | 河潮土 | | | | | | $4'_1$ | 石灰性河潮土 |
| | | | | | | | | | | | $4'_2$ | |
| | | 0803 | 湿潮土 | 080301 | 壤质湿潮土 | | | | e | 湿潮土 | $8_1$ | 冲积黑潮土 |
| 06 | 砂姜黑土 | 0601 | 典型砂姜黑土 | 060101 | 砂姜黑土 | | G | 砂姜黑土 | a | 砂姜黑土 | 1' | 黑土裸露 |
| | | | | 060102 | 覆盖砂姜黑土 | | | | | | 2' | 黄土覆盖<30cm |
| | | | | | | | | | | | 3 | 黄土覆盖>30cm |

2000国家大地坐标系 1985国家高程基准

山东省经纬工程测绘勘察院 二〇二二年二月

# 诸城市耕地质量调查点点位图

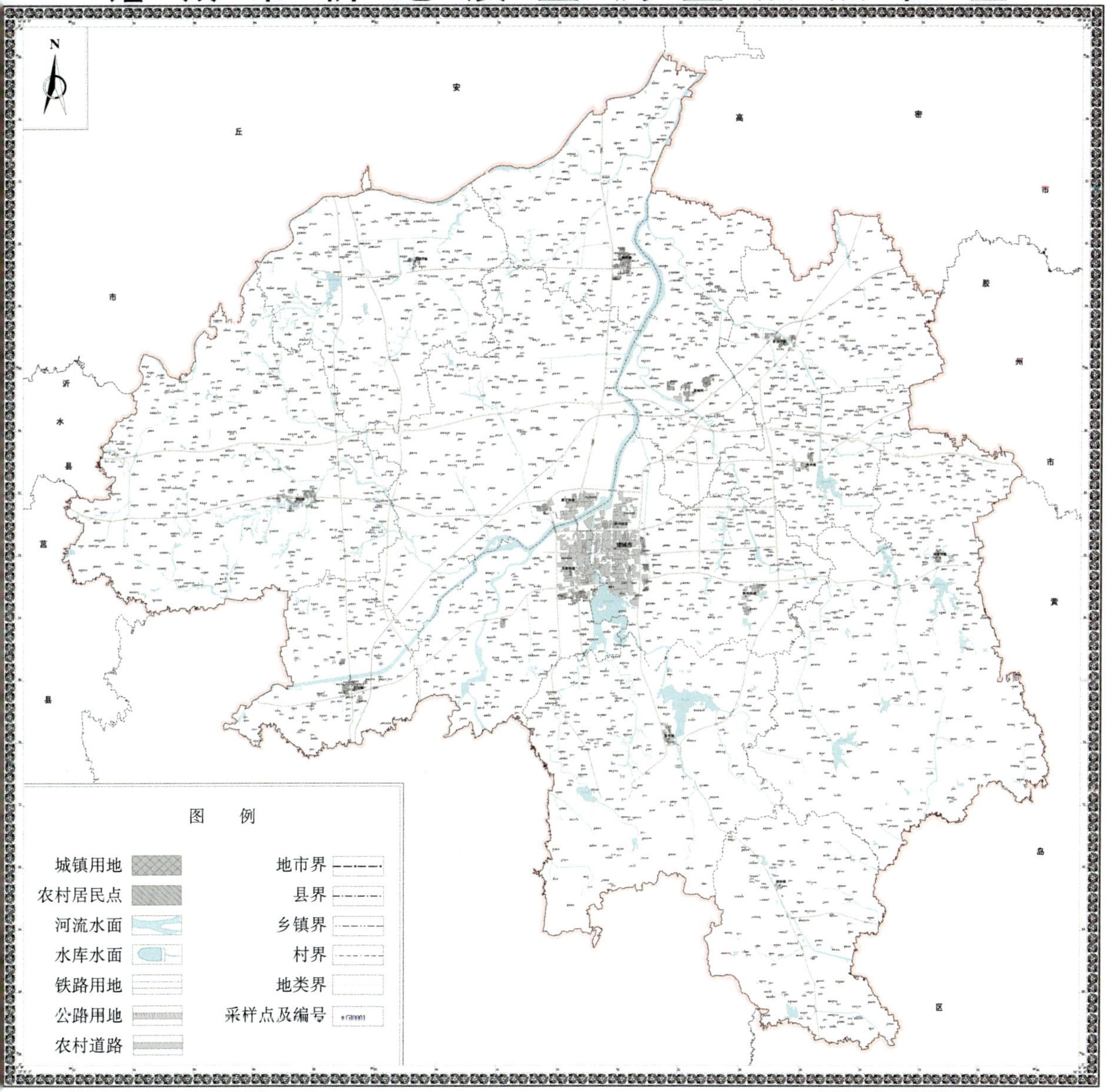


2000国家大地坐标系 1985国家高程基准

山东省经纬工程测绘勘察院 二〇二二年二月

# 诸城市土壤有机质含量分布图

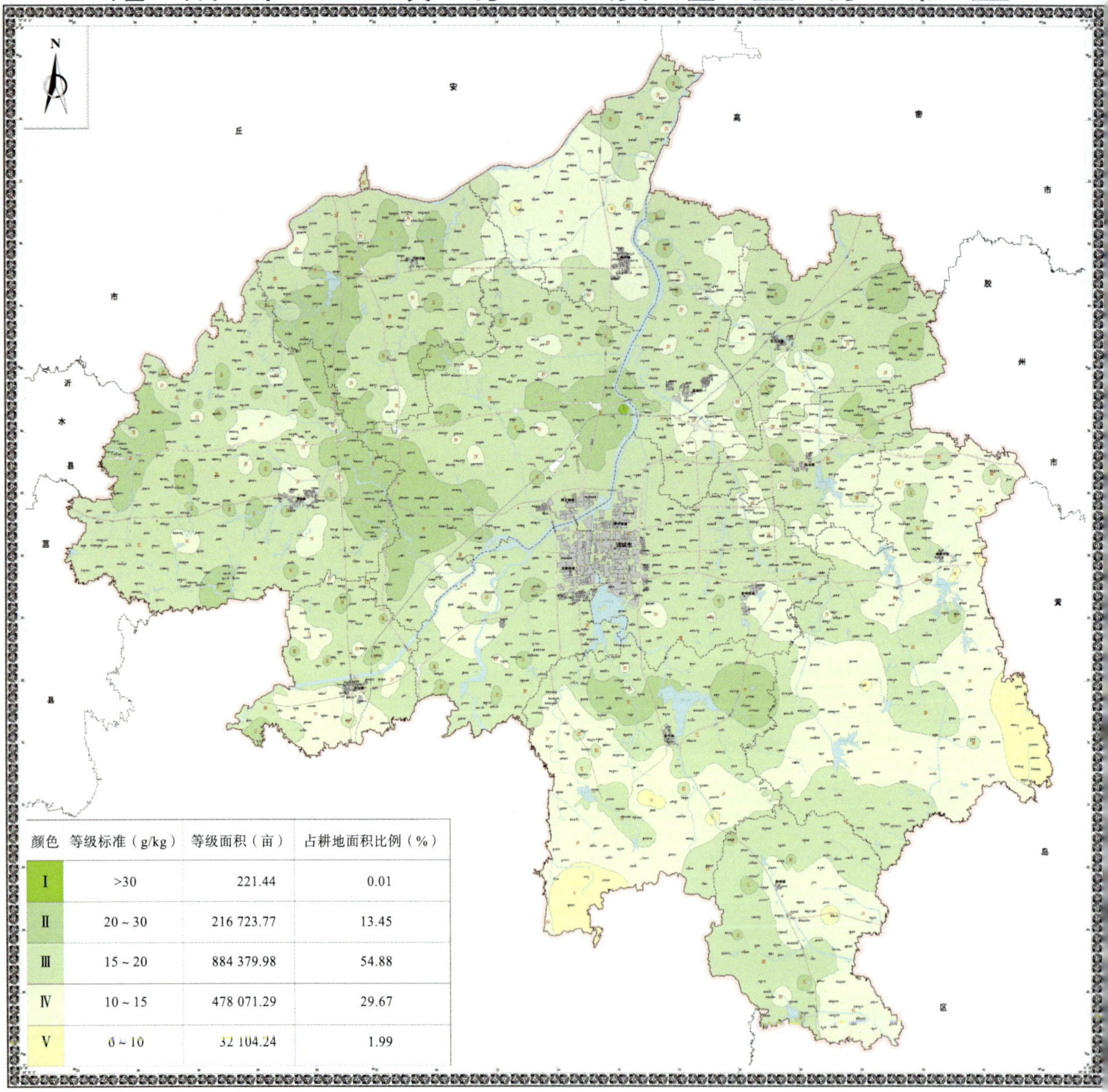


| 颜色 | 等级标准（g/kg） | 等级面积（亩） | 占耕地面积比例（%） |
| --- | --- | --- | --- |
| Ⅰ | >30 | 221.44 | 0.01 |
| Ⅱ | 20 ~ 30 | 216 723.77 | 13.45 |
| Ⅲ | 15 ~ 20 | 884 379.98 | 54.88 |
| Ⅳ | 10 ~ 15 | 478 071.29 | 29.67 |
| Ⅴ | 6 ~ 10 | 32 104.24 | 1.99 |

2000国家大地坐标系 1985国家高程基准

山东省经纬工程测绘勘察院 二〇二二年二月

# 诸 城 市 土 壤 pH 值 分 布 图

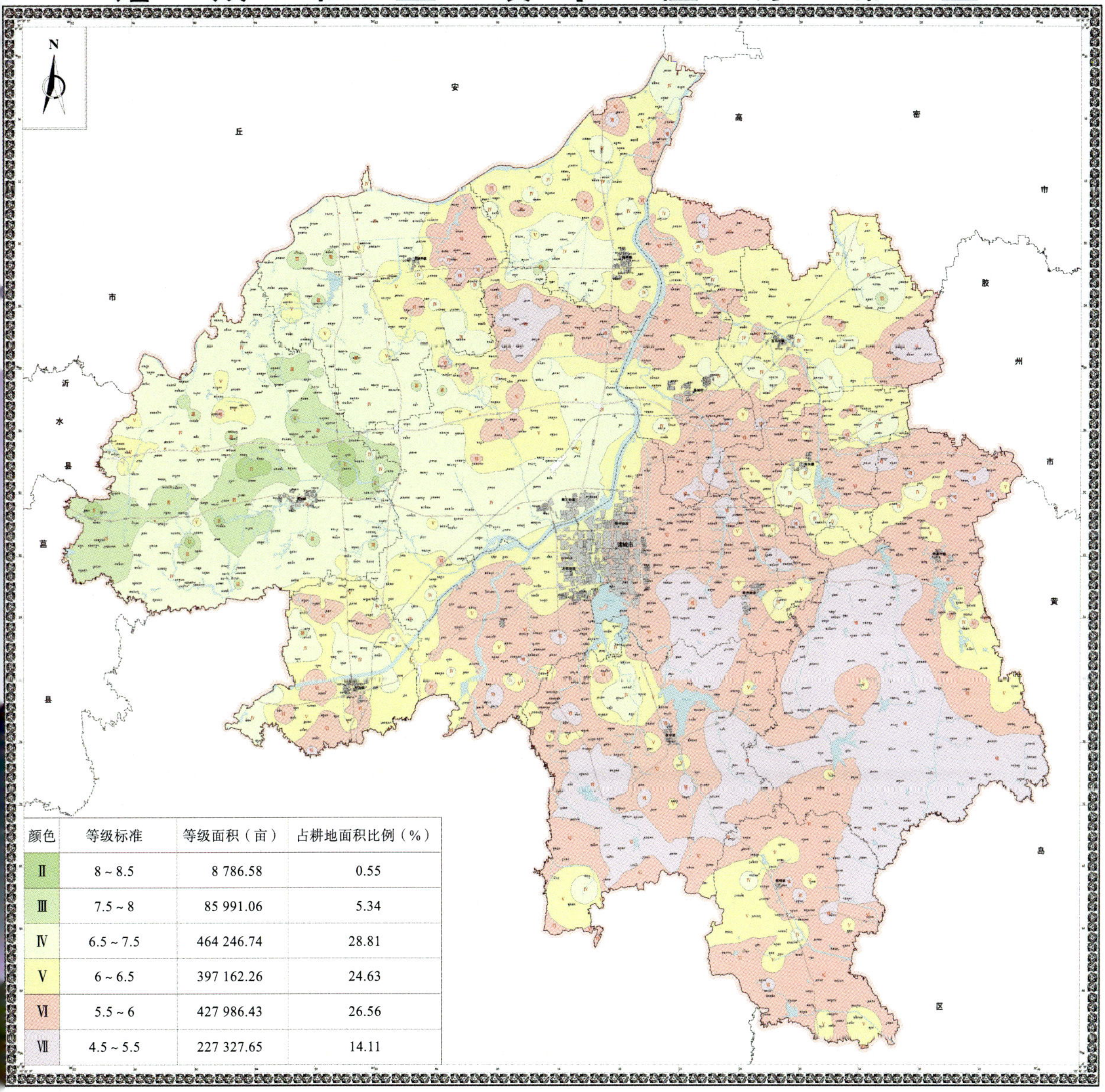


| 颜色 | 等级标准 | 等级面积（亩） | 占耕地面积比例（%） |
|---|---|---|---|
| Ⅱ | 8～8.5 | 8 786.58 | 0.55 |
| Ⅲ | 7.5～8 | 85 991.06 | 5.34 |
| Ⅳ | 6.5～7.5 | 464 246.74 | 28.81 |
| Ⅴ | 6～6.5 | 397 162.26 | 24.63 |
| Ⅵ | 5.5～6 | 427 986.43 | 26.56 |
| Ⅶ | 4.5～5.5 | 227 327.65 | 14.11 |

2000国家大地坐标系 1985国家高程基准

山东省经纬工程测绘勘察院 二〇二二年二月

# 诸城市土壤全氮含量分布图

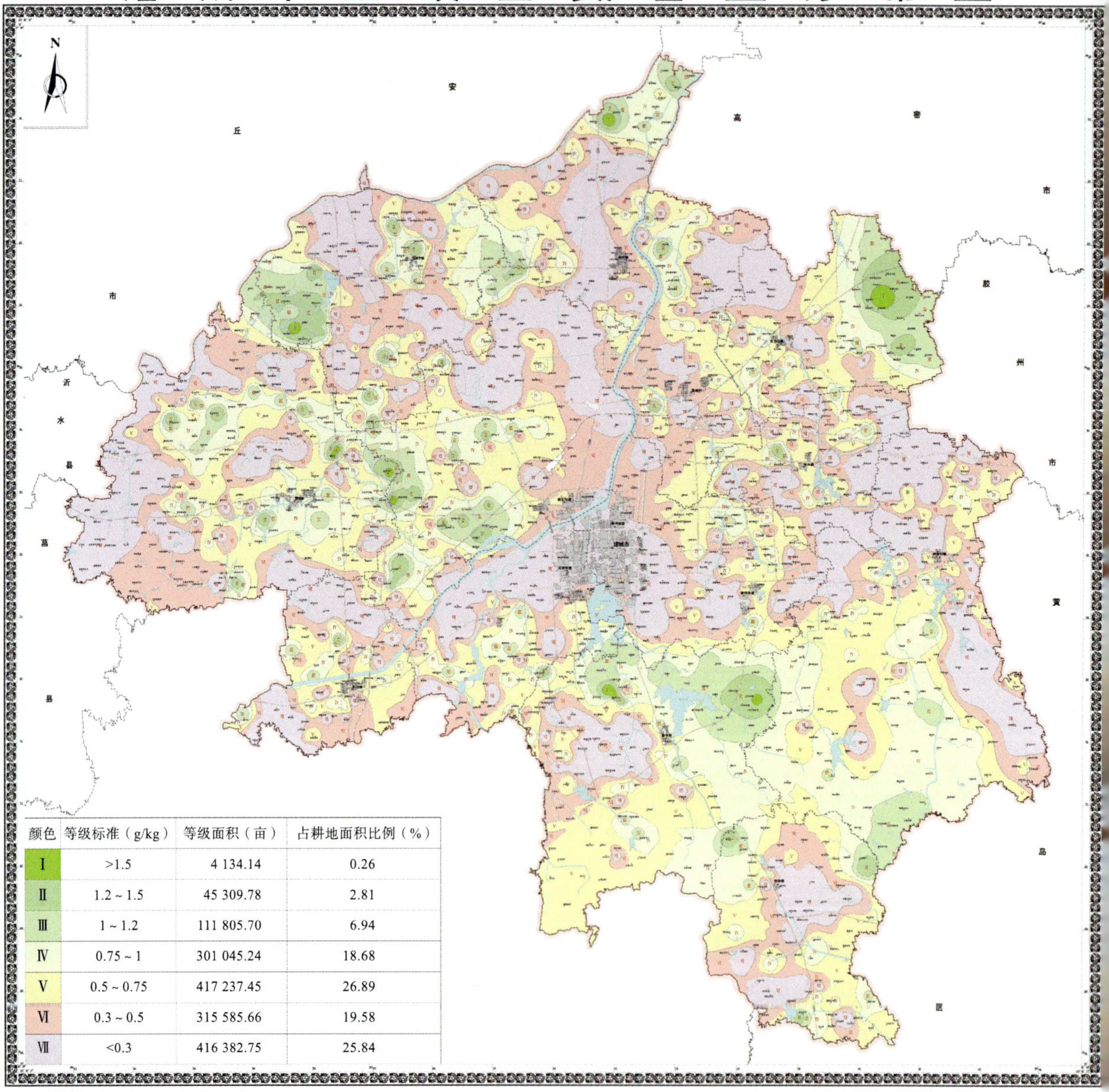


| 颜色 | 等级标准（g/kg） | 等级面积（亩） | 占耕地面积比例（%） |
|---|---|---|---|
| Ⅰ | >1.5 | 4 134.14 | 0.26 |
| Ⅱ | 1.2 ~ 1.5 | 45 309.78 | 2.81 |
| Ⅲ | 1 ~ 1.2 | 111 805.70 | 6.94 |
| Ⅳ | 0.75 ~ 1 | 301 045.24 | 18.68 |
| Ⅴ | 0.5 ~ 0.75 | 417 237.45 | 26.89 |
| Ⅵ | 0.3 ~ 0.5 | 315 585.66 | 19.58 |
| Ⅶ | <0.3 | 416 382.75 | 25.84 |

2000国家大地坐标系 1985国家高程基准

山东省经纬工程测绘勘察院 二〇二二年二月

# 诸城市土壤有效磷含量分布图

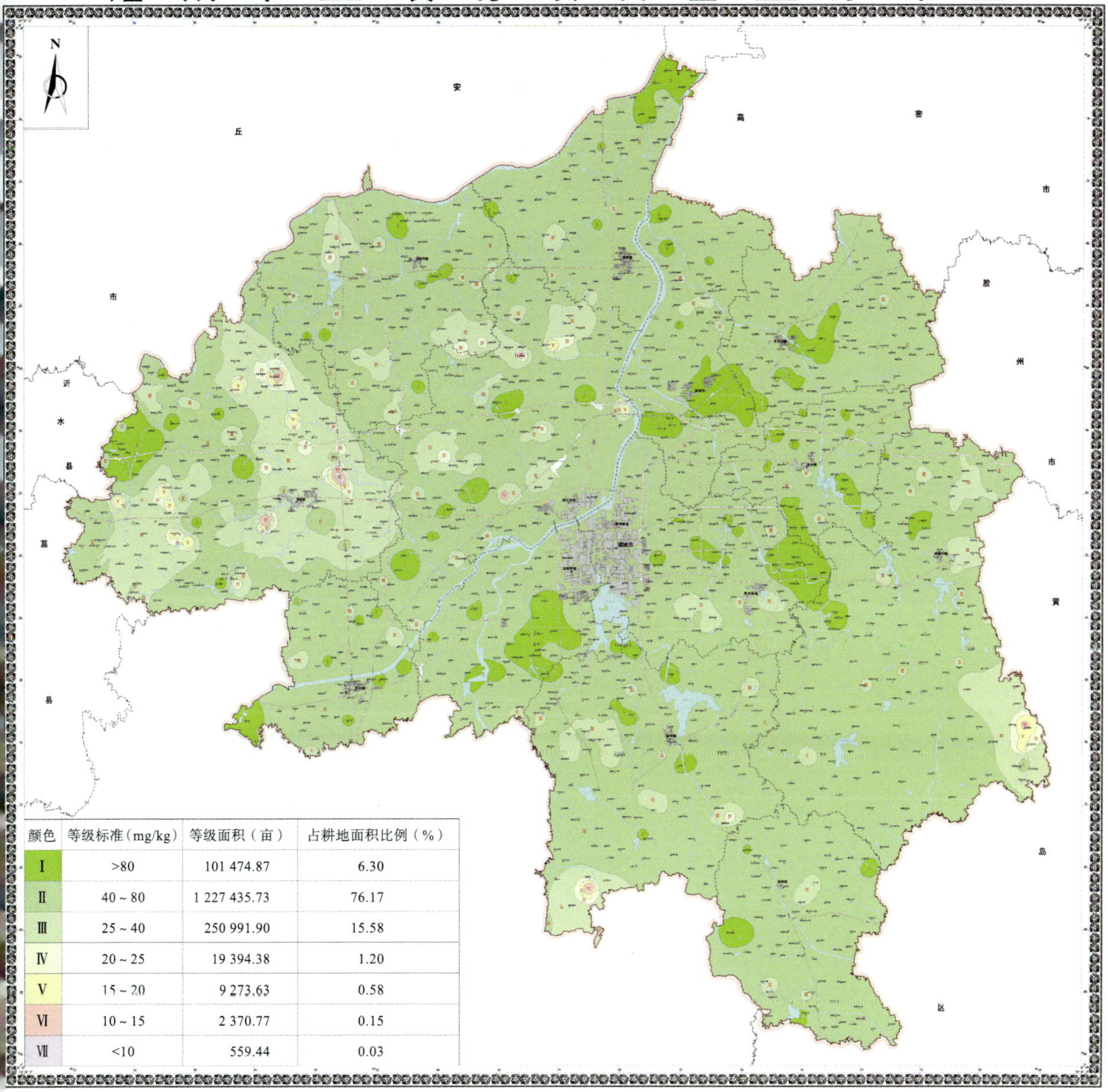


| 颜色 | 等级标准（mg/kg） | 等级面积（亩） | 占耕地面积比例（%） |
|---|---|---|---|
| Ⅰ | >80 | 101 474.87 | 6.30 |
| Ⅱ | 40 ~ 80 | 1 227 435.73 | 76.17 |
| Ⅲ | 25 ~ 40 | 250 991.90 | 15.58 |
| Ⅳ | 20 ~ 25 | 19 394.38 | 1.20 |
| Ⅴ | 15 ~ 20 | 9 273.63 | 0.58 |
| Ⅵ | 10 ~ 15 | 2 370.77 | 0.15 |
| Ⅶ | <10 | 559.44 | 0.03 |

2000国家大地坐标系 1985国家高程基准　　　　山东省经纬工程测绘勘察院 二〇二二年二月

# 诸城市土壤速效钾含量分布图

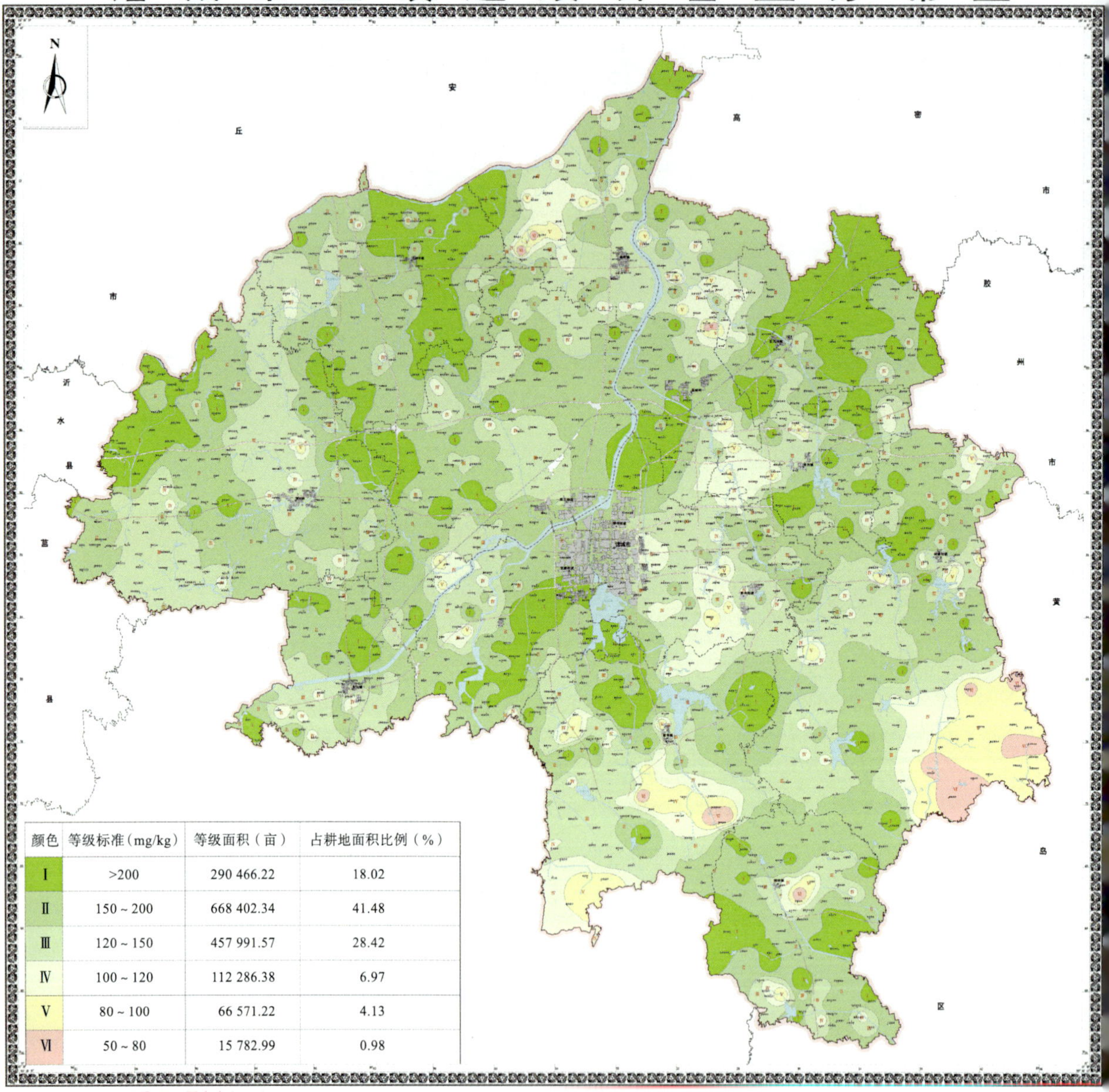


| 颜色 | 等级标准(mg/kg) | 等级面积（亩） | 占耕地面积比例（%） |
|---|---|---|---|
| Ⅰ | >200 | 290 466.22 | 18.02 |
| Ⅱ | 150 ~ 200 | 668 402.34 | 41.48 |
| Ⅲ | 120 ~ 150 | 457 991.57 | 28.42 |
| Ⅳ | 100 ~ 120 | 112 286.38 | 6.97 |
| Ⅴ | 80 ~ 100 | 66 571.22 | 4.13 |
| Ⅵ | 50 ~ 80 | 15 782.99 | 0.98 |

2000国家大地坐标系 1985国家高程基准

山东省经纬工程测绘勘察院 二〇二二年二月

# 诸城市土壤缓效钾含量分布图

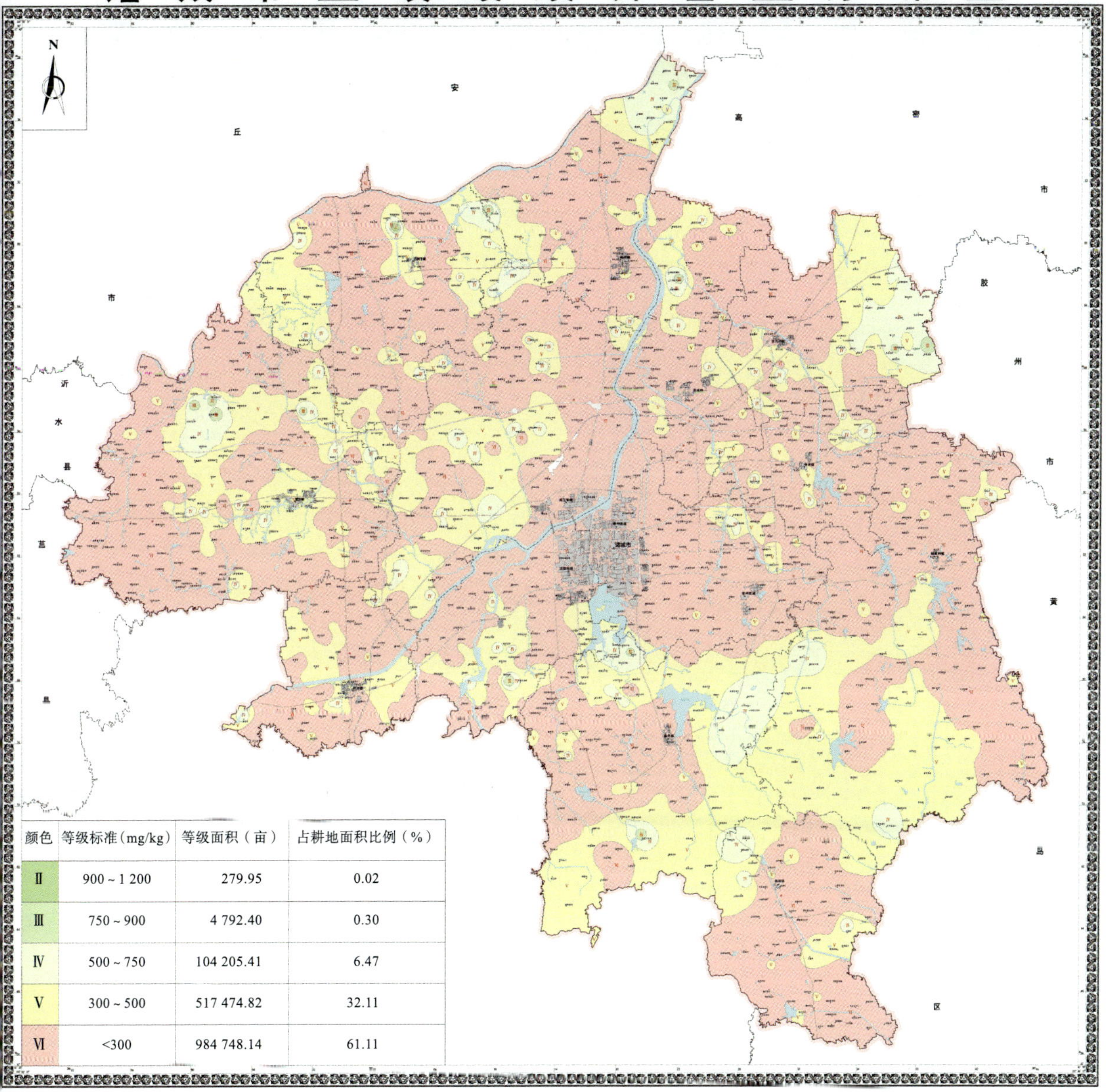


| 颜色 | 等级标准（mg/kg） | 等级面积（亩） | 占耕地面积比例（%） |
|---|---|---|---|
| Ⅱ | 900 ~ 1 200 | 279.95 | 0.02 |
| Ⅲ | 750 ~ 900 | 4 792.40 | 0.30 |
| Ⅳ | 500 ~ 750 | 104 205.41 | 6.47 |
| Ⅴ | 300 ~ 500 | 517 474.82 | 32.11 |
| Ⅵ | <300 | 984 748.14 | 61.11 |

2000国家大地坐标系 1985国家高程基准

山东省经纬工程测绘勘察院 二〇二二年二月

# 诸城市土壤交换性钙含量分布图

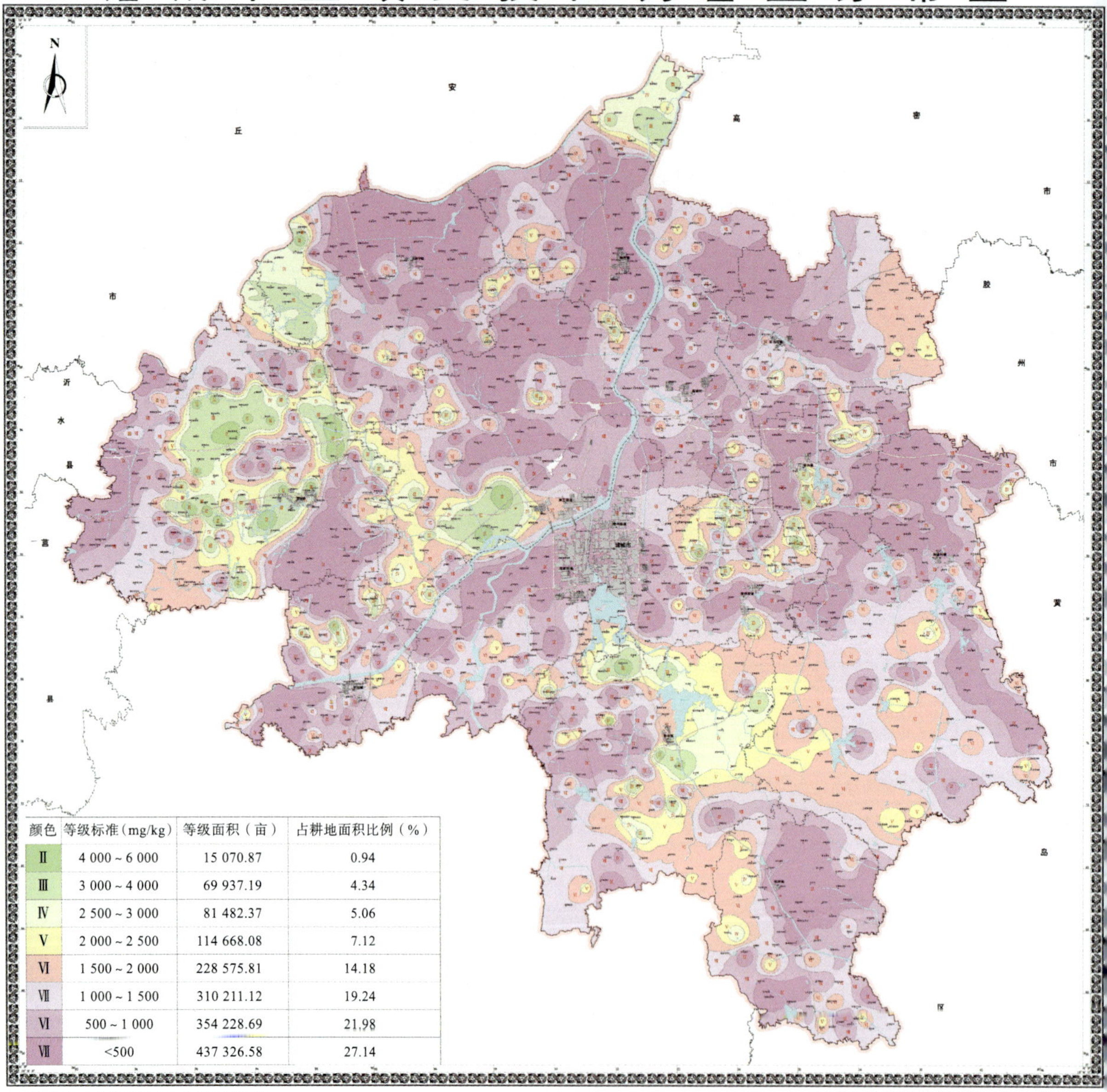


| 颜色 | 等级标准（mg/kg） | 等级面积（亩） | 占耕地面积比例（%） |
|---|---|---|---|
| Ⅱ | 4 000 ~ 6 000 | 15 070.87 | 0.94 |
| Ⅲ | 3 000 ~ 4 000 | 69 937.19 | 4.34 |
| Ⅳ | 2 500 ~ 3 000 | 81 482.37 | 5.06 |
| Ⅴ | 2 000 ~ 2 500 | 114 668.08 | 7.12 |
| Ⅵ | 1 500 ~ 2 000 | 228 575.81 | 14.18 |
| Ⅶ | 1 000 ~ 1 500 | 310 211.12 | 19.24 |
| Ⅵ | 500 ~ 1 000 | 354 228.69 | 21.98 |
| Ⅶ | <500 | 437 326.58 | 27.14 |

2000国家大地坐标系 1985国家高程基准

山东省经纬工程测绘勘察院 二〇二二年二月

# 诸城市土壤交换性镁含量分布图

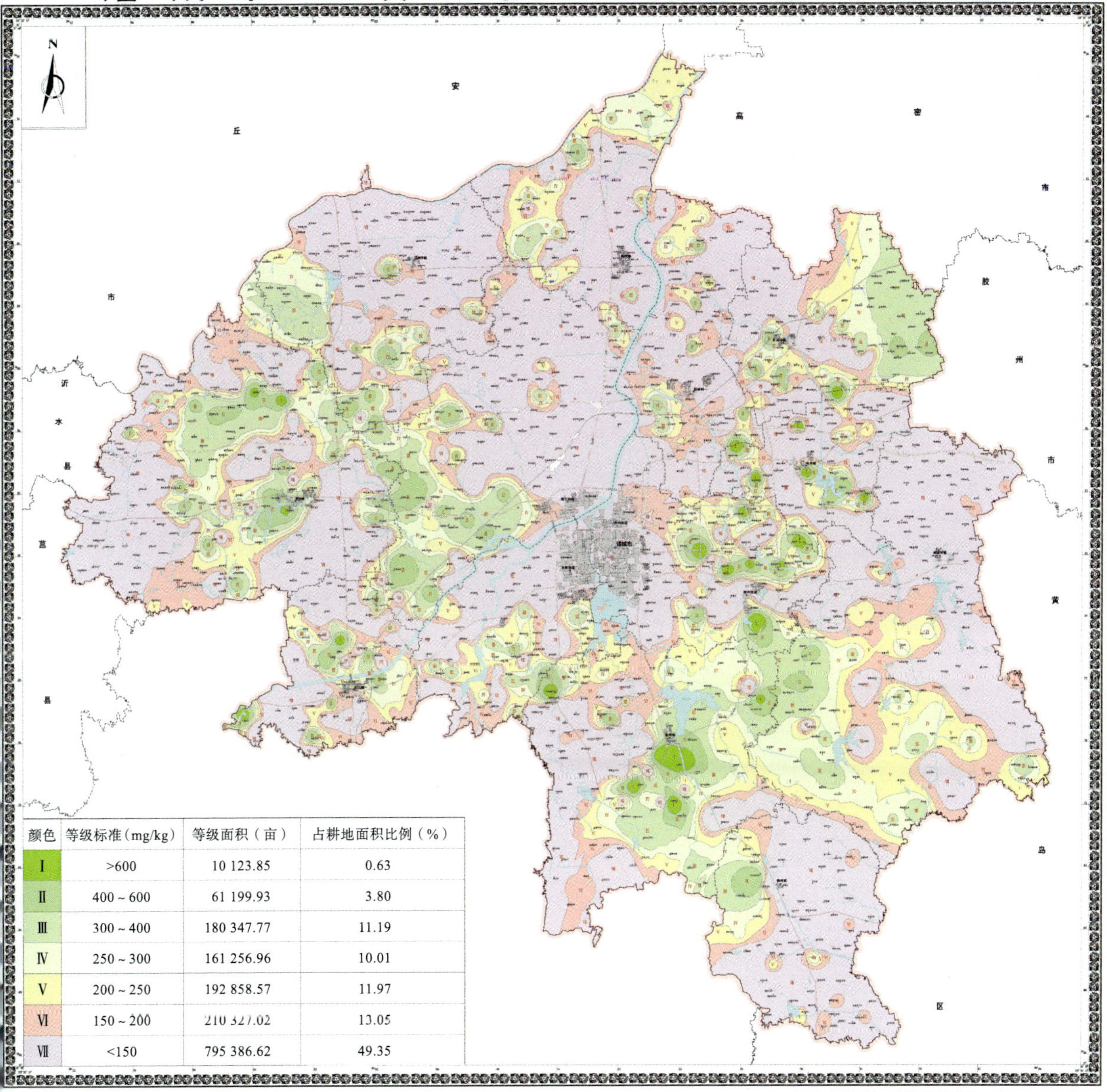


| 颜色 | 等级标准（mg/kg） | 等级面积（亩） | 占耕地面积比例（%） |
|---|---|---|---|
| Ⅰ | >600 | 10 123.85 | 0.63 |
| Ⅱ | 400～600 | 61 199.93 | 3.80 |
| Ⅲ | 300～400 | 180 347.77 | 11.19 |
| Ⅳ | 250～300 | 161 256.96 | 10.01 |
| Ⅴ | 200～250 | 192 858.57 | 11.97 |
| Ⅵ | 150～200 | 210 327.02 | 13.05 |
| Ⅶ | <150 | 795 386.62 | 49.35 |

2000国家大地坐标系 1985国家高程基准

山东省经纬工程测绘勘察院 二〇二二年二月

# 诸城市土壤有效硫含量分布图

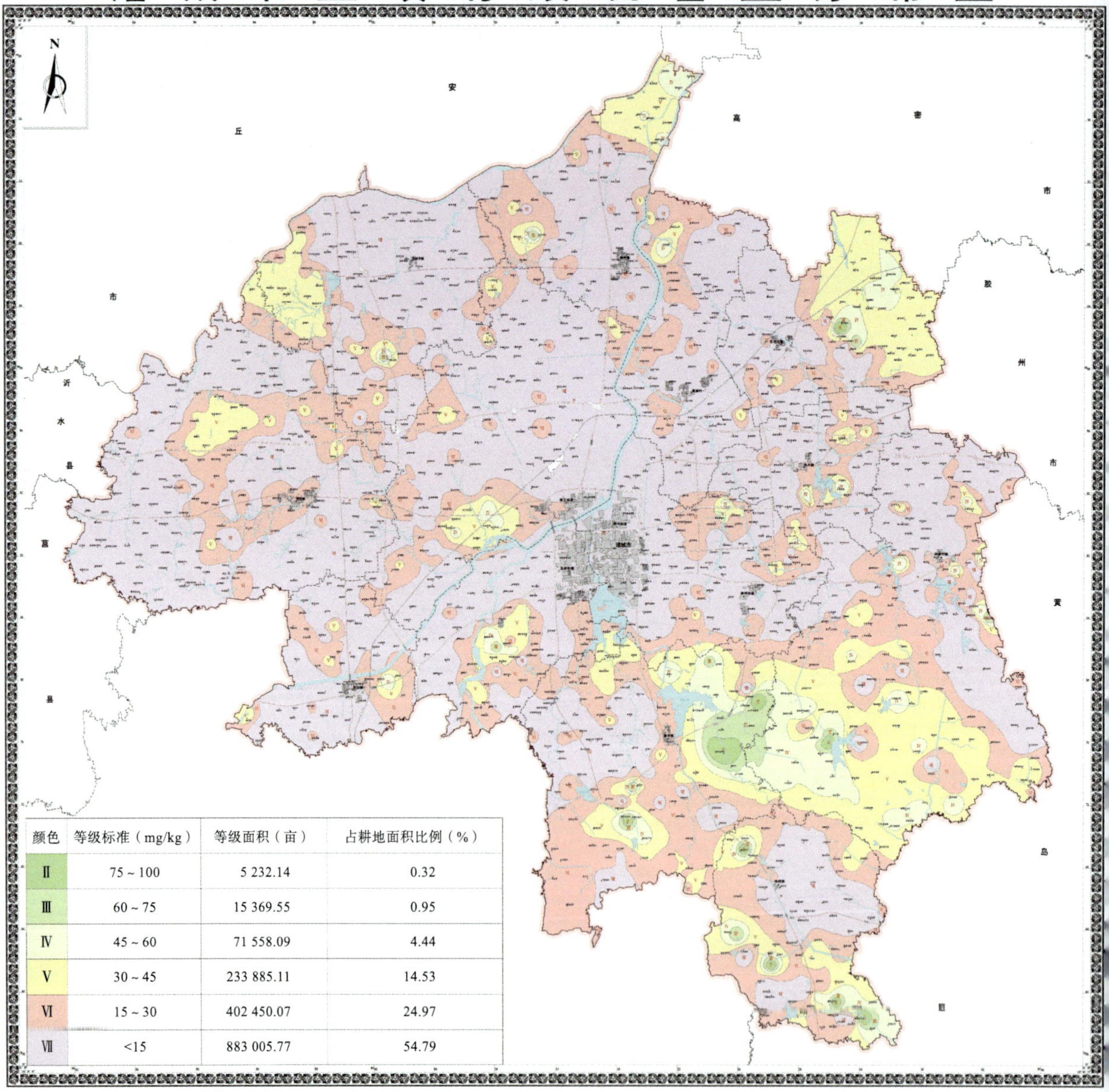


| 颜色 | 等级标准（mg/kg） | 等级面积（亩） | 占耕地面积比例（%） |
|---|---|---|---|
| Ⅱ | 75～100 | 5 232.14 | 0.32 |
| Ⅲ | 60～75 | 15 369.55 | 0.95 |
| Ⅳ | 45～60 | 71 558.09 | 4.44 |
| Ⅴ | 30～45 | 233 885.11 | 14.53 |
| Ⅵ | 15～30 | 402 450.07 | 24.97 |
| Ⅶ | <15 | 883 005.77 | 54.79 |

2000国家大地坐标系 1985国家高程基准

山东省经纬工程测绘勘察院 二〇二二年二月

# 诸城市土壤有效硼含量分布图

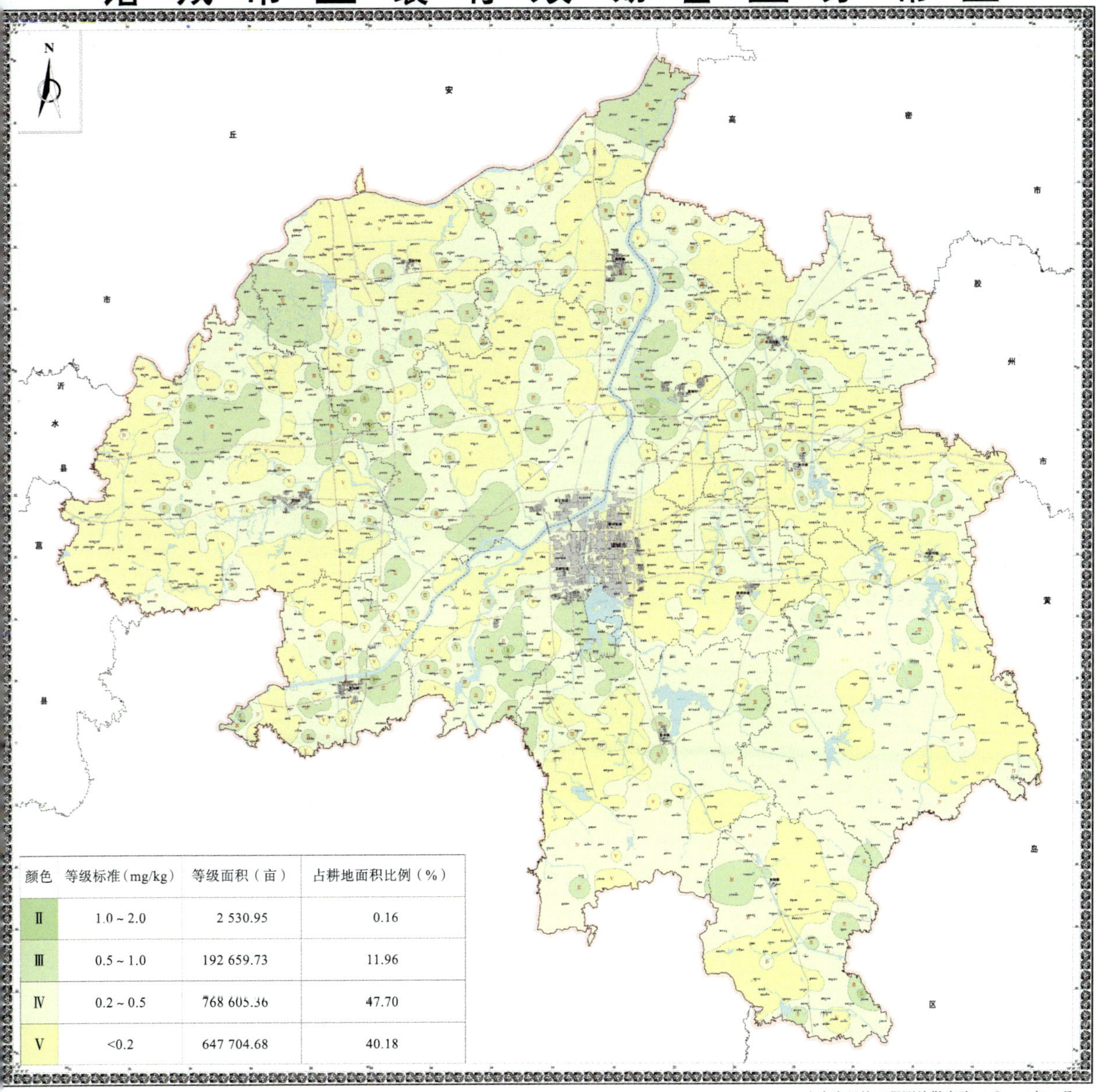


| 颜色 | 等级标准（mg/kg） | 等级面积（亩） | 占耕地面积比例（%） |
|---|---|---|---|
| Ⅱ | 1.0～2.0 | 2 530.95 | 0.16 |
| Ⅲ | 0.5～1.0 | 192 659.73 | 11.96 |
| Ⅳ | 0.2～0.5 | 768 605.36 | 47.70 |
| Ⅴ | <0.2 | 647 704.68 | 40.18 |

2000国家大地坐标系 1985国家高程基准

山东省经纬工程测绘勘察院 二〇二二年二月

# 诸城市土壤有效锌含量分布图

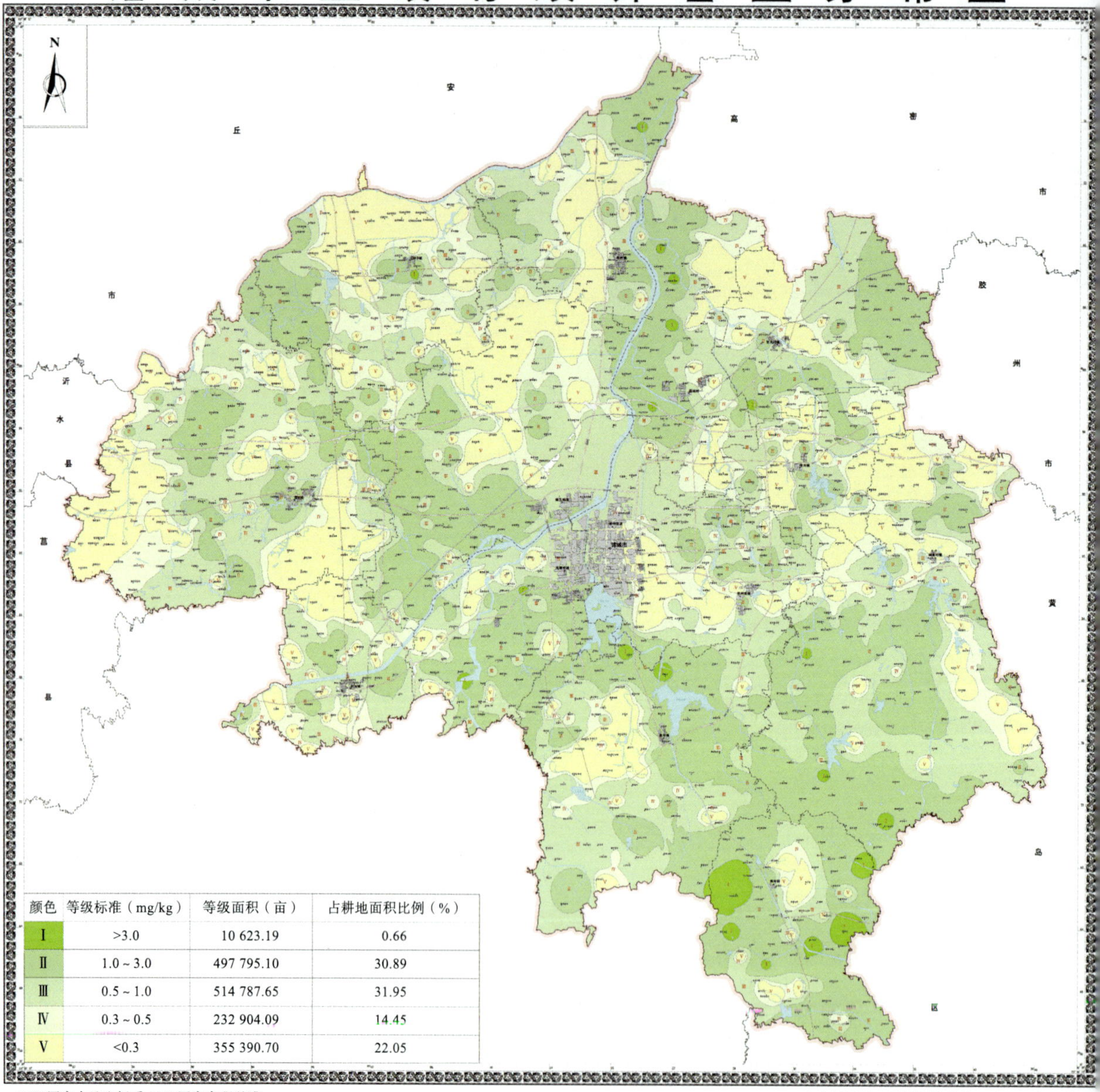


| 颜色 | 等级标准（mg/kg） | 等级面积（亩） | 占耕地面积比例（%） |
|---|---|---|---|
| Ⅰ | >3.0 | 10 623.19 | 0.66 |
| Ⅱ | 1.0～3.0 | 497 795.10 | 30.89 |
| Ⅲ | 0.5～1.0 | 514 787.65 | 31.95 |
| Ⅳ | 0.3～0.5 | 232 904.09 | 14.45 |
| Ⅴ | <0.3 | 355 390.70 | 22.05 |

2000国家大地坐标系 1985国家高程基准

山东省经纬工程测绘勘察院 二〇二二年二月

# 诸城市土壤有效锰含量分布图

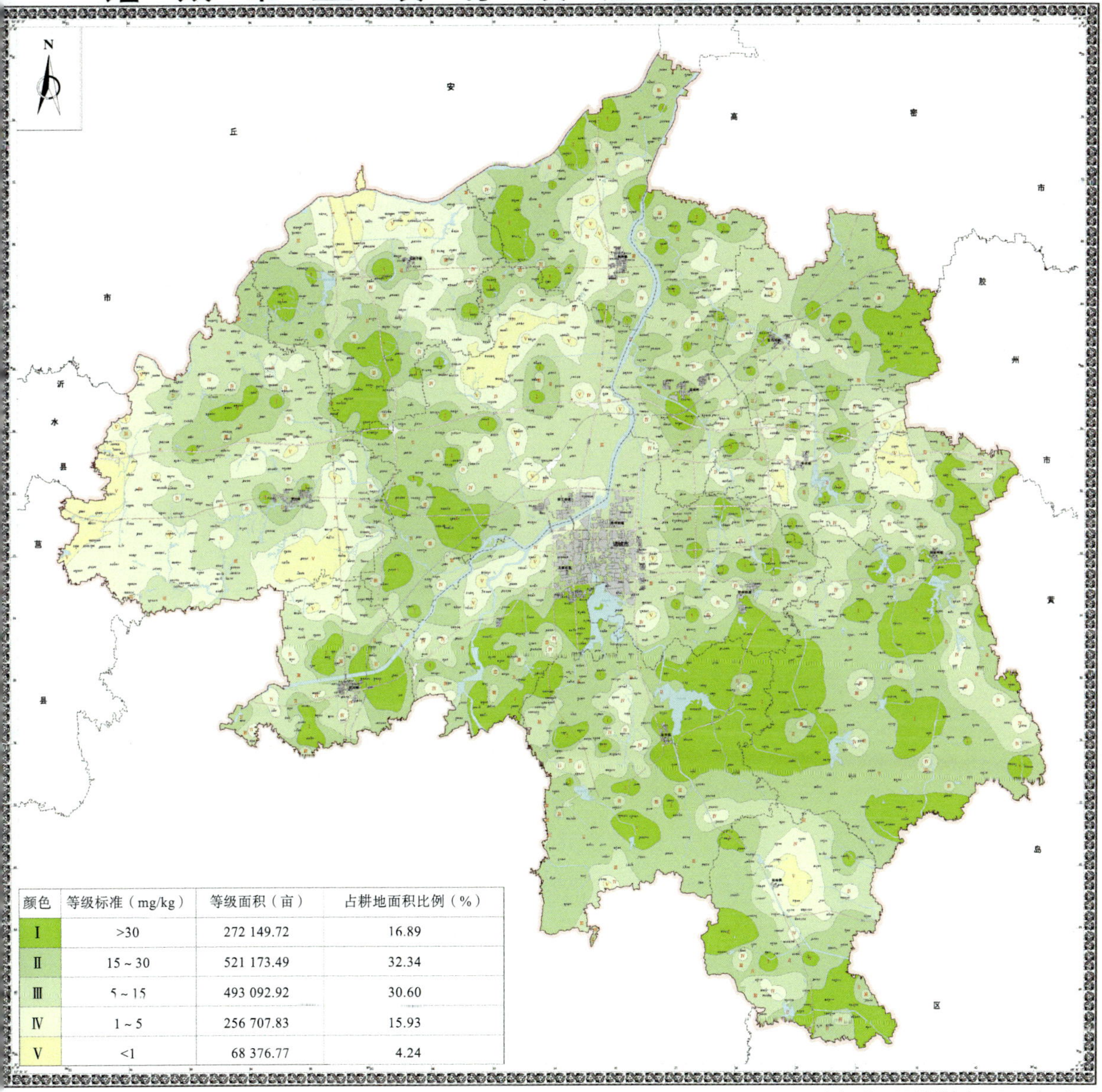


| 颜色 | 等级标准（mg/kg） | 等级面积（亩） | 占耕地面积比例（%） |
|---|---|---|---|
| Ⅰ | >30 | 272 149.72 | 16.89 |
| Ⅱ | 15 ~ 30 | 521 173.49 | 32.34 |
| Ⅲ | 5 ~ 15 | 493 092.92 | 30.60 |
| Ⅳ | 1 ~ 5 | 256 707.83 | 15.93 |
| Ⅴ | <1 | 68 376.77 | 4.24 |

2000国家大地坐标系 1985国家高程基准

山东省经纬工程测绘勘察院 二〇二二年二月

# 诸城市土壤有效铁含量分布图

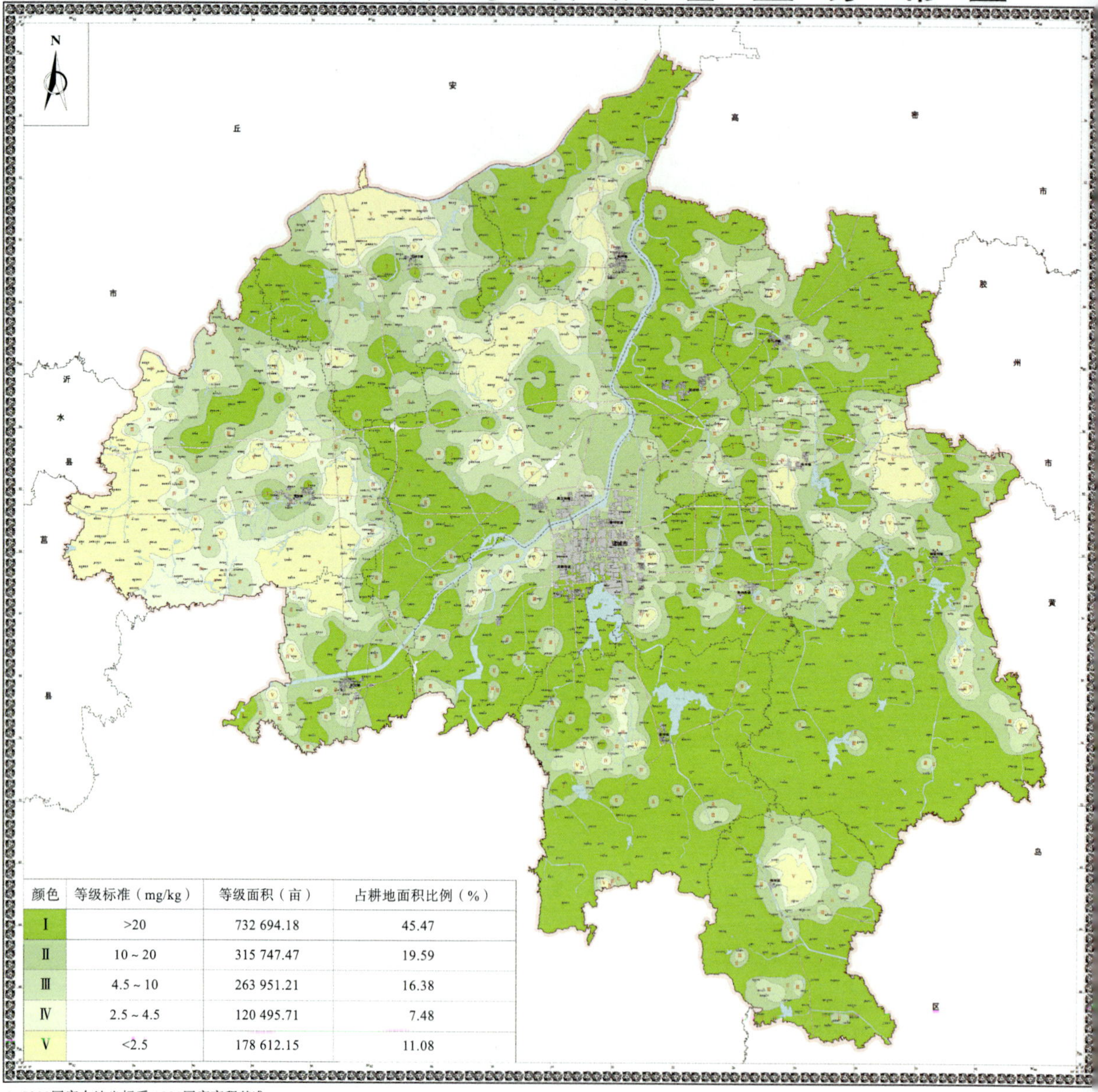


| 颜色 | 等级标准（mg/kg） | 等级面积（亩） | 占耕地面积比例（%） |
|---|---|---|---|
| Ⅰ | >20 | 732 694.18 | 45.47 |
| Ⅱ | 10～20 | 315 747.47 | 19.59 |
| Ⅲ | 4.5～10 | 263 951.21 | 16.38 |
| Ⅳ | 2.5～4.5 | 120 495.71 | 7.48 |
| Ⅴ | <2.5 | 178 612.15 | 11.08 |

2000国家大地坐标系 1985国家高程基准

山东省经纬工程测绘勘察院 二〇二二年二月

# 诸城市土壤有效铜含量分布图

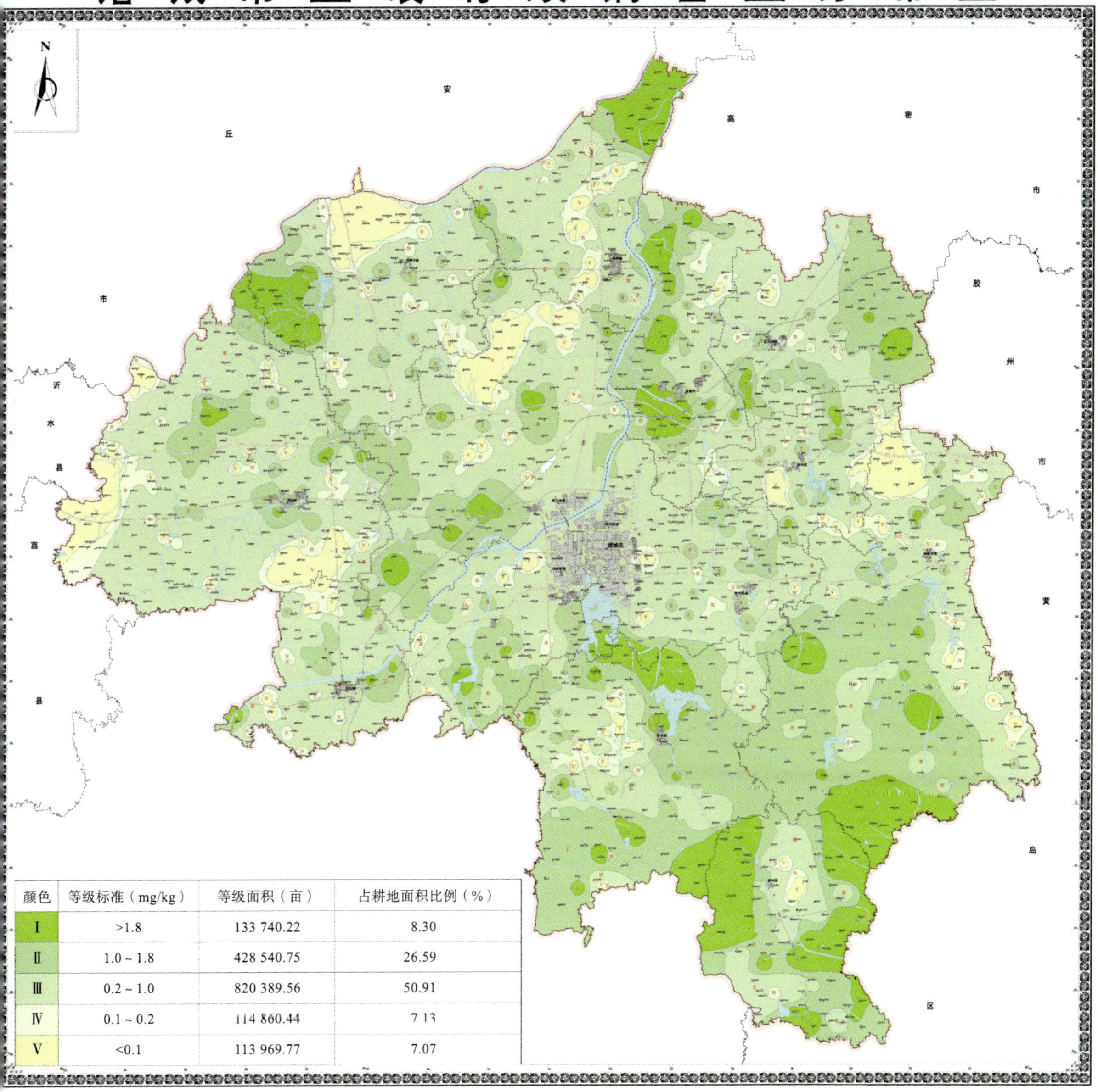


| 颜色 | 等级标准（mg/kg） | 等级面积（亩） | 占耕地面积比例（%） |
|---|---|---|---|
| Ⅰ | >1.8 | 133 740.22 | 8.30 |
| Ⅱ | 1.0 ~ 1.8 | 428 540.75 | 26.59 |
| Ⅲ | 0.2 ~ 1.0 | 820 389.56 | 50.91 |
| Ⅳ | 0.1 ~ 0.2 | 114 860.44 | 7.13 |
| Ⅴ | <0.1 | 113 969.77 | 7.07 |

2000国家大地坐标系 1985国家高程基准

山东省经纬工程测绘勘察院 二〇二二年二月

# 诸城市土壤有效钼含量分布图

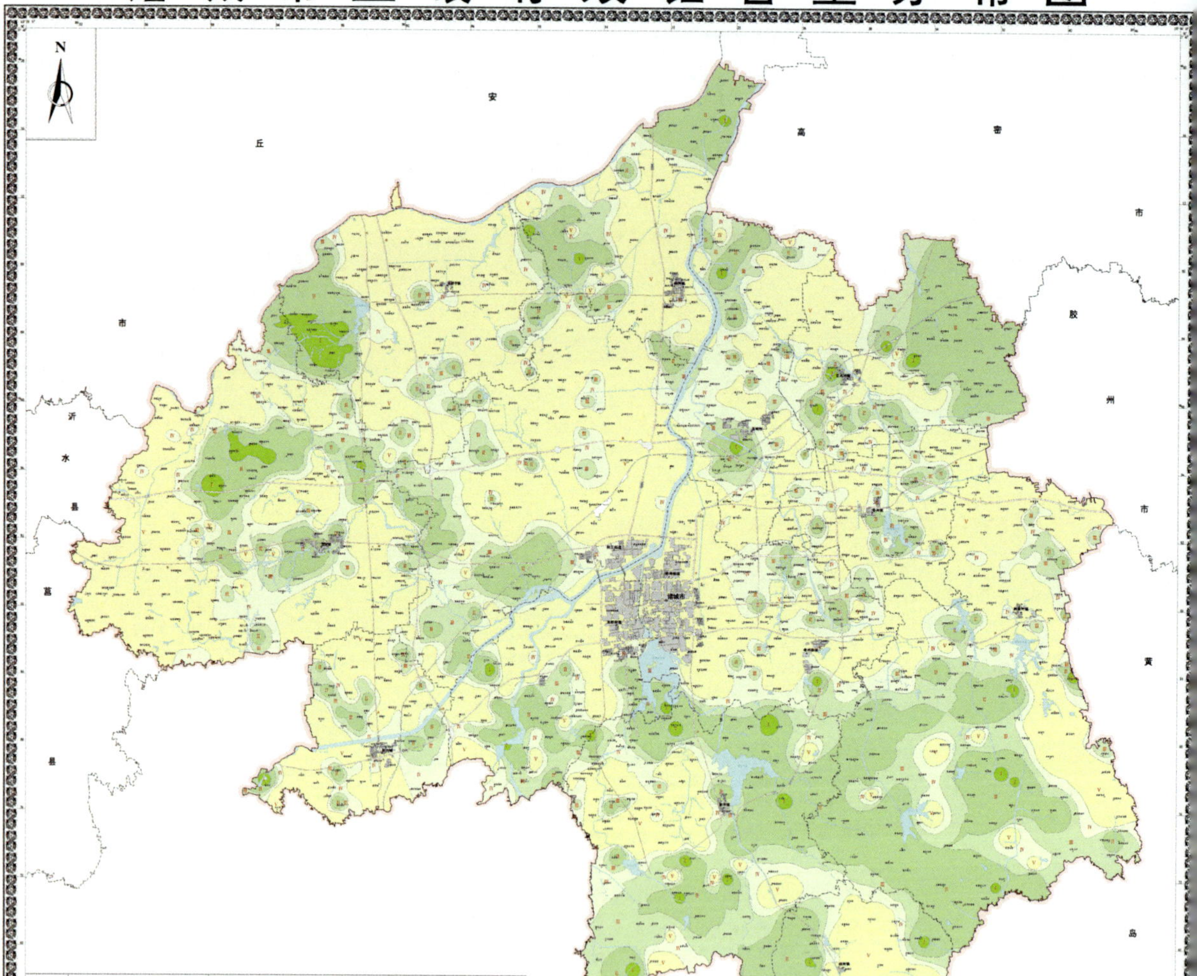


| 颜色 | 等级标准（mg/kg） | 等级面积（亩） | 占耕地面积比例（%） |
|---|---|---|---|
| Ⅰ | >0.3 | 23 783.93 | 1.48 |
| Ⅱ | 0.2～0.3 | 345 387.82 | 21.43 |
| Ⅲ | 0.15～0.2 | 250 682.91 | 15.56 |
| Ⅳ | 0.1～0.15 | 273 999.88 | 17.00 |
| Ⅴ | <0.1 | 717 646.18 | 44.53 |

2000国家大地坐标系 1985国家高程基准

山东省经纬工程测绘勘察院 二〇二二年二月

# 诸城市土壤有效硅含量分布图

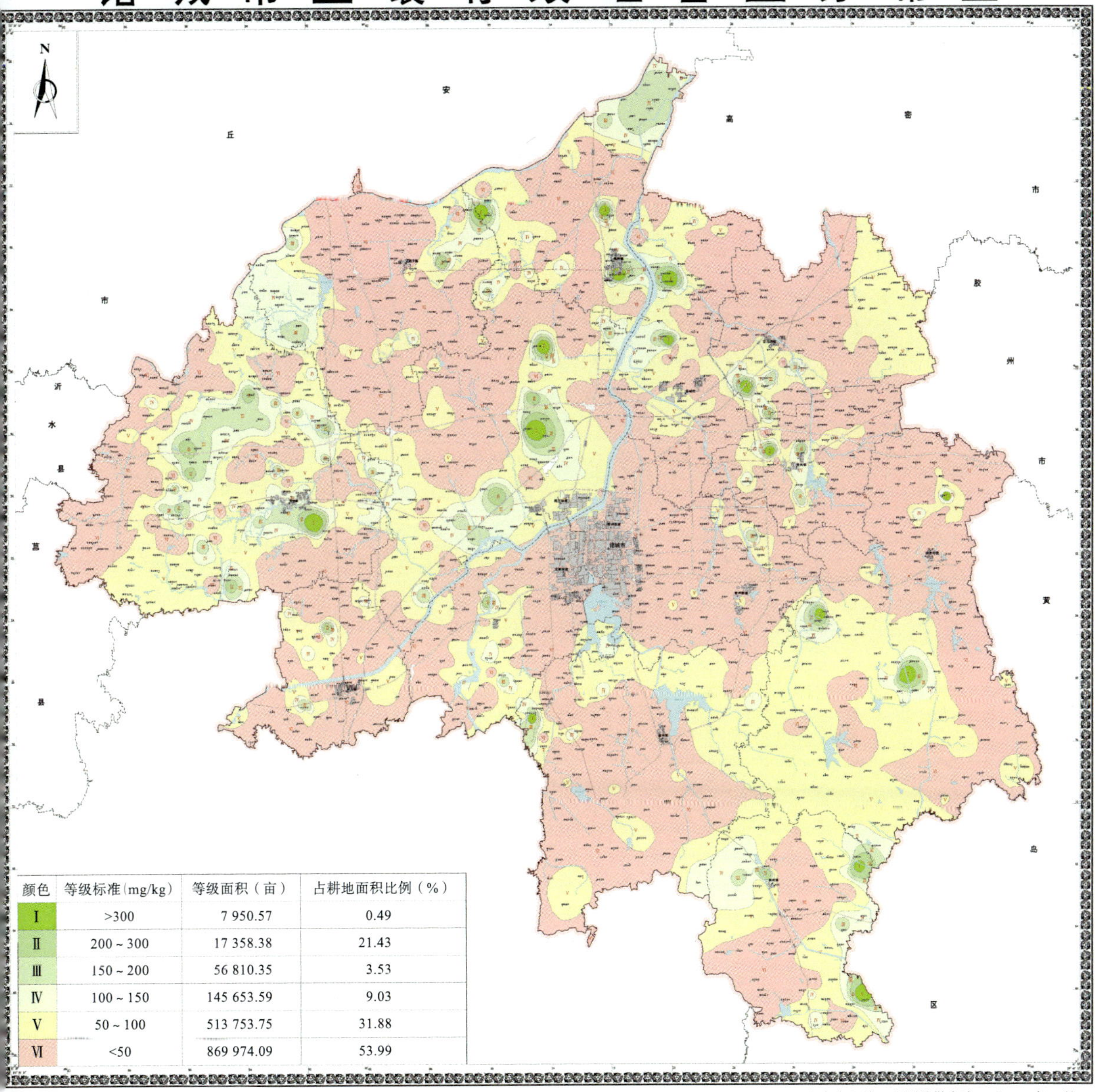


| 颜色 | 等级标准(mg/kg) | 等级面积（亩） | 占耕地面积比例（%） |
|---|---|---|---|
| Ⅰ | >300 | 7 950.57 | 0.49 |
| Ⅱ | 200 ~ 300 | 17 358.38 | 21.43 |
| Ⅲ | 150 ~ 200 | 56 810.35 | 3.53 |
| Ⅳ | 100 ~ 150 | 145 653.59 | 9.03 |
| Ⅴ | 50 ~ 100 | 513 753.75 | 31.88 |
| Ⅵ | <50 | 869 974.09 | 53.99 |

2000国家大地坐标系 1985国家高程基准

山东省经纬工程测绘勘察院 二〇二二年二月

# 诸 城 市 地 貌 图

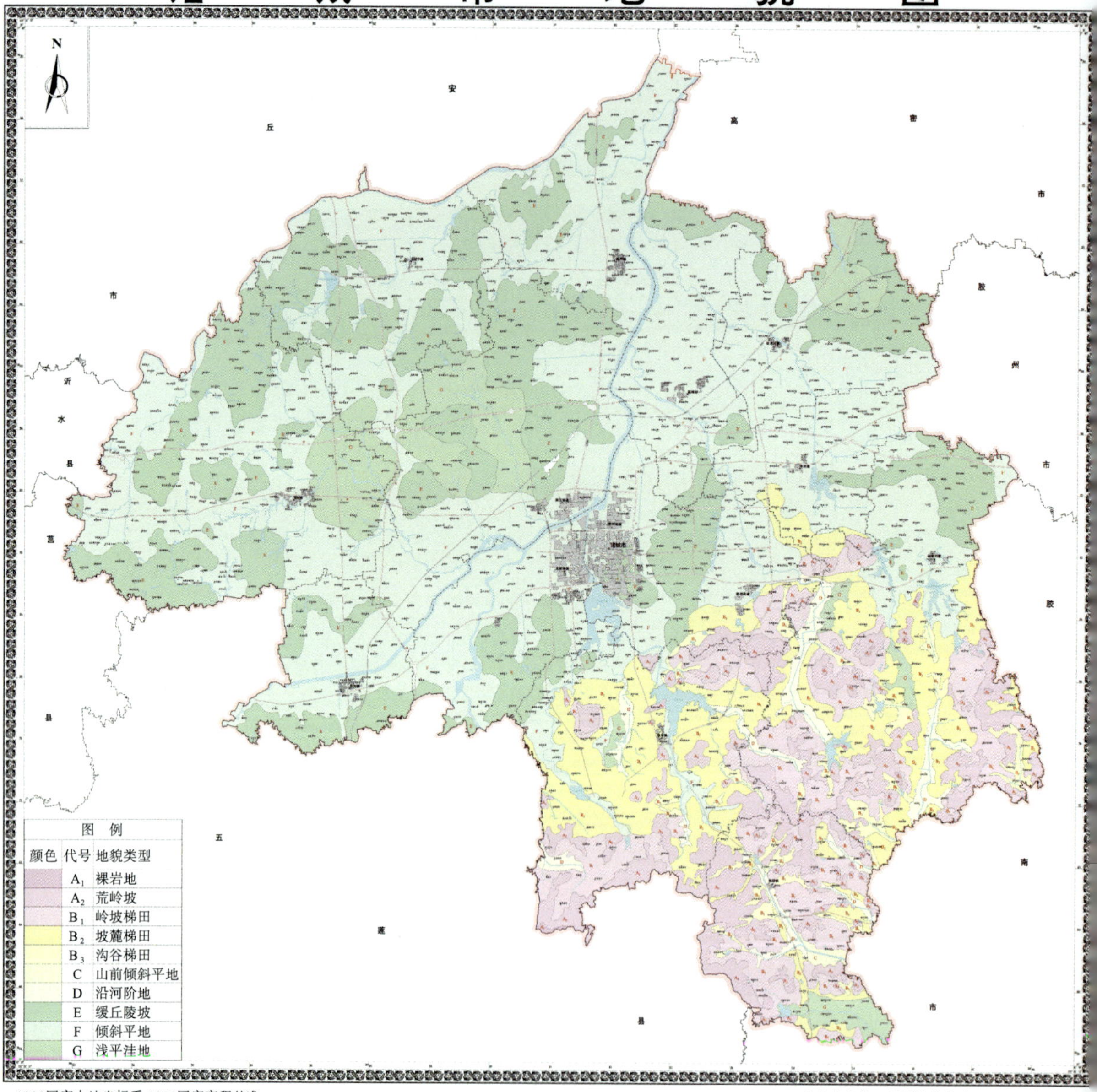


2000国家大地坐标系 1985国家高程基准

山东省经纬工程测绘勘察院 二〇二二年二月

# 诸城市耕地资源分布图

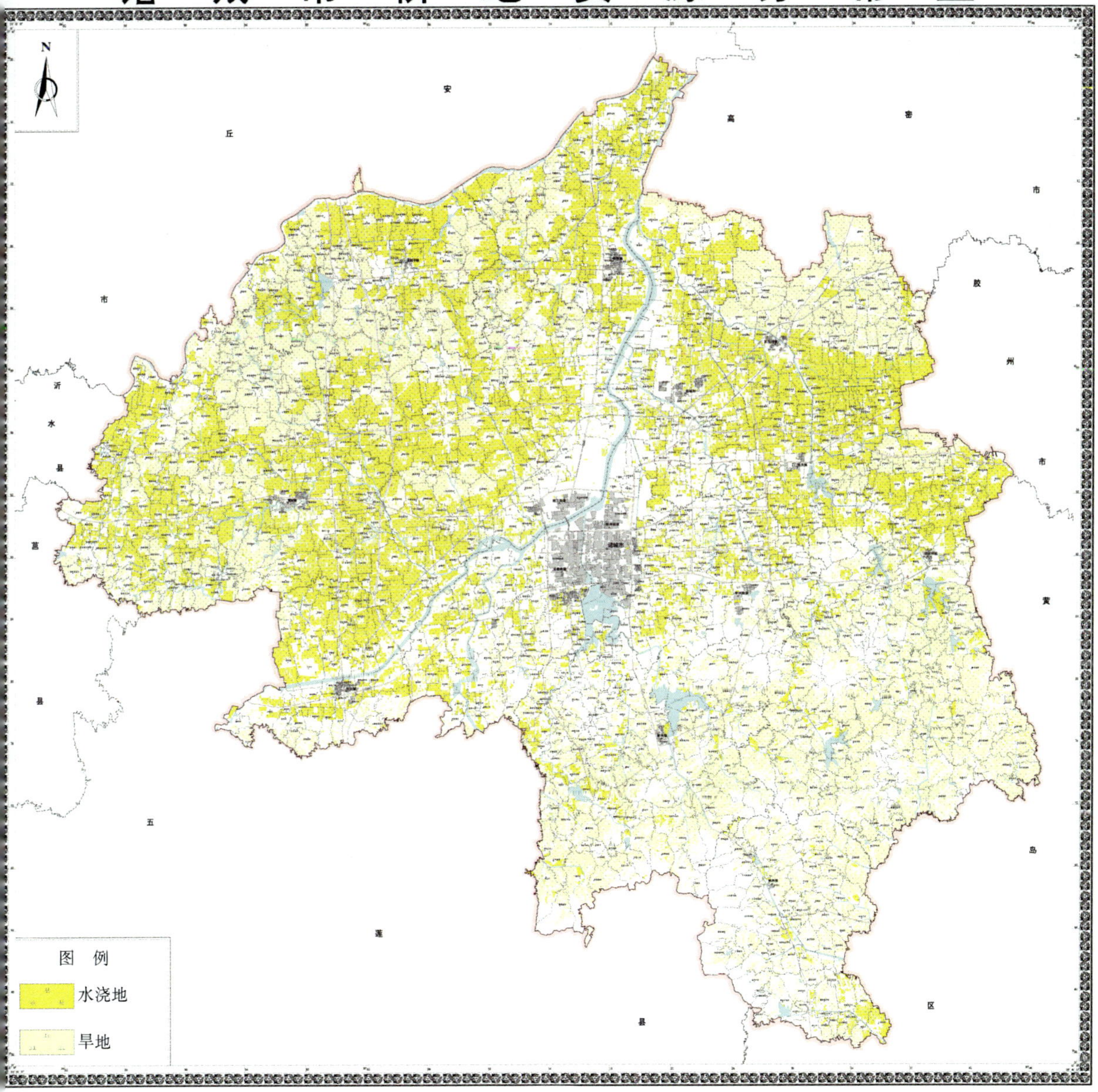


2000国家大地坐标系 1985国家高程基准

山东省经纬工程测绘勘察院 二〇二二年二月

# 诸城市灌溉分区图

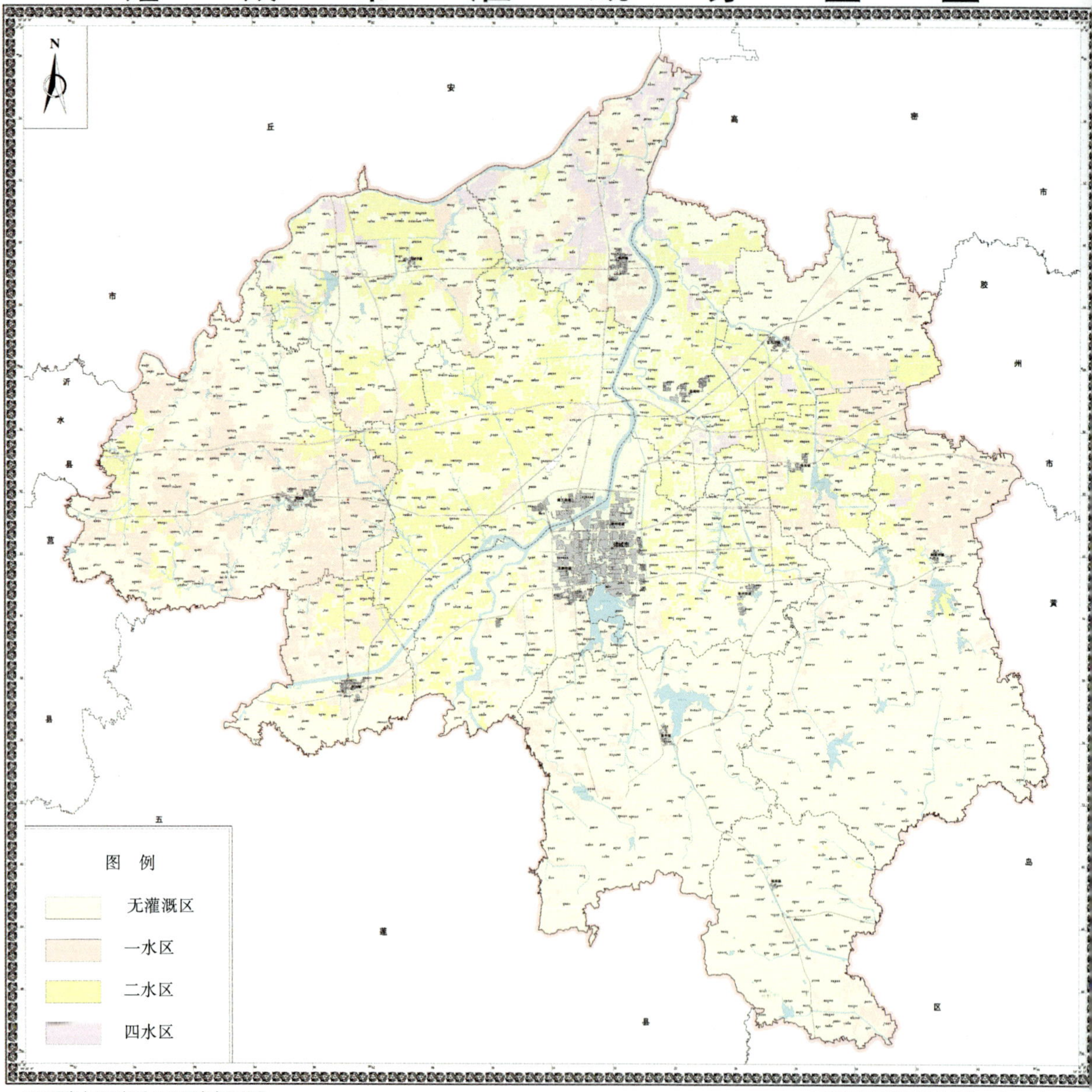


2000国家大地坐标系 1985国家高程基准

山东省经纬工程测绘勘察院 二〇二二年二月

# 诸城市第三次国土调查耕地细化调查标注图

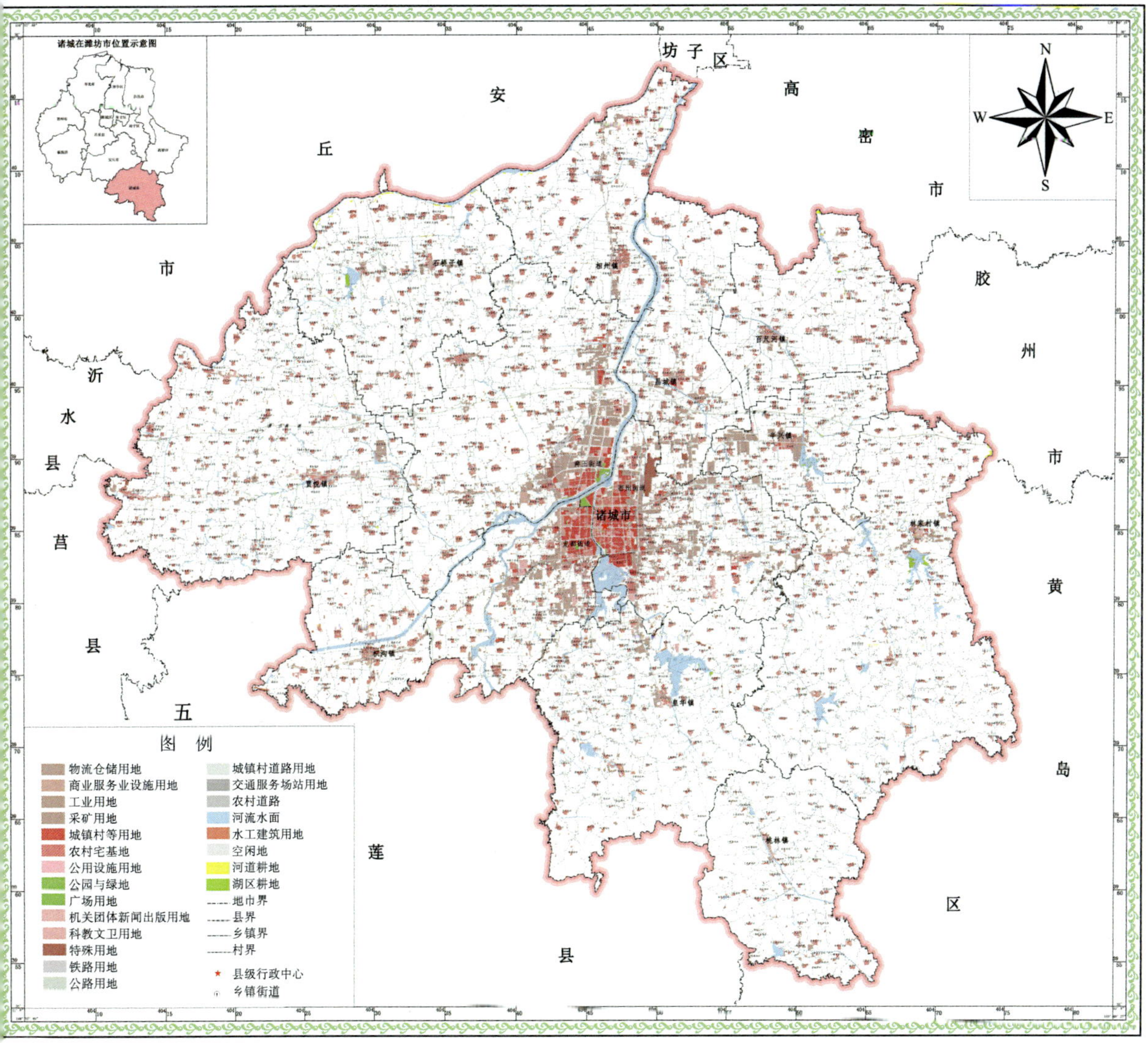


2000国家大地坐标系 1985国家高程基准

山东省经纬工程测绘勘察院 制图

# 诸城市第三次国土调查耕地后备资源调查情况图

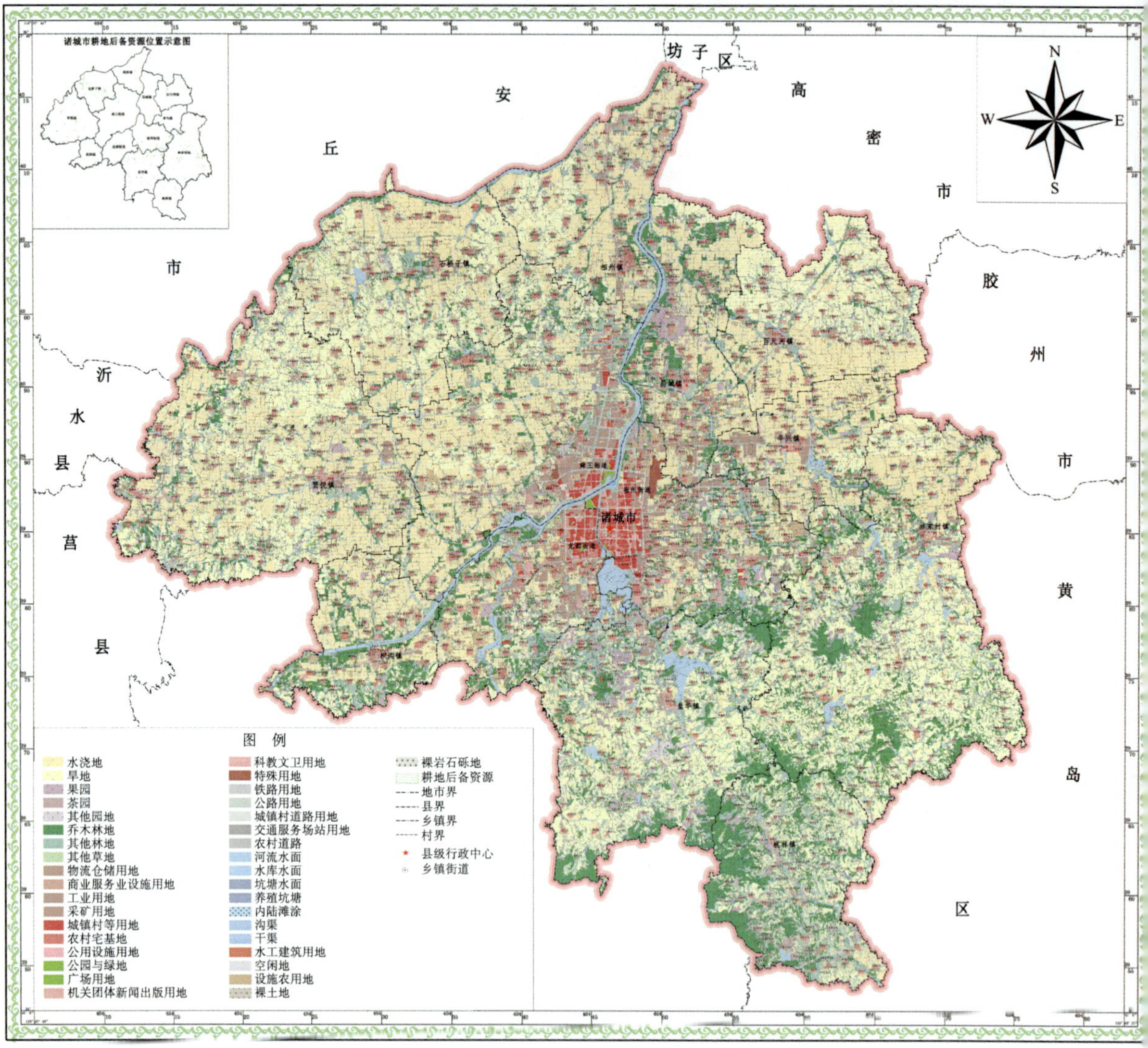


2000国家大地坐标系 1985国家高程基准

山东省经纬工程测绘勘察院 制图